Hamburger Köpfe

Herausgegeben von der ZEIT-Stiftung
Ebelin und Gerd Bucerius

Karstadt
125
Ferdinandstraße
58
Gertrudentor
350
Europa Passage
260
CREDIT SUIS
Hermannstraße
HIER

Max M. Warburg

Gabriele Hoffmann

Ellert & Richter Verlag

Inhalt

Wie Ballin verkörperte dieser legendäre Hamburger Bankier die patriotisch aufgeladenen Wirtschaftsenergien der Epoche, wie Ballin entstammte er einer jüdischen Familie, allerdings gehörte diese schon seit längerer Zeit zu Hamburgs Wirtschaftselite, während Ballin aus bescheidenen Verhältnissen bis an die Spitze gestoßen war.

Matthias Wegner: Hanseaten. Von stolzen Bürgern und schönen Legenden.

Geleitwort

Nach Hitlers Machtübernahme 1933 und angesichts der zunehmenden Bedrohung der deutschen Juden durch das nationalsozialistische Regime schrieb Arnold Zweig ein Buch, in dem er eine Gesamtbilanz des jüdischen Lebens in Deutschland zog. Ausführlich beschrieb er die unschätzbaren Verdienste der deutschen Juden um Kunst und Wissenschaft, Theater und Literatur, Medizin, Rechtswissenschaft, Naturwissenschaften und Technik, Ökonomie und Finanzen. Als das Buch 1934 erschien, stießen die Ausführungen von Arnold Zweig jedoch kaum noch auf Resonanz.

Zu den Hamburgern, deren lebenslanges Wirken für das Gemeinwesen beispielgebend war, gehörten die Brüder Max und Aby Warburg. Als sie 1867 und 1866 geboren wurden, bestand das Bankhaus M. M. Warburg & Co. schon fast siebzig Jahre. Der jüngere Bruder Max M. Warburg wollte ursprünglich aktiver Offizier werden, ließ sich aber von seinem genialen Vater Moritz Moses Warburg umstimmen und wurde wie er Bankier. Legendär ist die Anekdote, wie er schon mit zwölf Jahren seinem älteren Bruder Aby M. Warburg, dem späteren großen Kunsthistoriker, das Erstgeburtsrecht abkaufte, wie einst Jakob dem Esau: „Er offerierte es mir aber nicht für ein Linsengericht, sondern verlangte von mir eine Zusage, dass ich ihm immer alle Bücher kaufen würde, die er brauchte. Hiermit erklärte ich mich nach sehr kurzer Überlegung einverstanden.

Ich sagte mir, dass schließlich Schiller, Goethe, Lessing, vielleicht auch noch Klopstock von mir, wenn ich im Geschäft wäre, doch immer bezahlt werden könnten, und gab ihm ahnungslos, wie ich heute zugeben muss, sehr großen Blankokredit."

In der gerade für die Hamburger Wirtschaft so fruchtbaren Aufbauphase zwischen dem großen Brand 1842 und dem Ersten Weltkrieg 1914 spielten deutsche Juden wie Max M. Warburg und Albert Ballin eine maßgebliche Rolle. Fritz Stern hat wiederholt auf dieses so glücklich verlaufene Kapitel der deutschen Wirtschaftsgeschichte hingewiesen. Max M. Warburg, seit 1903 Mitglied der Hamburgischen Bürgerschaft, übernahm 1910 die Leitung der Warburg-Bank und führte sie sicher auch durch die wirtschaftlich und politisch unruhigen Zeiten des untergehenden Kaiserreiches und der Weimarer Republik. Er wurde einer der einflussreichsten Bankiers seiner Zeit, Berater des deutschen Kaisers Wilhelm II. und Delegierter bei den Friedensverhandlungen in Versailles. Hier erwarb er sich große Verdienste um die deutsche Sache, ähnlich wie – nach dem Urteil von Arnold Zweig – fünfzig Jahre zuvor der Berliner Bankier Gerson Bleichröder zugunsten von Otto von Bismarck. Max M. Warburg empfand die Bedingungen der Entente-Mächte als unannehmbar und empfahl ihre Ablehnung.

Nach dem Ersten Weltkrieg gelang es Max M. Warburg dank seiner guten Beziehungen als einem der Ersten, wieder Verbindungen mit dem Ausland herzustellen. Durch seine Initiative entstand die Deutsche Warentreuhand AG, um die Kreditfähigkeit der Wirtschaft zu verbessern. Auch die Gründung des Übersee-Clubs und der Universität Hamburg ist nicht zuletzt ihm zu verdanken. Von 1919 bis 1925 war er Mitglied des Zentralausschusses, seit 1924 Mitglied des Generalrates der Reichsbank, aus denen er erst unter dem Druck der Nationalsozialisten ausscheiden musste. Dennoch blieb er zunächst in Deutschland, um so gut er es vermochte gegen den antisemitischen Terror zu wirken. Max M. Warburg verließ Deutschland erst 1938; die Rettung einer großen Zahl von Juden vor der Verfolgung und Ermordung durch die Nationalsozialisten war nur durch seinen persönlichen Einsatz, seinen Mut und seine Beharrlichkeit möglich. Er selbst bemerkte dazu: „Ich habe keine Reue, bis zum letzt moeglichen Augenblick in Deutschland geblieben zu sein, weil ich vielen habe helfen können, wenn auch die Hoffnung, die Firma der Familie zu erhalten, fehlschlug."

Max M. Warburg starb am 26. Dezember 1946 in New York. Dass sein Bankhaus nun wieder unter dem Namen M.M. Warburg & CO in Hamburg firmiert und dass sein Sohn Erich und sein Enkelsohn Max persönlich haftende Gesellschafter der Bank geworden sind, hat er nicht mehr erlebt.

Die ZEIT-Stiftung Ebelin und Gerd Bucerius dankt der Autorin Dr. Gabriele Hoffmann für das Porträt eines großen Hanseaten. Dank gilt auch dem wissenschaftlichen Beirat der Publikationsreihe, Prof. Dr. Franklin Kopitzsch, Prof. Dr. Hans-Dieter Loose, Dr. Theo Sommer und Dr. Ernst-Peter Wieckenberg, sowie – aus dem eigenen Haus – der Projektleiterin Christine Neuhaus.

Max Warburg, der Enkel des hier Porträtierten, Frau Dr. Beate Meyer, das Verlegerehepaar Marita Ellert-Richter und Gerhard Richter haben das Erscheinen des Buchs mit Rat und Tat begleitet. Ihnen gilt unser besonderer Dank.

Klaus Asche
Mitglied des Vorstands der
ZEIT-Stiftung Ebelin und Gerd Bucerius

Max M. Warburg (1867–1946) war 66 Jahre alt,
als er seinen größten Kampf begann.

Vorwort: „Ein Kaufmann soll nur der werden, der wirklich Kampflust hat"

Max Moritz Warburg war ein herausragender Hamburger Bankier. Er hat aus einer kleinen bis mittleren Bank eine der größten Privatbanken im Deutschen Reich gemacht und er hat mit Angestellten seiner Bank und Mitarbeitern der von ihm geleiteten Organisationen etwa 75 000 Juden vor dem tödlichen Zugriff der Nationalsozialisten gerettet. Wie ist er der Mann geworden, der das konnte, und wie hat er die vielen Menschen gerettet?

Diesen beiden Fragen gehe ich in der ersten Biografie Max Warburgs nach. Seine Lebensgeschichte führt aus ‚Klein-Jerusalem' im scheinbar idyllischen Hamburg der Reichsgründungszeit nach Berlin – zu zentralen Ereignissen der deutschen Geschichte. Bei meinen Recherchen staunte ich häufig, wie nahe Max Warburg im Kaiserreich und in der Weimarer Republik der politischen Macht kam, wie oft er bei großen Entscheidungen zu den wichtigsten Beratern gehörte, wie selbstverständlich er gemeinsam mit anderen Hamburger Kaufleuten Einsprüche und Ziele anmeldete. Er war einfallsreich und unerschrocken.

Er kaufte dem Kaiserreich eine Kolonie in Afrika – eine fast unbekannte Geschichte – und er schlug Reichskanzler Max von Baden vor, sein Amt an den Sozialdemokraten Friedrich Ebert weiterzugeben, was Prinz Max auch, per Handschlag, tat. Max Warburg war ein konstruktiver Kopf, ein unternehmender Bankier, humorvoll, charmant und sehr tapfer.

Mit 66 Jahren begann er seinen größten Kampf, 1933, der zu einem Kampf um Leben und Tod wurde, wie wir in der Rückschau wissen: ein fast sechsjähriges Verhandeln mit Hitlers gefährlichen Großen um einen Finanzierungsplan für die Auswanderung, den zahlreiche Juden im Ausland bis heute nicht verstanden haben, zumal Hitler selbst ihn schließlich in London anbieten ließ, und der in Deutschland fast vergessen ist, weil die Beteiligten auswanderten oder ermordet wurden. Max Warburg hat mit den Mitteln eines Bankiers und unter eigener Bedrohung Menschen aus Deutschland in andere Länder gebracht. Hunderte haben mit ihm daran gearbeitet, den Plan umzusetzen. In den miteinander verflochtenen Hilfsorganisationen mit ihren geheimen Informationswegen spielte er die zentrale Rolle, galt als der „mächtigste Jude in Deutschland".

Die erstaunliche Zahl von 75 000 Geretteten geht auf die Angaben der Helfer selbst zurück: Der Hilfsverein der deutschen Juden hat 31 399 Personen zur Auswanderung verholfen. Über die Palestina Treuhand-Stelle der Juden in Deutschland GmbH wanderten mehr als 52 000 aus, 39 000 von ihnen mit Hilfe der Warburg-Bank. Die Allgemeine Treuhandstelle für die jüdische Auswanderung GmbH half 2962 Personen. Mindestens 2000 Personen oder Familien half die Warburg-Bank laut einem „Sonderbestand" im Warburg-Archiv – wie vielen Personen insgesamt die Bank direkt half, ist noch unbekannt.

Wichtige Dissertationen und Aufsätze zur Geschichte der Privatbanken und zur Vertreibung der Juden sind in den letzten Jahren erschienen, gerade auch in Hamburg, und ich konnte zahlreiche neue Forschungsergebnisse in meine Beschreibung des Lebens und der Entwicklung des Hamburger Bankiers Max Warburg mit einbeziehen. Im Warburg-Archiv, das in Hamburg-Blankenese auf dem Kösterberg entsteht, habe ich Max Warburgs unveröffentlichte Aufzeichnungen gelesen, seine Notizen, Durchschläge seiner Briefe, Briefe seiner Frau Alice, ihren halb verschlüsselten gestapofesten Taschenkalender. Im Archiv stehen Tausende von Auswanderungsakten, die bislang als verloren galten und sich erst vor Kurzem in vergessenen Verstecken wieder angefunden haben. Einige habe ich gelesen.

Max Warburg war Deutscher und er war Jude und vor allem war er Hamburger. Er fühlte sich verantwortlich für das Gemeinwohl, für seine Stadt und seinen Staat mit dem Selbstverständnis des hanseatischen Kaufmanns – er war der Überzeugung, dass man die Dinge selbst in die Hand nimmt und dazu das Recht, die Pflicht und die Kompetenz hat.

Beste Aussichten

Geburtsjahre

Max Warburg kommt am 5. Juni 1867 in ‚Klein-Jerusalem' zur Welt: im Hamburger Stadtteil Grindel. Hier wohnen zahlreiche jüdische Familien, die sich den Umzug aus der übervölkerten Innenstadt in das neue Viertel leisten konnten, das wächst, seit die Stadttore abends nicht mehr geschlossen werden. Moritz Warburg, der 29-jährige Vater des Neugeborenen, ist wohlsituierter Junior-Teilhaber einer Bank.

Das Haus Grindelhof 1a hat die Mutter – Charlotte Warburg geborene Oppenheim – entzückt, als sie an einem Juliabend drei Jahre zuvor jungverheiratet aus Frankfurt kam. Die Räume waren hell erleuchtet, die Schwiegermutter hatte die Treppen zu den oberen Stockwerken mit Fähnchen schmücken lassen, die Mädchen knicksten: „Der Anblick der Hamburger Dienstmädchen in leuchtend bunten Baumwollkleidern, weißen Schürzen und Häubchen mit Tüllschleifchen bereitete mir außerordentliches Vergnügen", erinnert sie sich später. Und dann: „Unser eigenes Badezimmer. In unserem Haus in Frankfurt hätte ich von so etwas nie geträumt."

1867 ist ein besonderes Jahr für die Hamburger Juden. Ihr Bemühen um die politische und die religiöse Emanzipation hat Erfolg: im Staat um Gleichberechtigung mit den Christen und in der Gemeinde um Befreiung aus der Vormundschaft der Rabbiner.

Im Geburtsjahr Max Warburgs kauft
die Bank M. M. Warburg & Co. das Haus Ferdinandstraße 75.

Als Max Warburgs Ururgroßvater Gumprich Marcus Warburg, Geldwechsler und Pfandleiher in der Peterstraße 227, das Geschäft seinen Söhnen überschrieb und sie 1798 die Firma M. M. Warburg & Co. gründeten, lag die Macht in Hamburg beim Kaufmannsstand. Aber nur wer dem lutherischen Glauben anhing, durfte den Bürgereid ablegen und der Bürgerschaft angehören, konnte Senator, Bürgermeister werden. In der Franzosenzeit, als Napoleon Hamburg besetzt hielt, wurden Staat und Kirche 1811 getrennt, und alle bekamen die gleichen politischen Rechte: Lutheraner, Mennoniten, Calvinisten, Katholiken, Juden – nur Frauen nicht. Doch auf dem Wiener Kongress vier Jahre später stellten die Sieger die alten Machtverhältnisse wieder her, und die Juden verloren die Gleichstellung. Dr. Gabriel Riesser, Jude und Jurist, der nicht Rechtsanwalt werden durfte: „Wir sind nicht *eingewandert*, wir sind *eingeboren*, und weil wir es sind, haben wir keinen Anspruch anderswo auf Heimat; wir sind entweder Deutsche, oder wir sind heimatlos."

Erst 1860 bekam Hamburg endlich eine Verfassung, die die enge Verbindung von Staat und lutherischer Kirche auflöste. Gabriel Riesser wurde zum Mitglied des Obergerichts in Hamburg gewählt und damit zum ersten ungetauften jüdischen Richter in Deutschland, und Isaac Wolffson zum ersten ungetauften jüdischen Präsidenten der Hamburgischen Bürgerschaft.

Der Kampf innerhalb der israelitischen Gemeinde um die Freiheit von religiösem Zwang war noch nicht zu Ende. Alle Juden mussten ihr angehören. Innerhalb der Gemeinde gab es Orthodoxe und Reformjuden, und beim Aufheben des Gemeindezwangs befürchtete man ihr Auseinanderbrechen. Doch im Geburtsjahr Max Warburgs stimmt sie, auf Druck des Hamburger Senats, neuen Statuten zu, dem „Hamburger System": Unter dem Dach der Gemeinde gibt es von nun an zwei selbstständige Religionsverbände, die Orthodoxie und das Reformjudentum. Jedes Gemeindemitglied kann sich einem der Verbände anschließen, ist dazu aber nicht verpflichtet.

Der Kampf um Emanzipation ist in Hamburg 1867 vorüber. Juden sind nicht Angehörige einer besonderen Nation, sie sind Mitglieder einer Religionsgemeinschaft, wenn sie es wünschen, aber vor allem sind sie Hamburger – gleichberechtigte Hamburger Staatsbürger jüdischen Glaubens.

In diesem Jahr 1867 können M. M. Warburg & Co. das Haus Ferdinandstraße 75, nur wenige Schritte von der Binnenalster entfernt, kaufen. Das Kontor der Bank mit zehn Angestellten und einem Boten zieht in das Parterre ein, im ersten Stock wohnt mit Frau und Kindern Siegmund Warburg, der ältere Bruder von Moritz.
Max Warburg ist der zweite Sohn im Haus Grindelhof 1a, sein Bruder Aby ist knapp ein Jahr älter. 1868 kommt Paul auf die Welt und am 14. Januar 1871 Felix – vier Tage ehe am 18. Januar 1871 im Schloss von Versailles der König von Preußen zum deutschen Kaiser Wilhelm I. ausgerufen wird. In diesem Jahr 1871 wird die Gleichstellung der Juden in der Verfassung des neuen Deutschen Reichs verankert.
Der Vater kauft das Haus Mittelweg 17. Die Familie verlässt mit vier Söhnen, mit Amme, Kindermädchen, Köchin, mit Diener und Kleinmädchen die Welt des Mittelstands am Grindel und zieht in den feinen Stadtteil Rotherbaum.

Familienleben

Entlang der Außenalster, in Rotherbaum und Harvestehude, entstehen breite Alleen mit üppigen Villen und ruhige Straßen mit geräumigen Stadthäusern. Ein Fünftel der Bewohner ist jüdischer Herkunft – eine kleine Gruppe erfolgreicher Kaufleute, die in ihrer Lebensweise die Traditionen des Hamburger Großbürgertums und die Traditionen der jüdischen Religion verbinden. Ihre lutherischen Nachbarn beobachten sie aufmerksam.
Das Haus der Warburgs ist ein Eckhaus mit der Haustür zum Mittelweg und der Gartenseite zur Johnsallee. An seiner abgestumpften Spitze gibt es im Parterre zwei Säulen, zwei im ersten Stock und im niedrigen Obergeschoss einen Turm. Im Souterrain liegen Küche und Wirtschaftsräume, im Parterre Wohnzimmer, Esszimmer, Herrenzimmer, im ersten Stock das Morgenzimmer – das Wohnzimmer der Hausfrau –, das Schlafzimmer der Eltern, Kinderzimmer und ganz oben weitere Kinderzimmer und Zimmer für das Personal. Drei Geschwister von Max Warburg kommen hier zur Welt: Olga 1873 und die Zwillinge Louise und Fritz 1879.

Die Mutter Charlotte ist die Tochter eines Edelsteinhändlers, und sie ist tatkräftig und fröhlich und so gebildet, wie es sich für eine höhere Tochter aus wohlhabendem bürgerlichen Haus gehört. Sie spielt Klavier, singt und dichtet und manchmal sagt sie mit frankfurterischem Tonfall Passagen aus Goethes Werken auf. Es war nicht leicht für sie, sich in Hamburg einzuleben, wo man auch in jüdischen Kreisen gesellschaftlich viel formeller ist als in Frankfurt.

Der Vater Moritz ist liebenswürdig und lebensfroh. Er hat ungewöhnlichen Charme, und es fällt ihm leicht, mit Menschen umzugehen und sie für sich zu gewinnen. Er nimmt Gesangsunterricht und kann Lieder von Schubert und Schumann vortragen. Er isst gerne gut, trinkt Wein, raucht Zigarren. Für seinen kahlen Kopf besitzt er drei Perücken: eine mit langem Haar, eine mit einem frischen Haarschnitt und die dritte mit Haar von mittlerer Länge. An kalten Abenden trägt er eine Wollmütze. Als der jüdische Barbier, der jeden Morgen ins Haus kommt und ihm den Bart klippt, alt wird und die Kinder anfangen, Witze über gefährlich zitternde Hände zu machen, kommt ein gojischer – ein nichtjüdischer – Barbier, der Nachrichten von allen Unglücksfällen und den ganzen Klatsch von Pöseldorf ins Haus bringt.

Die Kinder finden sich am Himmel im Sternbild des Großen Wagens wieder – sieben Sterne, sieben Kinder, sie gehören zusammen, das Gefühl besonderer Gemeinsamkeit bleibt ihnen ihr Leben lang bewahrt. Aby ist klug und fleißig, aber immer angespannt, er neigt zu ungeheuren Wutanfällen. Max ist lebhaft und voller Lebenslust, Paul ruhig und vernünftig und steht trotzdem Max am nächsten. Felix, lebensfroh und charmant, gleicht Max und dem Vater. Olga, die schöne Schwester, ist musikalisch, die Brüder mögen sie sehr. Die Zwillinge sind Nachzügler, von denen man wenig Notiz nimmt. Fritz ist schwächlich, und Louise trägt ihm bei Spaziergängen mit dem Kindermädchen Franziska den Mantel. Aber er ist oft zu Streichen aufgelegt. Charlotte hat nie viel Zeit, und es kommt vor, dass sie den größeren Söhnen sagt: „Geht mal nachsehen, was Fritz treibt, und sagt ihm, er soll damit aufhören."

Franziska Jahns ist als einfache Haushaltshilfe in den Mittelweg 17 gekommen. Die Kinder lieben die warmherzige rothaarige

Entlang der Außenalster entstehen ruhige
Straßen mit geräumigen Stadthäusern. Im Eckhaus Mittelweg 17/Johnsallee
wachsen Max Warburg und seine Geschwister auf.

junge Frau und ernennen sie zu ihrer älteren Schwester. Sie ist in einem Hamburger Waisenhaus aufgewachsen und eine fromme Reformierte, trotzdem lernt sie Hebräisch, um mit den Kindern die Gebete sprechen zu können. In ihrer liebevollen Weise ist sie der gute Geist im Hause, der ausgleichend wirkt, wenn Aby wütend wird und Max über die Stränge schlägt.

Im Haus hört man fast immer Musik, Paul lernt Violoncello, Max Klavier und Felix Violine. Zu besonderen Anlässen proben die Kinder Theaterstücke, die Paul schreibt. Im Garten ist für sie eine Spielzeugeisenbahn aufgebaut, und auf der nahen Alster liegt ihr Ruderboot, die CHARLOTTE.

Die Söhne erhalten die Schulbildung, die für Söhne bedeutender Hamburger Kaufleute üblich ist: erst Privatunterricht, dann drei Jahre „Vorschule" in der Gelehrtenschule des Johanneums am Speersort und danach Besuch des Realgymnasiums des Johanneums. Zusätzlich lernen sie Hebräisch in der Talmud-Tora-Schule.

Max kommt am ersten Schultag heulend aus der Vorschule nach Hause, weil der Klassenlehrer verlangt, dass die Kinder ihr Frühstück im Stehen essen – das ist er nicht gewohnt. Er wird gleichzeitig mit Aby eingeschult: Aby hatte mit sechs Jahren Typhus und muss, auch als die Lebensgefahr vorüber ist, noch lange geschont werden. Er nutzt das aus, prügelt auf Brüder und Schwestern ein, und wenn sie sich revanchieren wollen, hält er ihnen vor, dass er sich nicht aufregen darf. Die Kinder machen ihre Streitigkeiten unter sich aus, streiten mit Humor und Ironie. Aby ist ein Büchernarr, liest alle Bücher, die er lesen will, obwohl der elterliche Bücherschrank verschlossen ist. Er schafft die Vorschulklassen in zweieinhalb Jahren, in der Quinta überspringt er ein weiteres halbes Jahr.

Er, der Älteste, soll später in die Bank eintreten und Teilhaber werden, wie es der Tradition der Familie und der Firma entspricht. Aber als er 13 ist, bietet er Max dieses Erstgeborenenrecht zum Kauf an: Max soll ihm dafür immer alle Bücher bezahlen, die er braucht. Max findet den Vorschlag ausgezeichnet, das Geschäft des Vaters wird bestimmt genug abwerfen, um ihn Schiller, Goethe und vielleicht auch noch Klopstock kaufen zu lassen. Die Brüder besiegeln ihren Pakt feierlich mit einem Händedruck.

Die Mutter sagt nie, dass der Vater Bankier ist. Er ist einfach Kaufmann, was ja auch stimmt, die Kinder sollen sich nichts einbilden. Bescheidenheit ist eine Tugend, Hochmut ein Vergehen. Reich sind nur Leute ohne Kultur. Die Mutter bringt den Kindern gute Manieren bei, erzieht sie zu Pünktlichkeit. Sie beaufsichtigt ihre Schularbeiten und hält sie streng dazu an, die Zeit zu nutzen. Nie erlaubt sie ihnen, herumzusitzen und zu schwatzen. An die Tür von Max' Kinderzimmer klebt sie den Spruch *Carpe diem*, nütze den Tag. Im Urlaub in Bad Ischl haben die Kinder einen Hauslehrer, und als die Mutter allein in Ostende ist, schreibt sie: „Mein lieber Max, denkst du auch daran täglich etwas für Dich zu lesen und zwar halblaut?" Sie will das gleiche starke Pflichtgefühl, das sie selbst hat, den Kindern weitergeben: die innere Verpflichtung, an etwas zu arbeiten, das der Mühe wert ist.

Die Warburgs gehören einer zahlreichen, verzweigten Familie an, die nach dem Dreißigjährigen Krieg aus Warburg in Westfalen nach Altona und Hamburg kam und die drei großen Ereignisse der hamburgischen Geschichte durchlebt hat, die auf Geselligkeiten noch nach Jahrzehnten besprochen werden: die

Franzosenzeit – Gerson Warburg war als Geisel von den Franzosen festgenommen worden, und Marcus hatte sich zunächst geweigert, seinen Bruder auszulösen –, den großen Brand 1842, als ein Drittel der Innenstadt abbrannte und Christen und Juden Tag und Nacht gemeinsam an den Feuerspritzen standen, und die erste große Weltwirtschaftskrise 1857, als dreihundert Firmen ihre Zahlungen einstellten und 150 Firmen bankrott machten und Onkel Paul Schiff, der Ehemann von Tante Rosa, beteiligt war am Herbeiführen eines Sonderzugs aus Wien mit Silberbarren, die Hamburgs Wirtschaft retteten.
Die Väter der Jungen auf dem Johanneum, Christen und Juden, machen Geschäfte miteinander, aber ihre Familien lernen sich privat nicht kennen: Die Religion trennt sie. Der Vater der Warburg-Brüder lebt orthodox – das heißt: streng nach den alten Religionsgesetzen des Talmud –, obwohl er nicht an den Sinn jedes einzelnen glaubt. Er lebt so aus Achtung vor seiner Mutter, und er ist nicht geneigt, Konzessionen zu machen, um gojischen Verkehr pflegen zu können.
Jeden Freitagabend feiert die Familie den Beginn des Sabbats bei der Großmutter Sara Warburg in ihrem Haus Rothenbaumchaussee 49.
Nachmittags, wenn es dämmert und die Bankangestellten aufhören zu arbeiten, gehen die Tanten Malchen und Marianne – die Schwestern des Vaters, die bei der Großmutter leben, die eine ist geschieden, die andere verwitwet – ins Kontor und bringen Kaffee, damit die Leute noch rasch Kaffee trinken können, ehe sie mit Sonnenuntergang zum Sabbat nach Hause gehen. In der Rothenbaumchaussee hat die Köchin den ganzen Freitag über das Essen für den Abend und für den Sabbat vorbereitet, denn am Sabbat darf nichts getan werden. Die Warburgs kochen streng koscher, was eine aufwendige Sache ist. In der Küche gibt es ein komplettes Kochgeschirr für Gerichte, in denen Milch vorkommt, und ein Kochgeschirr für Fleisch. Man braucht viel Platz und viel Zeit. Köstliche Düfte ziehen durch das Haus, Rindfleisch-, Lamm- und Gemüsegerichte schmoren bei kleinstem Feuer über viele Stunden hinweg: Am Sabbat darf man kein Feuer entzünden, man darf aber ein Feuer, das bereits brennt, benutzen.
Max und seine Geschwister, aber auch die Eltern sprechen die Großmutter noch mit Sie an. Sara Warburg ist umsichtig,

zupackend und geschäftstüchtig. Sie hat die Bank nach dem Tod ihres Mannes neun Jahre lang als alleinige Geschäftsinhaberin geführt – zwar mit einem Curator, der sie nach außen vertrat, weil Frauen nicht gleichberechtigt sind, aber niemand in der Stadt zweifelte, dass sie die Bank fest in der Hand hatte. Sie zog sich 1865 aus dem Geschäft zurück, und ihre Söhne Siegmund und Moritz, damals dreißig und 27 Jahre alt, übernahmen die Firma. Immer noch besuchen sie ihre Mutter jeden Tag nach Börsenschluss und erstatten ihr Bericht. Auf ihren Wunsch vermeiden sie Geschäftsreisen nach Skandinavien, denn sie fürchtet, sie würden dort kein Restaurant mit koscherer Küche finden. Ihre Kinder leben so, wie sie es von ihnen erwartet. Die Großmutter ist streng, und Max liebt sie nicht.

Sie hatte, ehe sie sich vom Geschäft zurückzog, die Ehen ihrer beiden Söhne zum Nutzen der Bank klug arrangiert. Onkel Siegmund heiratete Theophilie Rosenberg aus Kiew, deren Vater mit Zucker viel Geld verdient hatte und ihr eine große Mitgift gab. Ihre älteste Schwester ist mit Horace Baron de Günzburg, Chef des Bankhauses Günzburg in St. Petersburg, verheiratet, ihre zweite Schwester mit dem Gründer des Bankhauses Aschkinasi in Odessa und die dritte Schwester mit Baron Joseph von Hirsch-Gereuth, was persönliche Beziehungen zum Bankhaus Bischoffsheim & Goldschmidt bedeutet. Die Heirat von Moritz mit Charlotte Oppenheim brachte der Bank enge Beziehungen zu führenden Frankfurter Bankhäusern. Beide Heiraten veranlassten die Rothschild-Häuser in Frankfurt, Wien, Paris und London zu einer neuen Einschätzung von M. M. Warburg & Co., und die etwas eingeschlafenen Beziehungen belebten sich.

Onkel Siegmund und seine Familie verbringen auch den Sabbatabend bei der Großmutter. Er hat, wie sein Bruder Moritz, sieben Kinder: fünf Mädchen und zwei Jungen. Sein Nachfolger wird Aby S. werden, der zwei Jahre älter ist als Aby M.: Das S. steht für Siegmund, das M. für Moritz. Der Onkel ist herrisch und unternehmend, Max meint später, hauptsächlich er habe die Firma aufgebaut und zu ihrer Bedeutung gebracht. Aber wichtige Kunden wollen oft lieber mit Moritz sprechen. Zwischen den Brüdern kommt es ein- oder zweimal in jeder Woche zum Streit, von dem die ganze Ferdinandstraße widerhallt.

Onkel Siegmund wohnt jetzt am Alsterufer 18 in einem Haus mit Blick auf die Außenalster, auf Segelboote und Ruderklubhäuser. Cousins und Cousinen dürfen selbst bei Nachbarn nur koschere Speisen essen und sonnabends nicht arbeiten oder schreiben. Auch Moritz und Charlotte erlauben nicht, dass ihre Kinder am Sonnabend Bücher tragen.

Am Sabbatabend hat die Großmutter ihr Festkleid angelegt und ihre Festhaube hervorgeholt. Der Tisch ist festlich gedeckt, und sie zündet die beiden Sabbatkerzen an. Oft sind Freunde der Eltern und der Großmutter eingeladen, und die Gespräche sind lebhaft. Nach dem Essen singt sie Psalmen mit einem Sopran, den Max gerne hört.

Am Sonnabend müssen er und seine Brüder den Vater in die Synagoge begleiten, einen kleinen stickigen Raum in einem Haus am Mittelweg. Sonnabends ist die Firma an der Börse nicht vertreten. Die Sonnabendpost wird erst abends geöffnet, nachdem der Sabbat bei der Großmutter beendet ist.

Für Juden, die orthodox leben, bringt das Jahr zahlreiche Feste in die Häuser der Familien. Die Feste folgen den großen Ereignissen der biblischen Geschichte, die in der Tora, den fünf Büchern Mose, aufgezeichnet sind: die Geschichten von Moses, vom Auszug der Juden aus Ägypten und ihrer Befreiung aus der Sklaverei, von ihrer vierzigjährigen Wanderung durch die Wüste, von den Zehn Geboten. Am Chanukka-Fest zündet die Mutter an einem neunarmigen Leuchter jeden Abend eine Kerze mehr an. Das Licht erinnert daran, dass Gott den Menschen immer wieder geholfen hat. Es gibt fröhliche Feste, bei denen üppig gegessen, getrunken und gesungen wird und die Kinder mitfeiern, und es gibt nachdenkliche Feste der Selbstprüfung wie das jüdische Neujahr. Alle Feste haben ihre besonderen Speisen und ihre besonderen Bräuche. Als die Großmutter 1884 stirbt, richtet von nun an Charlotte die Sabbatabende für die Familie aus.

Je älter die Kinder werden, umso weniger beachten sie die meisten Bräuche. Max betet nicht und glaubt „an vieles nicht, an das ein frommer Jude glauben soll". Er verbirgt das vor seinem Vater, um ihn nicht zu kränken. Auch Aby und Paul sind nicht gläubig. Aber die Tätigkeit von Vater und Onkel für die Gemeinde bringt Max die Religion doch nahe. Beide sind aktiv in den Vorständen der Gemeinde, des Israelitischen Krankenhauses, des Waisenhauses, der Talmud-Tora-Realschule für Jungen, sie leiten Sitzungen, sorgen für Geld, schreiben Briefe, kümmern sich persönlich um Menschen in Not. Als kleine Kinder hatten Max und seine Geschwister Blechspardosen und steckten nach dem jüdischen Gebot, den Zehnten zu geben, ein Zehntel ihrer Ersparnisse für wohltätige Zwecke hinein. Aber Vater und Onkel sind über die Verpflichtung zum Zehnten hinaus viele Stunden für andere tätig.

Auch die Mutter und ihre Freundinnen unterstützen Arme, Kranke, Auswanderer aus Polen, gehören Vereinen an, die Mädchenhandel bekämpfen oder arme Bräute mit einer Mitgift versorgen. Die Mutter hat, wie jede gute Hamburgerin und jede gute Jüdin, „ihre" persönlichen Armen. Für sie ist es besonders wichtig, dass ein „treuer Armer" am Freitagabend kommt, weil dem Tag sonst etwas fehlt.

Max, der künftige Hamburger Kaufmann, der an Stelle von Aby in die Bank eintreten wird, überlegt, ob ein Bankier nicht „der Menschheit nützen kann, ohne sie auszupumpen, ob er nicht den Vorteil der Welt auch zu seinem Vorteil machen kann". In seine Überlegung fließen die Theorie des Gemeinwohls der Hamburger und Altonaer Aufklärer ein – der einzelne Bürger hat die Pflicht, zu seinem eigenen Wohl tätig zu sein und damit zugleich dem großen Ganzen Nutzen zu bringen – und die jüdische Theologie der sittlichen Tat – nur das Tun stellt den Menschen jeden Augenblick vor Gott.

Mit den Jahren emanzipieren sich immer mehr christliche und jüdische Eltern in der Schicht der wohlhabenden Kaufleute von der Vormundschaft ihrer jeweiligen Religion, und auch die Warburgs veranstalten für die nächste Generation gesellschaftliche Treffen: gemeinsame Tanzstunden und Kinderbälle. Der Kaufmann Heinrich Hudtwalcker erlaubt seinen Töchtern eine Tanzstunde „mit Jungs", wie seine Tochter Hedwig später erzählte, und so „fing das Flirten früh an. Jedes Mädchen mußte seinen ‚Schwarm' haben." Ihre erste Tanzstunde hat Hedwig, als sie sieben oder acht Jahre alt ist, bei Herrn Feigert, später folgen noch zwei weitere. 1886 besucht Hedwig 13 Bälle „bei F. Oppenheimers, Schmidts, Jencquels, Forstmanns, Calais',

Heinichens, Oppenheims, Samuels, Frickes, Hertz', Fürths, Warburgs, Knöhrs. Die längste Zeit war Franz Oppenheimer meine Flamme." Die jungen Damen und Herren treffen sich zum Bummel über den Dom, dem Jahrmarkt auf dem Heiligengeistfeld, laufen an frühen Winterabenden Schlittschuh auf der Alster. Hedwig hat nicht nur einen Schwarm: „Nebenschwärme waren Felix Warburg, Hermann Nottebohm und andere." Max Warburg erzählt, von „meinem 16. bis zu meinem 18. Lebensjahr habe ich wirklich viel mehr geflirtet als gelernt".

Er ist ein schlechter Schüler und will in der Unterprima abgehen, da er sowieso in die Firma eintreten wird. Doch sein Vater verlangt, dass er das Versäumte innerhalb eines Jahres nachholt. Das gelingt Max, und er macht 1886 Abitur. Er ist stolz auf seine Leistung und will nun Chemie studieren. Der Vater ist entsetzt und hält ihm seine Pflicht vor und diskutiert so lange mit ihm, bis er nachgibt.

Aby hat sein Abitur schon 1884 bestanden. Er hängt ein Jahr im humanistischen Zweig an und macht 1886 auch sein altsprachliches Abitur, das Voraussetzung für seine Pläne ist. Als Berufswunsch gibt er in der Schule „Archaeologie" an. Seine Familie ist aufgestört, aber er schreibt sich für Kunstgeschichte und Archäologie an der Universität Bonn ein.

Auch Max verlässt Hamburg. Er ist jetzt ein gut aussehender, schlanker junger Mann mit einem flotten kleinen Schnurrbart, ein großer Charmeur, guter Tänzer, hervorragender Reiter, voller Humor und strahlender Laune. Charlotte macht sich keine Sorgen um ihn. „Der gute Max hat ja Freunde in allen Kreisen", meint sie, „mit seinen strahlenden blauen Augen unter den buschigen Augenbrauen und seinem unwiderstehlichen Lächeln gewinnt er alle. Was er unternimmt, gelingt ihm."

Wanderjahre

Max macht eine zweijährige Lehre im Bankhaus J. Dreyfus & Co. in Frankfurt am Main und wohnt bei seinen Großeltern Oppenheim. In der Bank fühlt er sich anfangs nicht wohl, denn er muss Handlangerdienste verrichten und sich von unten hocharbeiten. Das Leben bei den Großeltern dagegen gefällt ihm. Nathan Oppenheim hat sich 13 Sprachen beigebracht, das

Konversationslexikon von A bis Z gelesen und ist durch sein Geschäft mit Perlen, Diamanten und Antiquitäten ein Kunstliebhaber geworden.

Nach der Lehre geht Max für ein halbes Jahr zu Wertheim & Gompertz in Amsterdam, und im Oktober 1888 tritt er in München seinen Militärdienst beim III. Bayrischen Chevaux-Légers-Regiment an. Er hat sich dieses Kavallerieregiment ausgesucht, weil in Bayern schon Juden Reserveoffiziere geworden sind.

Die Institution des Reserveoffiziers gibt es seit der preußischen Heeresreform Anfang der 1860er Jahre, und sie hat im gut situierten Bürgertum großen Anklang gefunden. Statt sich zum zweijährigen Militärdienst einziehen zu lassen, meldet man sich als Einjährig-Freiwilliger und finanziert sein Militärjahr selbst. Das ist kostspielig, aber nach bestandener Abschlussprüfung kann man sich als Offiziersaspirant der Reserve führen lassen und das Offizierspatent nach Manövern und der Zuwahl durch das Offizierkorps erwerben. Der Rang eines Reserveoffiziers ist eine Eintrittskarte in die militärische und adlige Welt der deutschen Führungsschichten.

Die Briefe, die Max nach Hause schreibt, verraten Bewunderung für militärische Disziplin und zunehmenden Patriotismus. Er wird ein ausgezeichneter Soldat und ist beliebt bei Vorgesetzten. Er lebt in München ganz groß, gibt ein Schweinegeld aus, wie Fritz sagt. Nach einem Jahr ist Max Vizefeldwebel und Offiziersaspirant der Kavallerie. Nun will er Berufsoffizier werden und schreibt seinem Vater einen 16-seitigen Brief. Der antwortet: „Mein lieber Max, meschugge. Dein Dich liebender Vater."

Bei der geheimen Wahl von Max Warburg zum Reserveleutnant stimmt einer der beteiligten Offiziere mit Nein, und alles ist vorbei. Max ist tief verletzt. Anders als sein Vater hat er mit Antisemitismus nicht gerechnet.

Das Wort „Antisemitismus" ist 1879 in Berlin entstanden. Antisemitismus – das ist nicht mehr die alte religiöse Judenfeindschaft, die aus einer Glaubensgemeinschaft eine isolierte Lebensgemeinschaft gemacht hat. Das ist eine neue judenfeindliche Bewegung. Der Berliner Dom- und Hofprediger Adolf Stoecker hält im September 1879 eine Predigt gegen Juden und

Max Warburg bei der Kavallerie: Seinen Militärdienst tritt er beim III. Bayrischen Chevaux-Légers-Regiment in München an. Er ist ein ausgezeichneter Reiter und möchte Reserveoffizier werden.

nennt sie ein Krebsgeschwür, an dem Deutschland leide. Heinrich von Treitschke, Geschichtsprofessor in Berlin und Reichstagsmitglied, veröffentlicht im November 1879 in der Kreuzzeitung seinen ersten Artikel zur Judenfrage und macht den Antisemitismus zum Thema, macht ihn gesellschaftsfähig: Juden hätten Schuld an der frechen Gier des Gründer-Unwesens, am Materialismus der Gegenwart. Der bürgerliche Liberalismus ist nach einer langen Wirtschaftskrise geschwächt, das Wort Antisemitismus verbreitet sich in Windeseile.

Wie Max erlebt auch Aby außerhalb Hamburgs schwere Erschütterungen. Aby möchte als Individuum gesehen werden, als der Mensch, der er ist. Er lehnt sich gegen Juden auf, die ihn mit traditionellen Regeln in geistige Enge einzuschließen drohen, und gegen Christen, die in ihm nur den Juden sehen und ihn deshalb ablehnen. Als er in Straßburg studiert, berichtet er nach Hause, die Christen sähen jetzt „jeden Juden zuerst einmal als einen fremden Eindringling von zweifelhaften Manieren an". Studenten und Professoren, die er näher kennenlerne, zeigten ihm Vertrauen und Wohlwollen, aber dieses Volk hier sei widerlich, „ich kann des Tages nicht ausgehen, ohne ein paarmal hinter mir her constatiert zu hören: ‚Desch ischt e Jud!'"

Zahlreiche Studenten orientieren sich jetzt am Offizierskorps und treten schlagenden Verbindungen bei. Von ihnen ausgeschlossen sind Katholiken, Frauen, Juden. Aby: Man „hat doch alles eher als den guten Willen, den Einzelnen anzuerkennen; nur das wäre doch wirklich der einzige Weg praktisch ein gesellschaftliches Durchdringen anzubahnen: man merkt doch an allem daß man es mit Parvenus des Nationalgefühls zu thun hat, die sich ihrer selbst noch nicht sicher sind". Aber er glaubt daran, dass alles gut wird, auch wenn die Entwicklung des menschlichen Geistes von Aberglauben und Unvernunft zur Humanität der Wissensgesellschaft von Rückfällen in vorzivilisierte Zeiten gehemmt werde und zum Verzweifeln lange dauere.

Auch der Vater vertraut auf die Entwicklung der Vernunft: „Du hast Recht, das Nationalgefühl des Deutschen wie es sich jetzt äußert, erinnert oft an Parvenus. Letztere brauchen Zeit, damit sie angenehme Mitmenschen werden."

Im Haus Mittelweg 17 hängt ein Bild von Kaiser Friedrich III., der im Jahr zuvor, 1888, nach nur hundert Tagen Regierung verstorben ist, mit seinem Satz als Unterschrift: „Der Antisemitismus ist die Schmach des Jahrhunderts.“ Er ist als Kronprinz aus Protest gegen Treitschkes Angriffe auf Juden in der Uniform eines preußischen Feldmarschalls in einer Berliner Synagoge zum Gottesdienst erschienen.
Der Vater will seine Söhne schützen. Auch Paul soll Bankier werden, und der Vater spielt mit dem Gedanken, ihn in die Günzburg-Bank nach St. Petersburg zu schicken. Paul hat eine unangenehme Lehrzeit bei einer Hamburger Im- und Exportfirma hinter sich, war bei Samuel Montagu in London und danach in der Pariser Niederlassung der Banque Russe pour le Commerce Étranger. Günzburgs würden Paul sehr gerne nehmen, schreiben sie, aber der Vater will vor einer Entscheidung unbedingt sicher sein, „dass mein Sohn Paul als Jude während seines eventuellen Aufenthalts in Petersburg nicht die geringsten Unannehmlichkeiten hat“. Günzburgs wenden sich deswegen an den russischen Finanzminister.
Max und Paul arbeiten als Volontäre bei befreundeten europäischen Banken, um sich vorzustellen und um die Herren genau kennenzulernen, mit denen sie künftig Geschäfte abschließen werden. Ihren Aufenthalt im Ausland bezahlen künftige Teilhaber selbst, der Vater setzt seinen Söhnen für ihre Ausgaben keine Obergrenze, sie vertreten die Bank.
Max geht 1890 nach Paris zur Banque Impériale Ottomane als Sekretär. Er liebt Paris, hat offenbar, wie viele junge Herren, ein verstecktes zweites Leben. Er gibt jeden Monat sehr viel mehr aus, als er aus Hamburg bekommt, schämt sich aber, nochmals zur Bank zu gehen. Im Quartier Latin teilt er eine zweite Wohnung mit dem Maler Horsfall, und dort lebt er während der Tage der Leere sehr einfach – aber darum nicht weniger glücklich, findet er –, bis sein Budget am Endes des Monats wieder ausgeglichen ist. Dann kehrt er in seine üppige Wohnung in der Rue de Téhéran zurück, wo sein Diener ihn wie den verlorenen Sohn strahlend empfängt. Er besucht auch Vorlesungen an der Sorbonne, spielt mit dem Gedanken, zu promovieren. Es ist eine turbulente und schöne Zeit für ihn: „Ich habe das Land, die Leute und das Leben kennen gelernt.“

Nach einem Jahr wechselt er zu Rothschilds nach London, aber fast jeden Freitagnachmittag fährt er nach Paris zu den Menschen, an denen er hängt. Rothschilds schließen ihr Geschäft am Sonnabend, und am Montag muss er erst im Lauf des Vormittags wieder zurück sein. Anfangs war er jeden Morgen um neun in der Bank, half bei der Postöffnung und erfuhr so, was sich in der Firma abspielt, doch dann kam Baron Alfred de Rothschild zu ihm und sagte: „Ein Gentleman ist nicht vor elf im Bureau und bleibt nicht länger als bis vier Uhr." Eines Tages trifft Max in Paris einen Freund seines Vaters. Zurück in Hamburg berichtet der Freund dem Vater, er habe Max in Paris getroffen, der Sohn habe vorzüglich ausgesehen und sei glänzender Laune gewesen. Der Vater schüttelt den Kopf: „Das muß ein Doppelgänger gewesen sein, denn mein Sohn ist in London." Sie wetten um zwanzig Mark, und der Vater schreibt Max. Max antwortet weich, dass er „zur Erledigung dringender Angelegenheiten" an dem betreffenden Tag in Paris gewesen sei. Der Vater lässt sich nicht hinters Licht führen: „Ich überlasse es Dir, ob Du in London oder in Hamburg leben willst, tertium non datur" – ein Drittes gibt es nicht.
Max gewöhnt sich schwer in London ein. Er muss auf seine flatternden Krawatten verzichten und sich korrekte Hüte, Jacketts und Hosen kaufen. Vor allem muss er sich die typisch englische Ruhe angewöhnen. Aber allmählich fühlt er sich auch in London wohl. Zum Abschluss seiner Ausbildung will er mit seinem Londoner Freund Paul Kohn-Speyer eine Weltreise machen. Er ist schon mitten in den Vorbereitungen, als sein Vater ihn Anfang 1892 nach Hamburg zurückruft. Der Vater braucht ihn in der Bank.
M. M. Warburg & Co. haben Probleme, und der Vater schafft den plötzlichen Arbeitsanfall mit seinem Neffen Aby S. allein nicht – Onkel Siegmund ist vor drei Jahren nach einem Herzanfall in Baden-Baden gestorben, und sein ältester Sohn ist nun Teilhaber, ein zarter, ruhiger und bedachter Mann. Siegmunds Tochter Rosa hat im Vorjahr Alexandre de Günzburg geheiratet, und die Warburg-Bank konnte ein bedeutendes Geschäft mit der Günzburg-Bank abschließen, das aber jetzt gefährlich geworden ist. Günzburgs haben große Summen in die Erschließung der Goldfelder an der Lena investiert, die in Sibirien vom

Baikalsee zum Eismeer fließt, doch die Ausbeute ist abgesunken, was die Günzburgs in Schwierigkeiten gebracht hat. Sie haben Wechsel in Höhe von sieben Millionen Mark auf M.M. Warburg & Co. gezogen, Zahlungsversprechen in Umlauf gebracht, für die Warburgs jetzt auf einen Schlag geradestehen sollen. Max muss heimkehren.

Aby hat sein Studium in Straßburg mit einer Promotion über Botticellis *Geburt der Venus* abgeschlossen, jetzt leistet er seinen Militärdienst in Karlsruhe ab. Felix ist in Frankfurt und wird Diamantenhändler. Der kleine Fritz besucht das Gymnasium. Paul wird nun doch nicht Volontär in St. Petersburg, obwohl der russische Finanzminister versichert hat, dass Juden in Russland nicht die geringsten Unannehmlichkeiten hätten: Er geht anstelle von Max auf Weltreise. Er fährt mit dem Zug nach Genua, nimmt einen altertümlichen segeltragenden Dampfer nach Suez und Aden, steigt dort um auf den Dampfer ORIENTAL und fährt nach Indien.

Max ist bei seinem Eintritt in die Firma 24 Jahre alt. Er hat in Frankfurt, in Amsterdam, Paris und London gelebt und spricht Französisch und Englisch. Er kennt die europäische Finanzwelt und versteht die Standpunkte anderer Nationen. Von nun an will er nichts anderes sein als Bankier.

Das Netzwerk

„Dein Name muss zehnmal so gross sein wie Dein Vermögen"

1.

Die Geschäftsräume von M. M. Warburg & Co. sind klein und düster. Die Firma hat das Nachbarhaus Ferdinandstraße 73 dazugekauft, aber die Verbindungen zwischen den Räumen wirken improvisiert und sind unübersichtlich. Die Büroeinrichtung ist karg, fast schäbig. An dunklen Winternachmittagen zünden die Lehrlinge Petroleumlampen an. Das einzige Telefon benutzen nur die älteren Angestellten.

Die Bank hat beim Eintritt von Max Warburg 23 Angestellte. Jeder erhält einen „Frühstücksthaler" im Monat – keiner kann sich erinnern, wann in ferner Vergangenheit dieser Betrag für vier Wochen Frühstück ausgereicht hätte. Dazu gibt es von April bis Oktober, wenn das Leitungswasser schlecht ist, ein Zwölfliterfässchen Bier, an dem die Angestellten je nach ihrer Bedeutung in der Bank unterschiedlich große Anteile haben.

Max Warburg fängt als Prokurist an. Die Günzburg-Bank hat nun ihre Zahlungen eingestellt, und es ist die Frage, ob Warburgs jemals den Gegenwert der Wechsel für sieben Millionen Mark, für deren Auszahlung sie mit ihrem Namen gebürgt haben, wiedersehen werden. Sie müssen entscheiden, ob und wie sie die Wechsel schnellstens aus dem Handel ziehen.

Max Warburg als junger Teilhaber der Bank:
Er hat in Frankfurt, Amsterdam, Paris und London gearbeitet und kennt
die europäische Finanzwelt.

Max ist dafür, den Inhabern der Wechsel anzubieten, sie sofort einzulösen. Der Vater ist ängstlich, weil es um eine für die Bank sehr hohe Summe geht, doch lässt er sich überzeugen und hält sich damit an sein eigenes Geschäftsprinzip, das er seinen Söhnen seit Jahren einprägt: „Dein Name muss zehnmal so gross sein wie Dein Vermögen."

Reichtum allein besagt in Hamburg wenig über das Ansehen eines Kaufmanns. Ansehen gewinnt, wer sich bei seinen kaufmännischen Handlungen von Grundsätzen leiten lässt, die schon Ende des 18. Jahrhunderts formuliert worden sind und die noch hundert Jahre später als ideales Verhalten hanseatischer Kaufleute gelten. Der „Credit" sei das unschätzbare Juwel des Kaufmanns, das er sorgsam behüten müsse, hat John Parish geschrieben, der zur Zeit der Gründung von M. M. Warburg & Co. der reichste Kaufmanns Hamburgs war: Der Kredit ist das Zutrauen, das andere in die Fähigkeiten eines Kaufmanns haben, und damit der Gradmesser des Vertrauens, das ein Kaufmann an der Börse genießt. Wer Kredit hat, kann mit weniger eigenem Kapital mehr und größere Geschäfte machen als andere. Die Wechsel eines Kaufmanns – seine Zahlungsversprechen – sind an der Börse geschätzt nicht aus Vertrauen in seine Zahlungsfähigkeit, sondern aus Vertrauen in seine Urteilsfähigkeit.

Das Urteil der beiden Warburgs erweist sich als richtig. Die Günzburgs erholen sich und zahlen die Darlehen, die Warburgs ihnen eingeräumt haben, zurück – in reinem Gold, was an der Börse Aufsehen erregt und den Kredit der Warburgs erhöht.

Die Warburg-Bank hat sich aus dem Geldhandel und dem Pfandleihgeschäft entwickelt. Der Urgroßvater Max Warburgs und sein Bruder, die beiden Firmengründer, kauften und verkauften die Hunderte von unterschiedlichen Gold- und Silbermünzen, die es damals in den deutschen Ländern und in Europa gab. Außerdem verliehen sie Geld gegen Pfand – Waren, Wertpapiere, Edelmetalle. Wer bargeldlos reisen wollte, konnte bei ihnen einen Wechsel kaufen, einen Zahlungsauftrag: Die Warburgs standen dafür ein, dass ihre Geschäftspartner in einer fernen Stadt dieses Stück Papier gegen Bargeld einwechselten.

Mit zunehmendem Warenhandel und steigenden Geldmengen arbeiteten die Warburgs auch als Makler. Rothschilds in Frankfurt oder London zum Beispiel verliehen Geld an Warburgs, die dieses Geld in Hamburg ausliehen. Hamburger Börsenmakler bezahlten dafür mit erstklassigen Handelswechseln, die überall auf der Welt anerkannt wurden, und Warburgs boten die Wechsel Rothschilds an, die sie für ihre Handelskunden kauften. Ab 1863 nannten die Warburgs sich im Hamburger Adressbuch „Bankiers". Die wachsende Industrie brauchte nun mehr Kapital, als die Privatbankiers liefern konnten. Die Bankiers begannen, gemeinsam Aktienbanken zu gründen, und die Warburgs beteiligten sich 1870 an der Gründung der Commerz- und Disconto-Bank. Die Aktienbanken waren anfangs keine Konkurrenz, waren eine Ergänzung in der wachsenden Kreditwirtschaft.

Nach der Gründung des Deutschen Reichs 1871 begannen Warburgs, mit Wertpapieren zu handeln: Industrieunternehmen und Regierungen emittierten Anleihen, das heißt sie ließen über Banken Schuldverschreibungen verkaufen, liehen sich Geld beim Publikum gegen feste Zinsen. Manchmal übernahm eine einzelne Bank die gesamte Anleihe auf eigene Rechnung und garantierte dem geldleihenden Staat ein Mindestergebnis. Wenn aber Umfang und Risiko des Geschäfts sehr hoch waren, schlossen mehrere Banken aus verschiedenen Städten sich zusammen, teilten die Anleihe unter sich auf und boten sie an ihren Heimatbörsen an. Warburgs beteiligten sich an solchen Bankkonsortien und zogen Maklerfirmen als Unteragenten heran. Der Gewinn der Bank bestand aus einer Provision für die Durchführung des Verkaufs und aus dem Kursgewinn zwischen Übernahmekurs und Ausgabekurs – zwischen dem Einkaufspreis beim Staat und dem Verkaufspreis, den sie beim Publikum erzielen konnte.

Warburgs verdienten auch an der Finanzierung von Eisenbahnlinien in den Vereinigten Staaten, die ihnen Kuhn, Loeb & Co. in New York vermittelten: Jacob Schiff, Teilhaber der Bank und gebürtiger Frankfurter, war 1871 Lehrling bei Warburgs. Sie beteiligten sich durch die Günzburgs am Verkauf von Obligationen der Großrussischen Eisenbahn Gesellschaft und von Anteilen an der Diamant Bultfontein Mine in Südafrika, verkauften russische, norwegische, chinesische und hamburgische Staatsanleihen.

Doch in der Hauptsache verläuft ihr Geschäft beim Eintritt Max Warburgs noch so wie zur Zeit der Firmengründer vor hundert Jahren: Es ist ein Devisen- und Wechselgeschäft auf Kommissionsbasis für große Handelshäuser und Banken, meist für Banken im Ausland.

In der Ferdinandstraße sind die schwierigen Transaktionen beim Einlösen der Günzburg-Wechsel noch nicht abgeschlossen, als die Cholera ausbricht. Der Sommer 1892 ist heiß. Das Trinkwasser kommt ungefiltert aus der Elbe in die Häuser, und mit ihm kommen Choleraerreger über Fäkalien, die die Flut flussaufwärts bis zur Entnahmestelle schwemmt.
Am 14. August wird ein Kanalarbeiter mit starkem Erbrechen und Durchfall in ein Krankenhaus eingeliefert und stirbt. Bis Ende Oktober erkranken 16 956 Menschen, 8605 sterben.
Max Warburg vergisst nie, wie Pferdewagen auf Pferdewagen voller Särge durch die Straßen fahren. Frau und Kind des Prokuristen sterben an der Cholera. Der Vater muss es den Angestellten freistellen, zu Hause zu bleiben. Max bewältigt die gesamte Arbeit mit zwei Angestellten, die sich freiwillig gemeldet haben. Zu dritt arbeiten sie von sieben Uhr früh bis zwölf Uhr nachts. Oft kommt es ihm vor, als würde er nie wieder normale Zeiten erleben. Aber er ist furchtlos.

Paul Warburg verkürzt seine Weltreise. Der Bürovorsteher Adolf Dorner, ein Christ wie auch andere Herren in der Bank, ist Anfang 1893 gestorben, und Paul, mager, knochig, kränklich, fängt im März im Kontor als Prokurist an. Max wird zum 1. Juli 1893 Teilhaber.
Die Brüder überlegen gemeinsam, wie sie die Bank vergrößern, wie sie ihre Stellung im Netzwerk der Banken festigen können. Max ist voller Ideen und Wagemut. Paul analysiert verlockende Geschäftskombinationen, bewertet sie. Max will führen und kann führen. Paul ist sein Ratgeber, dem er immer aufmerksam zuhört. Die Brüder lieben sich, respektieren sich. Jeder wählt sich einen Wahlspruch. Der Wahlspruch der Bank ist „labor et constantia“, Arbeit und Beständigkeit. Paul wählt „in serviendo consumor“, dienend verzehre ich mich, und Max „en avant“ – vorwärts. Über ihren Vetter Aby S. lachen die Brüder. In der

Bank ist er so gut wie unsichtbar, in der Korrespondenz der Firma kommt sein Name kaum vor. Er hat verschiedene ernste Leiden und ist oft trübsinnig und missgelaunt.
Max arbeitet in den nächsten drei Jahren ununterbrochen und über alles vernünftige Maß hinaus. Er reist oft für Wochen nach Skandinavien und erobert bei der Gründung von Bankenkonsortien gute Positionen als Unterbeteiligter, gründet selbst Konsortien. Wenn er in Stockholm oder Kopenhagen nicht koscher essen kann, so ist ihm das gleich. Er versucht, in Konsortien für russische Eisenbahnpapiere zu kommen, kämpft zäh und doch mit äußerer Leichtigkeit. Als er vom Chef der St. Petersburger Internationalen Handelsbank eine größere Beteiligung an einer Chinaanleihe verlangt, als für ihn vorgesehen ist, schreibt er: „Als Deutsche – sowohl als Politiker, wie als Financiers – fühlen wir uns allerdings – ganz entre vous (sic) – recht belämmert und möchten uns daher gerne, soweit es in finanzieller Beziehung möglich, von Ihnen trösten lassen." Der Geschäftspartner muss lachen, und Max Warburg bekommt seinen Trost.
Moritz Warburg beklagt sich zuweilen, dass seine Söhne ihn nicht um Rat fragen, aber Max meint, dem Vater bereite es besonderes Vergnügen, „mit diesen beiden Ponys im Gespann zu fahren". Max sieht sich und Paul als Ponys im Verhältnis zum Vater, dem großen Kutscher. Bei aller selbstsicheren Dominanz ist er auch bescheiden und frei von Geltungssucht. Der Vater zieht sich ab 1895 mehr und mehr aus dem Alltag der Bank zurück und überlässt die Geschäftsführung seinen beiden nun 28 und 27 Jahre alten Söhnen.

2.

Felix Warburg heiratet Frieda Schiff, die einzige Tochter von Jacob Schiff, unter dessen Leitung Kuhn, Loeb & Co. nun zum wichtigsten Emissionshaus in der Wall Street nach J. P. Morgan & Co. geworden sind. Großmutter Sara wäre mit Felix zufrieden.
Jacob Schiff trägt hohe Stetson-Hüte mit Western-Krempe, hat helle Augen, einen borstigen Schnurrbart und pflegte seine einzige Tochter scharf zu bewachen. Felix und Frieda lernten sich bei einem Europabesuch der Schiffs in Frankfurt kennen. Felix ist fröhlich, elegant wie Max und fährt seine Freundinnen in

Aby Franziska Jahns Felix

Fritz Luise Mutter Charlotte

Die Familie Warburg auf dem Kösterberg 1895.

seine Frau Frieda geb. Schiff Paul

Vater Moritz Olga Max

einem Dogcart aus, einem zweirädrigen Einspänner. Als die Schiffs Hamburg besuchten, war Frieda von der Wärme und dem Witz der Warburgs tief berührt. Felix durfte Frieda schreiben, Schiff öffnete die Briefe, las seiner Tochter geeignete Stellen vor und antwortete für sie. Nach einem Jahr lud er Felix nach New York ein und gab die Verlobung bekannt, was die Hauptbeteiligten sehr überraschte. Seine Bedingung: Felix muss in die Bank Kuhn, Loeb & Co. eintreten.

Die Hochzeit ist im März 1895. Paul ist Brautführer, und Brautjungfer ist Nina Loeb, die Tochter von Solomon Loeb, einem der Gründer von Kuhn, Loeb & Co. Paul und Nina heiraten im Oktober 1895 im Sommerhaus der Loebs an der Küste von New Jersey.

Familienverbindungen sind im Hamburg des 19. Jahrhunderts bewährte Grundlagen großer Geschäfte und leben zwischen Privatbanken, gleich ob die Inhaber Juden oder Christen sind, wohl am längsten fort. Doch das Heiraten allein nutzt nichts, Jacob Schiff gibt sich nicht mit Untätigen oder Untüchtigen ab, er wählt sich bei jeder Transaktion seine Geschäftspartner neu aus. 1896 ist Max vollkommen überarbeitet und am Rande seiner Kräfte.

Die Ärzte raten ihm zu einem Sanatoriumsaufenthalt oder zu einer langen Seereise. Er wählt die Seereise. Unterwegs nach Kapstadt erkrankt er an Ruhr, verliert zwanzig Kilo und stirbt fast. Dennoch reist er mit einem Ingenieur ins Swasiland und besichtigt Zinnminen. Auf der Rückfahrt bringt der Schiffssteward ihm in Madeira ein Telegramm seines Vaters: „Kösterberg gekauft“. Diesen Kauf hat Max sich schon lange gewünscht.

Der Kösterberg ist ein weitläufiger Landsitz in Blankenese, hoch über der Elbe. Der Besitzer verlangte vor einiger Zeit eine Million Mark dafür, und Moritz Warburg lachte ihn aus. Jetzt bat der Besitzer um ein erneutes Gebot, der Vater sagte 240 000 Mark, und der Mann akzeptierte: Er hat seine Frau dort mit einem Liebhaber überrascht und will Haus und Park nie wiedersehen. Von nun an gehören auch Warburgs weithin sichtbar zu den erfolgreichsten Hamburger Kaufleuten, die den Sommer in Landhäusern an der Elbe verbringen.

Doch im Alltag leben reiche Leute sparsam. Friedaflix – so heißen Frieda und Felix in der Familie – bekommen 1896 eine

Tochter, und Panina – Paul und Nina – bekommen einen Sohn. Paul wohnt mit seiner Familie im Doppelhaus Große Fontenay Nr. 4, nur wenige Minuten zu Fuß vom Mittelweg entfernt, und ist der erste Warburg, der Pferd und Kutsche kauft, Nina ist seit einem Unfall in ihrer Kindheit gehbehindert. Trotzdem runzelt die Familie die Stirn. In Hamburg geht *man* zu Fuß oder lässt den Diener eine Droschke bestellen. Für Charlotte Warburg ist ein solcher Kauf protzig. Die Nachbarn finden das auch. Noch sechzig Jahre später schreibt Emmi Crasemann, die Tochter von Senator Eduard Westphal und seiner Frau Wilhelmine geborene Amsinck, spitz: „Ganz feine Leute, wie Max Warburg, schaffen sich um die Jahrhundertwende ein Juckergespann mit schnellen hübschen Wiener Pferden an …"

Aby verlobt sich im Juli 1897 mit Mary Hertz, der Tochter von Senator Adolph Ferdinand Hertz. Aby fesselt die Menschen mit seinen Augen, mit seiner Lebhaftigkeit, seinem hamburgischen Humor und seiner Freude an Anekdoten. Sich selbst beschreibt er so: „Ein kleiner Herr mit schwarzem Schnurrbart, der manchmal Dialektgeschichten erzählt. 1,59 m. (Kunsthistoriker)." In Gesprächen ist er brillant, liebenswürdig, bestimmt, ein kultivierter Gelehrter. Vor fünf Jahren haben Mary und er sich schon die Ehe versprochen. Mary ist sanft und geduldig, sie malt und ist sehr begabt. Er hat Angst, sie seinen manisch-depressiven Stimmungen auszusetzen.

Beide Familien wünschen die Ehe nicht. Abys Vater will eine jüdische Schwiegertochter haben, kaum ein Fünftel der Juden lebt noch nach den alten Regeln. Marys Vater findet es beunruhigend, dass Aby keine Vorstellungen von seiner beruflichen Zukunft hat. Juden ist die Professur, von Ausnahmen abgesehen, in der Alltagspraxis verschlossen.

Aby löst sich nun ganz vom jüdischen Glauben, sein Vater ist tief verletzt. Im Oktober findet eine stille Hochzeit im Landhaus der Familie Hertz ohne die Eltern des Bräutigams statt – Max und Olga vertreten die Familie. Aber Moritz und Charlotte besuchen das Paar auf der Hochzeitsreise in Wiesbaden. Sie wollen Mary nicht kränken, für Moritz ist sie „seine liebe Tochter". Aby lebt mit Mary in den nächsten Jahren als Privatgelehrter in Florenz. Er kauft Bücher in großer Zahl, sammelt

Bücher. In den gemeinsamen Sommerferien auf Helgoland spricht er zum ersten Mal mit Max über seine Idee, eine Bibliothek für Kulturwissenschaft aufzubauen.
1898 sind M. M. Warburg & Co. hundert Jahre alt. Max und Paul haben den Konjunkturaufschwung der letzten Jahre voll genutzt. Die Bilanzsumme der Bank hat sich verfünffacht, die Anzahl der Angestellten mehr als verdoppelt. Am 29. Dezember 1898 verlobt Max Warburg sich mit Alice Magnus.

3.

Alice Magnus ist 25 Jahre alt und lebt mit ihrer Mutter in der Königstraße 174 in Altona und hat weder Geld noch Verbindungen im Netzwerk der Banken. Ihre Mutter Lola ist in Odessa geboren und spricht mit starkem russischen Akzent, ist charmant, klug und schlagfertig. Der Vater, der Pelzhändler Hermann Magnus, ist jung gestorben, und Pius Warburg in Altona hat Lola, die mit ihm verwandt ist, mit neun Kindern in seine Obhut genommen. Trotzdem hat Alice eine schwere Kindheit erlebt, eine ältere Schwester erzog sie mit harter Hand, sie spricht selten davon. Auf manche Leute wirkt sie abweisend und gleichmütig. Mit Anfang zwanzig ging sie zu einer Tante nach Wien, besuchte Mal- und Zeichenklassen und blieb drei Jahre. Sie ist eine Freundin von Olga Warburg, und Max und sie wurden auf Gesellschaften bei Tisch oft nebeneinander gesetzt, wohl weil man glaubte, sie habe Verstand genug, um einen Mann wie Max Warburg zu unterhalten. Sie ist klein und zierlich, hat dichtes, lockiges blondes Haar und einen offenen Blick.
Max Warburg ist restlos verliebt. Am Morgen nach der Verlobung schreibt er ihr aus der Bank, so viele Dummheiten habe er noch nie an einem Vormittag gemacht, und schließt „Für immer Dein Dein Dein Max“. Eine Woche später schlägt er ihr vor, in das kleine Haus Magdalenenstraße 68 zu ziehen: „Es ist nur zur Miethe, aber das Glück, das wir in demselben uns zimmern wollen, soll so lange dauern, wie wir zwei leben; wir verpflanzen es dann nach zwei oder nach vier Jahren dahin, wo die Gnädige es zu haben wünscht.“ Alice ist für ihn eine norddeutsche Madonna, er fürchtet, dass sie ihn nicht so lieben könne wie er sie.

Alice Warburg, geb. Magnus.
Schwägerin Frieda berichtet über die Ehe von Max und Alice Warburg:
„Nachdem der Frauenheld Max verheiratet war, hat er andere Frauen nicht einmal mehr zum Mittagessen eingeladen.“

Zum Polterabend im Mittelweg 17 kommen 170 Gäste. Die Trauung ist am Mittwoch, dem 1. März 1899, nachmittags um halb fünf, und anschließend feiert die Hochzeitsgesellschaft das Paar im Königlichen Hof in Altona bei einem Hamburger Hochzeitsessen, das mit Reden, Gedichten und Aufführungen viele Stunden dauert. Auf der Menükarte steht links das „Musik-Programm", rechts die Speisenfolge: Es gibt zehn Musikstücke zu zehn Gängen und sieben Weine. Herr L. Schmüser lässt seine Kapelle als Erstes den Hochzeitsmarsch von Mendelssohn aus dem Sommernachtstraum spielen. Es folgen die Ouvertüre zur Hochzeit des Figaro, das Liebeslied aus der Walküre, ein Motiv aus Carmen und La Paloma, ein mexikanisches Volkslied. Das Menü beginnt mit Kaviar und altem Pale Sherry, es folgen eine Potage à la reine mit Sekt, Heidsieck & Co., und Truites – Bachforellen – in Sauce Hollandaise, dazu Rüdesheimer Riesling. Zum Rinderfilet gibt es einen Château Rose la Biche. Die Kellner servieren Ragout de foie gras à la Toulouse – Leberragout –, Spargel mit einem 1893er Château d'Yquem, Schlossabzug, und Poularden mit einem Léoville Lascazes von 1888. Danach gibt es Salat, Eis, Dessert und einen alten feinen Portwein. Und ganz am Schluss spielt Herr L. Schmüser für das Brautpaar den selbst komponierten Galopp „Glückliche Reise".

Für den 2. März ist ein Zimmer im Hotel Hillmann in Bremen bestellt und für den 3. eines im Hotel Ritz in Paris, Place Vendôme, aber in Bremen fühlen die jungen Eheleute sich so wohl, dass sie noch einen Tag bleiben. Am 12. März wollen sie in Cap Martin sein, Ende März den Dampfer von Genua nach Neapel nehmen, Mitte April in Florenz eintreffen.

Ein Jahr später, zum ersten Hochzeitstag, schicken sie sich kleine Gedichte, er ihr eins in die Magdalenenstraße, sie ihm eins in die Bank: Er schenkt ihr noch einmal sein Herz, sie preist – „nun schon ein ganzes Jahr von warmen Sonnenschein umgeben" – ihr Glück. Am 15. April 1900 bekommt sie einen Sohn, Erich. Max schickt ihr verspielte Verse, unterschreibt „Dein treuer Sohn Erich". Seinem Sohn schreibt er drei Monate nach der Geburt in einem Brief, „immer sollst Du mir dankbar sein, daß ich Deine Mutter Dir gab, ich habe sie extra für Dich ausgesucht". Schwägerin Frieda berichtet über die Ehe von Malice:

„Nachdem der Frauenheld Max verheiratet war, hat er andere Frauen nicht einmal mehr zum Mittagessen eingeladen."
In seinem Brief an den Sohn überlegt Max Warburg auch, ob der Sohn veranlagt ist, harmonisch zu leben: „Wirst Du Dich von Phrasen blenden lassen? Wirst Du nicht faul das Gleiche thun wie alle anderen, zu feige, Deine eigenen Wege zu gehen?" Gerade jetzt treiben in der Welt Selbsttäuschung und Lüge ihr Spiel: „Wir sind in der Zeit des historischen Rückschritts: Chauvinismus und Religionsfanatismus regieren die Welt; da muß jeder Einzelne sich stärken, um nicht angesteckt zu werden und dazu beitragen, daß diese traurige Wellenbewegung nur eine kurze sei." Schon wanke die Rechtsprechung – in Frankreich im Justizskandal Dreyfus, in Deutschland im Fall eines angeblichen Ritualmordes in Konitz.
Hauptmann Alfred Dreyfus ist wegen angeblichen Landesverrats zu lebenslanger Haft auf die Teufelsinsel vor Französisch-Guayana verbannt worden, als Jude galt er schon vor Beginn des Prozesses als Verräter schlechthin; in Konitz in Westpreußen ist wenige Wochen vor Erichs Geburt ein 18-Jähriger verblutet aufgefunden worden, und zahlreiche Bürger behaupten, der jüdische Schächter Lewy habe einen Ritualmord begangen, schlagen jüdischen Familien die Fensterscheiben ein und brennen die Synagoge nieder. „... da heißt es, Kräfte sammeln, Rückgrat haben", schreibt Max Warburg seinem kleinen Sohn.

Die Erfolge der Brüder Max und Paul Warburg sind aufsehenerregend. Sie vermitteln an Kuhn, Loeb & Co. und die National City Bank vierprozentige deutsche Schatzanweisungen für achtzig Millionen Reichsmark, und Kuhn, Loeb & Co. kaufen ein Jahr später für mehrere Millionen Dollar Hapag-Aktien durch Warburgs. Die Hamburger wählen Paul 1901 in die Bürgerschaft.

„Sagen Sie nie ein Herrendiner ab"

1.
Geschäfte macht man in Hamburg an der Börse, Politik im Rathaus, aber die wichtigsten Entscheidungen fallen bei Herrendiners in Privathäusern. Hausmädchen in schwarzem Kleid, mit

weißer Schürze und weißem Häubchen nehmen den Gästen die Garderobe ab, die Hausfrau begrüßt die Herren und zieht sich zurück, livrierte Diener tragen auf. Essen und Weine sind von feinster Qualität, sind vorzüglich, reichlich, üppig. Als Aby Warburgs Freund Fritz Schumacher in Hamburg Baudirektor wird, warnt Alfred Lichtwark, der Direktor der Kunsthalle, ihn: „Sagen Sie nie ein Herrendiner ab. Es ist der einzige Boden, wo Sie wichtige Geschäfte machen können. Sonst hat niemand Zeit, Sie auch nur anzuhören."
Ein Weg zu den wichtigsten Herrendiners führt über gut geplante Ehrenämter. Max Warburg ist seit 1897 Handelsrichter – eine Eingangsstufe: Die Handelskammer hat ihn vorgeschlagen, der Senat ihn für fünf Jahre gewählt. 1902 wird er in die Handelskammer gewählt und gehört nun dem Vorstand der Wertpapierbörse an. Er tritt in den Centralverband des Deutschen Bank- und Bankiergewerbes ein, wird 1903 in den Vorstand gewählt.
Paul Warburg scheidet aus der Bürgerschaft aus, denn er geht mit seiner Familie nach New York als Teilhaber von Kuhn, Loeb & Co., bleibt aber Teilhaber bei Warburg. Die Trennung fällt Max schwer. Ihm fehlt nun ein Diskussionspartner beim Planen von Geschäften, jemand, den er wie Paul respektiert und der durch Weisheit und Distanziertheit seines Urteils überzeugt. Er wählt sich als Zuhörer und Ratgeber Dr. Carl Melchior, bislang Amtsrichter, einen kleinen, klugen Mann, Hamburger – er war Gast auf Max Warburgs Polterabend –, vier Jahre jünger, Jude und Reserveoffizier. Melchior tritt als Syndikus bei M.M. Warburg & Co. ein.
Max Warburg wird 1903 von den Notabeln in die Bürgerschaft gewählt – Notabeln heißen die ehrenamtlichen Mitglieder der Gerichte, der Verwaltungsbehörden, der Handelskammer, sie sind die kleinste und einflussreichste Klasse im Hamburger Dreiklassen-Wahlrecht. Warburg gehört zur Fraktion der Rechten, die überwiegend nationalliberal orientiert ist und den Senat zu stützen pflegt. Er lehnt zwar politische und soziale Reformen ab, doch als die politischen Parteien das Dreiklassen-Wahlrecht angreifen und die Notabeln ein Anwachsen der Sozialdemokratie befürchten, schlägt er einen Kompromiss vor, um ganz pragmatisch Frieden zu stiften: Die Hälfte der Abgeordneten soll

nach dem allgemeinen Wahlrecht, die andere von Angehörigen bestimmter Berufe gewählt werden. Das Gesetz, das die Bürgerschaft dann 1906 erlässt, erweitert aber den Einfluss der Notabeln sogar, und Max Warburg ist auch damit zufrieden, denn er ist vor allem entschieden gegen eine Politisierung der Bürgerschaft: Politik gehöre „nach Berlin", wie sein Freund Albert Ballin, der Generaldirektor der Hapag, sagt.

Max Warburg und Albert Ballin gehen jeden Tag nach der Börse einmal um die Binnenalster – zwei mittelgroße dunkelhaarige Herren mit Schnauzbärten und hohen Zylindern. Sie unterhalten sich stets lebhaft, und wenn jeder wieder in seinem Kontor sitzt, müssen sie noch so oft miteinander telefonieren, dass sie sich schließlich eine private Leitung legen lassen, bei der niemand mithören kann. Max Warburg bewundert den zehn Jahre älteren Ballin, der wie er ein konstruktiver Kopf und zudem ein wichtiger Bankkunde ist. Ballin will die Hapag zur größten Reederei der Welt ausbauen, und Warburg kann ihm das Kapital, das er dazu braucht, durch seine Brüder in New York beschaffen. M.M.Warburg & Co. treten 1906 dem Bankenkonsortium bei, das die Reederei finanziert.

Ballin kommt aus kleinen Verhältnissen, ist Jude, mit einer Christin verheiratet und an Religion uninteressiert. Er legt wenig Wert auf gesellschaftlichen Umgang und hat auch keine Zeit dafür. Privat ist er ein aufmerksamer und teilnehmender Zuhörer voller Takt und Herzensgüte, ist in seinem bescheidenen Landhaus in Hamfelde witzig und unterhaltsam. Aber im Kontor, auf den Schnelldampfern und Kreuzfahrtschiffen fürchten die Mitarbeiter ihn, denn beim kleinsten Fehler kann er plötzlich explodieren und toben. Die Hapag beherrscht Hamburg, und Ballin will alle Hamburger Reedereien und ihre Fahrtgebiete haben, kauft jede auf, die Schwäche irgendeiner Art zeigt. 1910 sorgt er dafür, dass Max Warburg in den Aufsichtsrat der Hapag eintritt.

Warburg kennt Ballins dunkle Seiten, sieht etwas Dämonisches in seiner Lust an der Macht. Die Finanzen der Hapag sind nicht krisenfest, aber Kosten und Einkünfte interessieren Ballin wenig bei seinen weltumgreifenden Plänen. Warburg meint, er sei

Alice und Max Warburg mit Sohn Erich, geboren am 15. April 1900. Seinem drei Monate alten Sohn Erich schreibt Max Warburg einen Brief: „Wirst Du Dich von Phrasen blenden lassen? Wirst Du nicht faul das Gleiche thun wie alle anderen, zu feige, Deine eigenen Wege zu gehen?“

Bild oben: Max Warburg mit Erich (links) und den Töchtern Renate, geboren 1904, und Lola, geboren 1901.

Bild unten: Das alte Sommerhaus in Blankenese liegt hoch über der Elbe, und alle Schiffe, die in Hamburg ein- und auslaufen, kommen an ihm vorüber. Jedes Jahr im Mai reisen Felix und Paul Warburg mit ihren Familien aus New York an, mit Dienern, Jungfern, Ammen, mit Köchen und Dienstmädchen.

„mehr Künstler als Rechner". Ballin bringt ihn dazu, auch in den Aufsichtsrat von Blohm & Voss einzutreten, und Warburg wird zu einem maßgeblichen Mann in der deutschen Schifffahrtsindustrie.
Er ist Ballins bester Freund, und Ballin betrachtet Warburgs als zweite Familie. Als der Reeder seine pompöse Villa in der Feldbrunnenstraße 58 bezieht, stellt Warburg seine Kinder in Ballins Privaträume, in jeden eines, und lässt sie Begrüßungsverse aufsagen, die er gedichtet hat. Lola, sieben Jahre alt, steht im Schlafzimmer und sagt: „Laß Schiffe Schiffe sein im Hafen. Hier sollst Du mittellos stets schlafen."

Max Warburg genießt das Segeln auf der Elbe, vorbei an kleinen Inseln im glitzernden Strom, gefährlich wandernden Sänden und fernen Kirchtürmen. Er nimmt seine Frau mit an Bord und sorgt mit Kissen und Decken dafür, dass sie bequem und warm sitzt. Sein Schiff heißt ALICE, und sein Steuermann ist Behrend Jorjan, der in Övelgönne wohnt und im Hamburger Hafen eine Ewerführerei betreibt. Gemeinsam mit ihm gewinnt Max viele Regatten.
Zur jährlichen Unterelbe-Regatta kommt Kaiser Wilhelm II. auf seiner Jacht. Nach der letzten Wettfahrt besucht er das glanzvolle Diner, das Albert Ballin ihm zu Ehren auf einem Hapag-Dampfer gibt. Diese Diners gehören zu den gesellschaftlichen Höhepunkten in Hamburg. Die Hamburger Kaufleute treffen die Berliner höchsten Kreise, treffen adlige Diplomaten, hohe Militärs, Reichsminister, Fürsten.
Bürgermeister Burchard stellt Max Warburg nach dem Diner 1903 dem Kaiser vor. Der Bankier soll dem Kaiser einen exakt 32 Minuten langen Vortrag über Finanzen halten – einen Vortrag von nur zehn Minuten hat Warburg abgelehnt.
„Die Russen gehen demnächst pleite", eröffnet der Kaiser das Gespräch.
„Nein, Majestät", sagt Max Warburg, „die Russen gehen nicht pleite."
„Die Russen gehen doch pleite", sagt der Kaiser, und damit ist die Audienz beendet.
Aber nach der nächsten Regatta trinkt er Max Warburg bei Tisch zu und lässt ihn nach Tisch an seine Seite bitten. Wieder

folgt ein Geplänkel, aber diesmal bleibt der Kaiser aufmerksam: Er will, dass man ihn mag.

Max Warburg sieht Menschen mit dem Blick eines Firmeninhabers, der immer mögliche Mitarbeiter sucht. Der Kaiser urteilt oft vorschnell, stellt er fest, arbeitet Wichtiges nicht gründlich durch und verlässt sich auf seine Intuition. Er ist seiner Aufgabe nicht gewachsen, ist ein unausgeglichener Mensch, der keinen Widerspruch duldet, der sich in viele Dinge einmischt, ohne von ihnen etwas zu verstehen, schwankend, unsicher, unstet.

Für Albert Ballin ist die Anwesenheit des Kaisers auf einem Hapag-Dampfer die beste Werbung für seine Kreuzfahrtschiffe und geschäftlich Millionen wert. Für den Bankier Warburg ist es ebenfalls äußerst nützlich, wenn behauptet wird, er habe Zugang zum Kaiser. Als der englische König Eduard VII. Hamburg besucht, gehört Warburg zu denen, die ihm die Hand geben dürfen. Kurz darauf erfährt er in Stockholm, dass der Bankier Louis Fraenkel ihn dem schwedischen König vorstellen will, und schreibt halb spöttelnd, halb geschmeichelt an „Ma chère Alice“, nun sei er von seiner Hoffähigkeit überzeugt.

Aber Wilhelm II. ist ein übler Antisemit. Juden sind für ihn die Vertreter der Moderne, gegen die die Monarchie der Hohenzollern ein Bollwerk sein muss. Seit er den englischen Schriftsteller Houston Stewart Chamberlain kennenlernte, der die These von der schöpferischen Überlegenheit der rassereinen Germanen und der rassischen Minderwertigkeit der Juden vertritt, hält er Juden auch für eine Rasse, für die „Parasiten meines Reiches“.

In den nächsten sieben Jahren findet Max Warburg für die Unterelbe-Regatten mit dem Kaiser keine Zeit.

Die Brüder Max und Paul Warburg haben die Bank als international verflochtenes Institut ausgebaut, und die Geschäfte der Bank weiten sich aus. M. M. Warburg & Co. treten auf Anfrage der Deutschen Bank dem Konsortium bei, das eine Teilstrecke der Bagdadbahn durch eine türkische Staatsanleihe finanziert. Den Einstieg in das ganz große Obligationsgeschäft aber bringt eine japanische Anleihe, mit der die Regierung in Tokio sich Geld für ihren Krieg gegen Russland leiht. Eine amerikanische Bankengruppe unter der Führung von Kuhn, Loeb & Co. vermittelt sie, und Max Warburg hat in Deutschland allergrößten

Erfolg damit, eine zweite japanische Anleihe wird zehnmal überzeichnet. Das Deutsche Reich nimmt die Warburg-Bank 1905 in das Reichsanleihekonsortium auf, einen Kreis von nur fünfzig Banken, die bei Kreditaufnahmen des Reichs die Staatsanleihen zum Verkauf zugeteilt bekommen. Warburgs erhalten eine Quote von 1,5 Prozent.

2.

Max Warburg kann sich am weiten Blick über die Elbe nicht satt sehen. Die Familie nennt das über hundert Jahre alte lang gestreckte Holzhaus auf dem Kösterberg Arche Noah. Es liegt unter großen Linden hoch über dem Fluss, und alle Schiffe, die in Hamburg ein- und auslaufen, kommen an ihm vorüber.

Auf dem Grundstück entstehen nach und nach neue Häuser. Zuerst lassen die Eltern Moritz und Charlotte sich vom Architekten Martin Haller dicht am Elbhang eine weiße Sommervilla bauen, lassen Rasenflächen und Spazierwege anlegen und Treibhäuser errichten. Danach zieht Paul in die Arche ein, während er für seine Familie eine weiße Villa im amerikanischen Kolonialstil baut. Seit 1899 bewohnen Max und Alice mit Erich und ihren Töchtern – Lola ist 1901 geboren, Renate 1904 und Anita 1908 – das alte Haus.

Früher ist es einmal ein Gasthaus gewesen. Das Dach ist strohgedeckt und undicht, das Haus hat keinen Blitzableiter, und bei Gewitter geht das Licht aus. Eltern und Kinder wickeln sich dann in Decken und warten auf Stühlen an der Haustür darauf, dass das Unwetter abzieht. Wenn Max Warburg in die Stadt muss, bringt der Kutscher ihn mit einem rumpelnden gelben Kutschwagen, den die wohlgenährte Rappstute Lola gemächlich zieht, zum Bahnhof Blankenese. Der Dampfzug nach Hamburg fährt jede Stunde.

Jedes Jahr im Mai kommen Felix und Paul mit ihren Familien aus New York, reisen mit Diener, Jungfer, Amme, Kinderfrau, Erzieherin, mit zahlreichen großen Koffern und Kisten im Laderaum und Hutschachteln, Deckenrollen und Handkoffern in den Kabinen. Die Köche und die Dienstmädchen reisen auf einem anderen Schiff. Einmal bringt Felix seinem Bruder Max ein amerikanisches Auto mit, Marke Mors von 1903. Max probiert es auf einer Fahrt von Hamburg nach Süddeutschland aus.

Man muss von hinten einsteigen, und Alice wird unterwegs schlecht. Max interessiert sich von nun an nicht mehr für Autos.
Im Lauf der Zeit treffen sich schließlich 26 Enkelkinder von Moritz und Charlotte in den Sommern auf dem Kösterberg. Ihren Onkel Aby lieben sie besonders. Er erfindet Namen für sie, die sie zum Lachen bringen, und die Kinder, die abends oben in der Arche in ihren Betten liegen, hören von unten das Gelächter der Tischgesellschaft, wenn Onkel Aby eine seiner sprudelnd-geistreichen Reden hält.
Max, der selbstherrliche befehlsgewohnte Bankchef, bleibt zum Erstaunen seines Sohnes Erich Aby gegenüber immer der kleine Bruder, der auf den großen hört. Viele Jahre lang verbringen die beiden Brüder gemeinsam mit ihren Familien einige Sommerwochen auf der Nordseeinsel Fanö. Aby und Mary wohnen nun auch im Winter mit ihren drei Kindern in Hamburg, in der St. Benedictstraße. Manchmal peinigen Ängste Aby, von einem zum anderen Tag verliert er sich in Depressionen. Max versucht, seinen Bruder zu beschützen, ihn auf ein vernünftiges Maß zurückzuleiten, wieder hin zu produktiver Arbeit. 1908 stellt Aby seinen ersten Bibliotheks-Assistenten ein. Als die Geschossdecken in der St. Benedictstraße das Gewicht der vielen Bücher nicht mehr tragen können, ziehen er und seine Familie in die Heilwigstraße 114 – Max überredet den Vater dazu, das Nachbargrundstück gleich mitzukaufen. Auch im neuen Haus füllen die Bücher Keller und Billardzimmer, Entrée, Salon, die Gästezimmer. Abys Kinder hassen die Bücher.
Max hat zu seinem Sohn und seinen Töchtern ein friedliches Verhältnis, sie lieben ihn, obwohl er wenig Zeit für sie hat. Als sie größer werden, nimmt er jeden Tag ein Kind mit auf seinen Morgenspaziergang durch den Park und unterhält sich mit ihm. Noch später erbost er Sohn und Töchter: Er öffnet die Briefe ihrer Freunde an sie. Als sie protestieren, schlägt er vor, die Freunde mögen rosafarbene Umschläge benutzen. Die Kinder beobachten aber, dass er die bevorzugt öffnet, und leiten von nun an ihre Post über ihre Tante Dora Magnus in der Feldbrunnenstraße um.
An Alice hängen die Kinder sehr, obwohl sie streng Sauberkeit und Ordnung verlangt. Bei Tisch dürfen sie nicht über Essen

und Geld sprechen. Sie bekommen zehn Pfennig Taschengeld in der Woche, und wenn sie doch über das Essen reden, kostet das fünfzig Pfennig, und wenn sie Flecke machen, zwanzig Pfennig. Jahrelang kommen sie aus den Schulden nicht heraus. Alice näht Kostüme für das Marionettentheater, das Mary entwirft, und richtet einen Tanzkurs für die Kinder und ihre Freunde ein, in dem die Lehrerin nach der neuen Methode von Isadora Duncan dem „im Kinde schlummernden Gefühl" zu freier Ausdrucksbewegung verhelfen will.
Alice ist Max treu ergeben. Sie hört gut zu, interessiert sich für das, was ihn interessiert – Wirtschaft und Politik –, liest die Zeitungen und Aufsätze, die er liest, und ist verschwiegen. Er erzählt ihr von seinen Geschäften, und wenn er in Paris, London, Stockholm ist, schreibt er ihr und beschwert sich, wenn er keinen Brief von ihr bekommt. Im Alltag fügt sie sich seinen Anordnungen, besonders, wenn es sich um die Einladung der zahlreichen Gäste handelt. Aber als Albert Ballin eines Abends die kleine Tochter Lola fragt: „Sag mal, mein Kind, wer hat eigentlich bei euch im Hause mehr zu sagen, Vater oder Mutter?", überlegt Lola lange und sagt schließlich: „Vater sieht es meistens ein."
Max und Alice bewohnen in der Stadt seit 1907 das große Haus Neue Rabenstraße 24. Sie leben im englischen Stil, der im Hamburger Großbürgertum üblich ist, speisen abends in Frack und Abendkleid in ihrem Esszimmer mit marmorgetäfelten Wänden, Spiegeltüren und blau-gelben Teppichen. Sie laden zu Soiréen ein, bei denen Diener mit weißen Handschuhen und Silberknöpfen an der Livree servieren, und im Winter zu Maskenbällen. Alice gibt Teegesellschaften in einem mit Louis-XVI-Möbeln eingerichteten Salon.

Ihr allererstes Herrendiner als jungverheiratete Frau war für sie so aufregend, dass sie noch nach Jahren ihren Kindern davon erzählt: Sie ist eine große Pilzesammlerin, und wenn auf dem Kösterberg im Spätsommer nach einem Regen die Pilze aus dem Boden schießen, streift sie mit den Kindern durch den Park, die Kinder tragen für die Pilze kleine Kiepen auf dem Rücken. Bei diesem ersten Herrendiner, vor Erichs Geburt, ließ sie selbst gesammelte Pilze servieren. Als die Diener den nächsten Gang auftrugen, überfiel sie die Angst, dass gleich jemand zusammenbrechen würde, weil ein giftiger Pilz unter der Ernte gewesen sein könnte.

3.
Moderne Bautechnik verändert das Bild der Stadt. 1906 ist der Hauptbahnhof fertig, eine Konstruktion aus Eisen und Glas, 1907 beginnt der Bau eines Elbtunnels, 1908 der Bau der Mönckebergstraße mit einer Untergrundbahn, 1909 werden die St. Pauli Landungsbrücken eingeweiht. Max Warburg kann nirgends fahren, ohne Verkehrsmittel zu benutzen, an deren Finanzierung seine Bank beteiligt ist. Das macht ihm große Freude.
Am Bornplatz in ‚Klein-Jerusalem' gibt es seit 1906 die erste frei stehende Synagoge in Hamburg. Als Erich sieben ist, nimmt Max Warburg ihn mit zum Gottesdienst. Unterwegs sagt er zu ihm: „Weißt du, wir sind Juden und gehen jetzt zur Synagoge. Die Synagoge ist für uns das gleiche, wie für die Christen die Kirche." Erich ist überrascht, bislang hat er in der Vorschule eifrig evangelische Kirchenlieder gesungen. In der Synagoge tragen die Männer weiße Totenhemden und Gebetsmäntel und weiße Mützen, und Erich sagt mit seiner lauten Jungenstimme: „Sag', Vater, sind das eigentlich alles Harabier?" – Araber?
Moritz Warburg stiftet an seinem siebzigsten Geburtstag mit seinen Söhnen der Talmud-Tora-Schule für 175 000 Mark ein neues Gebäude neben der Synagoge. Sein Sohn Max engagiert sich weltlich für das Wohl der Stadt. Aby meint, dass Hamburg eine Universität brauche und dass sein Vater und sein Bruder die Hamburgische Wissenschaftliche Stiftung, die Senator Werner von Melle als ersten Schritt dorthin plant, unterstützen müssten. Max Warburg wird neben von Melle zur treibenden Kraft. Aber wichtige Mitglieder der Handelskammer wie Max von Schinckel, der Direktor der Norddeutschen Bank, finden eine Universität viel zu teuer: Im Geschäftsleben komme es auf Menschenkenntnis, Beobachtungsgabe und Entschlusskraft an, und gerade diese Eigenschaften würden nicht selten durch ein Übermaß an Wissen beeinträchtigt. Aby erfindet einen Werbeslogan für die Universität: „Bildung schadet nichts."
Senator von Melle und Max Warburg ersinnen einen Umweg zu ihrem Ziel und bieten dem Reichskolonialamt in Berlin ein

Vier Bankiers Warburg und ein Kunsthistoriker, fotografiert vor 1910.
Von links nach rechts: Paul, Vater Moritz, Aby, Max, oben Felix.

Kolonialinstitut in Hamburg an mit Lehrstühlen für Wirtschaft, Recht und Geografie. Staatssekretär – so heißen die Reichsminister – Bernhard Dernburg verhandelt mit den Herren der Handelskammer und macht sich während eines Frühstücks bei Warburg – Frühstück bedeutet in Hamburg: Beefsteak und Bordeaux – darüber lustig, wie überhaupt jemand auf den Gedanken kommen könne, Hamburg dürfe sich die Ehre der Gründung mit eigenen Mitteln entgehen lassen. Das Institut wird am 20. Oktober 1908 feierlich eröffnet. Max Warburg sitzt im Beirat, er gehört auch dem Beirat des neuen Hamburgischen Welt-Wirtschafts-Archivs an. Aber die Sympathie der Handelskammer gegenüber dem Kolonialinstitut verliert sich, als immer mehr Kaufleuten schwant, dass der Ausbau des Instituts mit der Gründung einer Universität verbunden sein soll. Warburg an von Melle: „Nicht günstig sind die vielen Herrendiners, auf denen sich die Gäste aus Angst vor neuen Steuern und ähnlichen Motiven gegenseitig vor der Universität bange machen …" Und tatsächlich: Noch fünf Jahre später lehnt die Bürgerschaft das Universitätsprojekt ab.

Auf dem III. Deutschen Bankiertag im September 1907 in Hamburg hält Max Warburg eine aufsehenerregende Rede, die ihm zum ersten Mal Einfluss in einer Berliner Institution verschafft. Eine Reform des Börsengesetzes steht an: Der Gesetzentwurf sieht vor, dass Banken die Aktien neuer Gesellschaften mindestens ein Jahr lang besitzen müssen, ehe sie sie an der Börse anbieten dürfen. Das können sich nur sehr kapitalkräftige Banken leisten. Aber im Börsenausschuss des Reichsamts des Innern, der einzigen offiziellen Verbindung zwischen Banken und Regierung, sind die preußischen Großgrundbesitzer in der Überzahl, und die Beamten nehmen selbst in börsentechnischen Fragen Rücksicht auf ihre Interessen.

Max Warburg verknüpft seinen Vortrag mit einem alle Zuhörer bewegenden Fallbeispiel und gibt ihm den Titel „Finanzielle Kriegsbereitschaft und Börsengesetz". Das Fallbeispiel ist die Marokkokrise: Der Kaiser hat 1905 Tanger besucht und ein Mitspracherecht Deutschlands, neben Frankreich und England, bei der wirtschaftlichen Erschließung Marokkos gefordert. Monatelang hat man mit einem europäischen Krieg gerechnet.

Warburg kritisiert Deutschlands finanzielle Vorbereitung auf einen Krieg. Was jeder im Saal weiß: Die Reichsregierung kann keine direkten Steuern erheben, das ist eine Besonderheit des bismarckschen Reichs, die Bismarck selbst viel Kopfzerbrechen gemacht hat. Warburg versichert, das Reich sei trotzdem in der Lage, einen Krieg zu führen, „sofern wir uns nur endlich zu einer richtigen wirtschaftlichen Organisation entschließen". Wenn das Reich Krieg führen will, muss es sich dafür „kolossale Summen" leihen. Das werde aber nur mit Hilfe einer starken Börse möglich sein.

Die Rede ist brillant. Das neue Börsengesetz 1908 regelt den Emissionshandel nach den Vorschlägen der Bankiers, und Max Warburg wird Mitglied des Börsenausschusses in Berlin.

Die zahlreichen Hamburger Herrendiners haben Folgen: Die Herren müssen regelmäßig zur Kur. Max Warburg ist im Oktober 1908 im Sanatorium Neues Kurhaus von Professor Dapper in Bad Kissingen und lebt Diät. Er soll kein Obst essen, aber viel Kompott – „wir bekommen überhaupt viel zu wenig Compott zu Hause", schreibt er seiner Frau nach Hamburg. Im Jahr darauf erholt er sich mit Albert Ballin auf einer Seereise auf der PRINZESSIN VICTORIA LUISE nach Gibraltar – auf der Rückreise lässt er sich am Kösterberg ausschiffen – und 1910 ist er wieder in Bad Kissingen, diesmal mit Ballin. „Liebste Madame Alice," schreibt Ballin. „Ich habe heute mit Professor Dapper gesprochen –, er findet, daß Max ein ganz gesunder Mann ist, alle Organe normal sind, dagegen abgearbeitet u. etwas blutarm, und die den Hamburgern üblichen kleinen Verdauungssachen hat. Jedenfalls nur Leiden, die in einer 3 wöchentlichen Kur bequem und mit Sicherheit zu beheben sind. Das Herz ist sehr gut (das wissen wir Beide ja schon länger)!"

„Das Wohlwollen der Reichsbehörden"

Max Warburg ist auf exzellente Kontakte zu den Reichsministerien in Berlin bedacht. Er finanziert Staatsaufträge und er braucht die Billigung der Ministerien für die Finanzierung von Staatsaufträgen anderer Länder. Mit dem Reichsamt des Äußeren arbeitet er zum ersten Mal eingehend 1909 zusammen, als China eine Anleihe aufnehmen will, um Eisenbahnen zu bauen: Eine deutsche und eine amerikanische Bankengruppe wetteifern erbittert um die Anleihe, und als auch Interessenten aus England, Frankreich und Russland sich einmischen, bittet das Reichsamt Max Warburg, zwischen den deutschen und den amerikanischen Bankiers zu vermitteln – M. M. Warburg & Co. sind als einzige deutsche Bank in der amerikanischen Gruppe vertreten.

Warburg gelingt es, mit Hilfe von Jacob Schiff und dessen Kontakten zur Regierung in Washington eine Verständigung herbeizuführen. Nach zwei Jahren intensiver Verhandlungen zwischen den Außenministerien und den Finanzgruppen kommt schließlich eine englisch-französisch-deutsch-amerikanische Bankengruppe zustande, allerdings zerschlägt sich das Geschäft mit dem Sturz der Mandschu-Dynastie in China 1911. Aber Warburg hat sich Vertrauen im Reichsamt des Äußeren erworben. Durch seine Berichte an Staatssekretär Zimmermann war das Amt schneller über die Verhandlungsziele der Beteiligten und ihre Intrigen informiert als durch die eigenen Diplomaten. Warburg strebt ein Zusammenwirken von Bankiers und Politikern an und ist bereit,

den ersten Schritt zu tun: Er meint, es sei Aufgabe der Bankiers, die Interessen ihrer Regierungen in Übersee zu fördern.
Er gehört zu denen, die das Kriegsgerassel des Kaisers abstellen wollen. Warburg und Ballin sind entrüstet, als Wilhelm II. einem Journalisten des Londoner *Daily Telegraph* 1908 erklärt, das deutsche Volk sei allgemein gegen die Briten eingestellt und Deutschland brauche eine große Flotte, und regen in der nationalliberalen Partei an, die Vollmachten des Kaisers zu beschneiden. Zugleich versuchen sie selbst, die Spannungen zwischen England und Deutschland zu vermindern. Warburg macht Ballin in London mit Sir Ernest Cassel bekannt, dem Jugendfreund Jacob Schiffs und Finanzberater des englischen Königs, und bei der Kieler Woche 1909 schlägt Ballin dem Kaiser vor, über Cassel Gespräche mit England zur Flottenbegrenzung anzuregen.
Auch innenpolitisch ist Max Warburg aktiv. Die Reichsregierung will jetzt mehr Steuern für sich erheben, aber die Konservativen im Reichstag lehnen eine erweiterte Erbschaftssteuer, die auch den Großgrundbesitz belastet, ab und wollen die neuen Steuern allein auf das mobile Kapital, auf Handel, Banken und Börsen, wälzen. Die aber verlangen, dass alle Unternehmen gleichermaßen Steuern zahlen sollen.
Max von Schinckel, jetzt Präses der Hamburger Handelskammer, fordert die Mitglieder auf, zu einer Protestversammlung nach Berlin zu fahren, und auch Max Warburg fährt mit. Mehr als hundert Handelskammern, alle Börsen und über vierhundert Verbände aus Industrie, Handel und Bankwesen sind dort vertreten und gründen am 12. Juni 1909 den Hansabund für Gewerbe, Handel und Industrie. Ballin tritt in das leitende Direktorium ein, und der Hamburger Bankier Jakob Riesser wird Präsident. Ziel des Bundes ist eine „Sammlungspolitik gegen rechts“, gegen die Macht der konservativen Großgrundbesitzer. Max Warburg meint, ein Bankier könne sich von politischer Tätigkeit jetzt nicht fernhalten. Er gehört erst dem Gesamtausschuss, später ebenfalls dem Direktorium an. Er ist in Leitungsgremien möglichst mit dabei, beeinflusst das Geschehen aber am liebsten von der zweiten Reihe aus.
In Berlin wohnt er meist im Hotel Adlon Unter den Linden, am Pariser Platz, das 1907 eröffnet hat. Bis dahin ist der Kaiserhof

am Wilhelmplatz, gegenüber der Reichskanzlei, das erste Luxushotel in Berlin gewesen, aber das elegante Adlon beeindruckt mit moderner Technik, mit den Bädern, den Telefonen, der zuverlässigen Heizung, den großen Konferenzräumen, den Ballsälen. Hier trifft sich die feine und die bedeutende Welt.

Der Kreis, in dem Warburg in Berlin verkehrt, festigt sich in diesen Jahren. Bankiers, hohe Reichsbeamte und Industrielle gehören dazu, Juden und Christen – sehr reiche und sehr einflussreiche Männer jedenfalls, die sich immer wieder bei neuen Projekten treffen. Mit Walther Rathenau entwickelt sich eine engere Bekanntschaft, fast Freundschaft. Er ist im selben Jahr wie Max Warburg geboren, 1867, ist ebenfalls Jude und in dem Gardekürassierregiment, in dem er gedient hat, ebenfalls nicht Offizier geworden, was zu den größten Enttäuschungen seines Lebens gehört. Sein Vater Emil Rathenau hat die AEG gegründet, die Allgemeine Elektricitäts-Gesellschaft. Der Sohn ist Vorstandsmitglied der Berliner Handels-Gesellschaft, einer Industriebank, hat sich in den neuen Industrien wie Autobau, Luftfahrt, Stahlschiffbau betätigt und gehört den Aufsichtsräten von über achtzig deutschen und zwanzig ausländischen Aktiengesellschaften an. Seiner Schätzung nach, erklärt er einem Journalisten, leiten „dreihundert Männer, von denen jeder jeden kennt", die wirtschaftlichen Geschicke Europas.

Warburg verkehrt auch in Ballins Kreis in Berlin, der sich im Restaurant Hiller Unter den Linden trifft. Wieder gehören Bankiers und hohe Reichsbeamte dazu, aber auch Künstler wie der Maler Max Liebermann und Journalisten: Theodor Wolff, Chefredakteur des *Berliner Tageblatts*, und Maximilian Harden, Gründer der Wochenzeitung *Die Zukunft*, dessen ätzenden Spott die hohen Herren in den Reichsministerien fürchten.

Bei Einladungen in Privathäuser lernt Warburg zwar auch Musiker und Schriftsteller kennen, doch die reichsten Bankiers und Unternehmer Berlins verkehren vorwiegend unter sich. Für die Zugehörigkeit zu dieser neuen exklusiven Elite von Finanzunternehmern zählt weniger, ob jemand Jude oder Christ ist, sondern wie reich er ist, welche Verbindungen, wie viel Einfluss er hat. Die alten adligen Eliten interessieren hier immer weniger, kaum ein Bankier legt noch Wert auf seine Erhebung in den Adelsstand – auch Max Warburg und sogar sein Vater schon

Mit der ALICE gewinnt Max Warburg zahlreiche Regatten. Sie ist 21 Meter lang, er segelt sie mit einer englischen Mannschaft, zehn bis zwölf Mann. Der berühmte amerikanische Jachtkonstrukteur Nathanael Herreshoff hat sie entworfen. Das Foto zeigt sie 1909 vor Kiel.

haben nur abgewunken, als man ihnen den Kauf eines Adelstitels anbot.

Was die neuen Herren der Hochfinanz von der alten adligen Oberklasse trennt, ist ihre politische Schwäche. Zu ihren Versuchen, diese Schwäche auszugleichen und Einfluss auf die Staatsführung zu gewinnen, gehören ihre Kontakte mit dem Kaiser. Wilhelm II. liebt reiche Männer und besucht sie zu Hause, lädt sie aber nicht zu Hofempfängen und Hoffesten ein. Max Warburg wird 1911 zum Diner beim Kaiser eingeladen und sagt diesmal zu, doch eine solche Einladung bedeutet keinen Zugang zur Hofgesellschaft. Der soziale Antisemitismus der alten Eliten schafft erst die Sondergruppe jüdischer Unternehmer: Jude ist, wen die anderen dafür halten. Konservative Adlige und Bürger berufen sich auf die religiös begründete Judenfeindschaft der Kirchen und vermelden in ihren Gesprächen auf Geselligkeiten warnend und sofort, wenn einer der Anwesenden Jude ist. Sie fürchten Juden als Vertreter

liberaler politischer Anschauungen und als Konkurrenten in der Wirtschaft.
In Warburgs Heimatstadt Hamburg dagegen ebbt der politische Antisemitismus wieder ab. Die Antisemiten haben keine Aussicht, einen Wahlkreis zu erobern, und versammeln sich seit 1907 nicht mehr. Trotzdem verliert Max Warburg nie ganz den Eindruck, er habe eine besondere Position. „Hier in Hamburg gibt es keinen offenen Antisemitismus, aber viele verborgene antisemitische Gefühle“, schreibt er seinem Cousin Aby S.

Moritz Warburg stirbt am 29. Januar 1910 friedlich im Schlaf. Sein Sohn Max, der nun bei den Allgemeinen Wahlen für die Bürgerschaft kandidiert, kommt spät in der Nacht von einer Versammlung nach Hause, und die Mutter berichtet ihm erst am nächsten Morgen vom Tod des Vaters. Der fromme reiche Moritz Warburg wird in einem einfachen Sarg aus unlackiertem Holz beigesetzt – ein Zeichen dafür, dass vor Gott alle Menschen gleich sind.

Max Warburg gehört dem Vorstand der Deutschen Kolonialgesellschaft in Hamburg an. Noch in den Anfangszeiten des Deutschen Reichs wollten die Herren der Handelskammer von deutschen Kolonien nichts wissen, weil dort im Verhältnis zum eingesetzten Kapital zu wenig Geld verdient wurde. Doch nun denken immer mehr Kaufleute national und wollen zum weltweiten Glanz des Reiches beitragen. Max Warburg wird in den berüchtigten ‚Panthersprung‘ verwickelt, der Deutschland, Frankreich und England erschüttert und fast zu einem Krieg führt.
M. M. Warburg & Co. haben eine Abteilung zur Prüfung von Kolonialprojekten eingerichtet, die Unternehmer, Banken und Reichsbehörden ihnen antragen. Die Abteilung leitet Dr. Wilhelm Regendanz, vorher Assessor im Reichskolonialamt, wo er aber nicht so schnell vorankam, wie er es sich wünschte. Der Vortragende Rat im Auswärtigen Amt Ernst Langwerth von Simmern und Staatssekretär Dernburg haben ihn Warburg empfohlen. Die Bank greift ein Projekt zum Kupfererzabbau in Marokko auf und gründet die Hamburg-Marokko-Gesellschaft, Geschäftsleiter Wilhelm Regendanz. Aber allein die

Reise zu den Erzlagerstätten ist gefährlich. Rudolf Wagner, ein Angestellter der Firma Mannesmann, will deshalb als Heiliger verkleidet in den Sus ziehen und lässt sich die Haare nicht mehr schneiden, und ein Bergbauingenieur Steinwachs verkleidet sich als Berberfrau.

Deutschland hat Frankreich die politische und wirtschaftliche Vorherrschaft in Marokko 1909 zugestanden und Frankreich Deutschland die Gleichberechtigung für deutsche Wirtschaftsinteressen im Land. Doch den Rechten im Reichstag ist Gleichberechtigung zu wenig, sie wünschen Kolonialbesitz. Der Staatssekretär des Äußeren – Alfred von Kiderlen-Wächter – wünscht ihn ebenfalls. Bei nächster Gelegenheit will er unter dem Vorwand, Deutsche schützen zu müssen, Kriegsschiffe nach Mogadir und Agadir schicken und sich so Süd-Marokko als Faustpfand sichern, das Frankreich durch Abtretung von kolonialem Besitz in Afrika auslösen soll. Im Frühjahr 1911 kommt es in Marokko zu Unruhen, die Franzosen besetzen Rabat und Fes – alles, was Kiderlen-Wächter für sein Schachspiel jetzt noch fehlt, sind die schützenswerten deutschen Interessen.

Max Warburg ist mit seiner Frau in den USA, und Regendanz verabredet mit dem Reichsamt des Äußeren die Entsendung eines Bergbauingenieurs. Dieser reist im Juni 1911 ab. Auf Wunsch des Amtes verfasst Regendanz eine Eingabe an das Amt, in der deutsche Firmen um den Schutz des Reichs für ihre Interessen in Marokko nachsuchen. Elf Firmen unterschreiben, angeblich – wie sie später beteuern – ohne den Wortlaut zu kennen. Die Verbindung der Warburg-Bank zum Amt soll unter keinen Umständen öffentlich werden: Regendanz schreibt einer der Firmen, niemand dürfe erfahren, „daß wir diese Aktion der deutschen Regierung unterstützt und vorher von ihr gewußt haben“. Weder der Bankier noch der Kaiser dürfen zu früh von seinen und Kiderlen-Wächters Plänen erfahren, damit sie nichts mehr verhindern können.

Als Warburg aus den USA zurückkehrt, verschweigt Regendanz seinem Chef, dass er zu einer Unterredung in das Reichsamt bestellt ist. Ende Juni ist der Kaiser mit seiner Jacht auf der Unterelbe. Staatssekretär Kiderlen-Wächter hält ihm Vortrag und bekommt die Bewilligung, ein Kriegsschiff in den Hafen von Agadir zu schicken.

Das Kanonenboot PANTHER ankert am 1. Juli 1911 vor Agadir. Regendanz ist an Bord. Vier Tage später trifft endlich, als einziger gefährdeter deutscher Staatsangehöriger weit und breit, Bergassessor Hermann Wilberg von Warburgs Hamburg-Marokko-Gesellschaft am Hafen ein.
Kiderlen-Wächter verlangt den französischen Kongo, Frankreich ist empört, Kiderlen-Wächter droht mit Krieg, England stellt sich auf die Seite Frankreichs. Französische Banken kündigen ihren deutschen Kunden die Kredite, das aufgestörte deutsche Publikum kündigt Sparguthaben, an den Börsen fallen die Kurse. Max Warburg empfiehlt dem Reichsamt des Äußeren im September, die deutschen Aktienbanken zu groß angelegten Stützungskäufen an der Börse zu veranlassen, „um nach aussen hin Kraft an den Börsen" zu zeigen. Je länger die Börsensituation instabil bleibe, desto mehr werde die französische Regierung versuchen, die Marokkoverhandlungen möglichst lange hinauszuzögern, „um Deutschland mürbe zu machen".
Genauso kommt es. Die Schwäche des deutschen Finanzmarktes zwingt Deutschland zu Kompromissbereitschaft. Im November stimmt es einem französischen Protektorat über Marokko zu und erhält dafür nur ein kleines Gebiet im Kongo. Es ist so klein, dass die nationalen Kreise in Deutschland sich beleidigt und gedemütigt fühlen.
Viel später, nach zwanzig Jahren, fragt der Historiker Alfred Vagts den Bankier Warburg, wieso er Geld und Angestellte dem Ministerium zur Verfügung stellte, ohne erkennbare Vorteile für sich zu erlangen. Ihm sei es, sagt Max Warburg, um die „Werbung des Wohlwollens der Reichsbehörden" gegangen.

„Big Linker"

1.

Max Warburg wird ein „Big Linker" , einer der ganz Großen im personell verflochtenen Netzwerk der Wirtschaft und Politik, knüpft direkte Verbindungen zu ausländischen Regierungen. Er will den Frieden in Europa erhalten wissen, um weiter interessante Geschäfte machen zu können, und er will in Afrika investieren.

Aber in Europa soll das Wettrüsten zur See, das Großadmiral von Tirpitz und der Kaiser antreiben, weitergehen: Die Regierung bringt ein Gesetz über den Bau weiterer Schlachtschiffe im Reichstag ein. Ballin nutzt die Verbindung zu Sir Ernest Cassel, die über Warburg läuft, und unterrichtet ihn über die geplante Verstärkung der deutschen Flotte. Cassel wendet sich sofort an Regierungsmitglieder in London und reist auf deren Vorschlag zu Geheimgesprächen nach Berlin. Wilhelm II. ist auch bereit, mit dem britischen Kriegsminister Lord Haldane über den Flottenbau zu sprechen.

Ballin, Warburg und Cassel können Politiker zusammenbringen, aber bei den Verhandlungen sind sie nicht dabei. Haldane ist im Februar 1912 in Berlin und bietet Reichskanzler Theobald von Bethmann Hollweg koloniale Expansionsmöglichkeiten an, wenn Deutschland die Aufrüstung beendet. Der Kanzler ist interessiert, doch die Marineleitung durchkreuzt seine Absicht. Sie ist unabhängig von der Regierung, Mitarbeiter von Tirpitz haben direkten Zugang zum Kaiser, und der glaubt ihnen mehr als dem Kanzler. Warburg charakterisiert Bethmann Hollweg als vornehmen, hochkultivierten Mann, aber blass und farblos neben dem Kaiser und den rücksichtslosen Admirälen. Die Abrüstungsgespräche scheitern. Der Reichstag bewilligt die Schlachtschiffe einige Wochen später. Für Warburg sind sie eine außerordentlich gefährliche Spielerei des Kaisers und des Reichstags. Deutsche und englische Bankiers wünschen bei ihren Treffen einen größeren Einfluss der Wirtschaft auf die Politik.

In Afrika arbeiten Bankiers und Politiker beider Länder, ungestört vom Militär, erfolgreicher zusammen: Sechs Bankiers kaufen unter Max Warburgs Führung dem Reich eine neue Kolonie, die fast so groß ist wie die britischen Inseln. Die kaum glaubliche und weitgehend unbekannte Geschichte beginnt damit, dass man bei M. M. Warburg & Co. in Hamburg den Profit von Investitionen im portugiesischen Angola prüft, es gibt erste Fühlungnahmen über den Kaufmann und Konsul Weinstein in Lissabon und Landkäufe. Man weiß, dass Portugal seine Kolonien vernachlässigt, weil es kein Geld für die Landentwicklung hat, und dass es vermutlich eine internationale Anleihe aufnehmen wird. An diese Anleihe könnte man Bedin-

Kaiser Wilhelm II. (in heller Hose), Albert Ballin (Mitte) und Max Warburg (ganz rechts) auf dem IMPERATOR – die Hapag benutzt auf Wunsch des Kaisers den männlichen Artikel. Der Dampfer ist beim Stapellauf am 23. Mai 1912 das größte Schiff der Welt. Warburg sah den Kaiser fünfmal: 1903, 1904, 1911, 1912 und 1914.

gungen stellen, die einem den Zugang zu Angola öffnen. Zur gleichen Zeit möchte Alfred von Kiderlen-Wächter, der Staatssekretär im Reichsamt des Äußeren, die drei deutschen Schutzgebiete in Afrika durch deutsche Landbrücken miteinander verbinden: Zwischen Deutsch-Südwestafrika und Kamerun im Norden liegt das portugiesische Angola, und zwischen Kamerun und Deutsch-Ostafrika liegt der belgische Kongo. Von einem Hafen in Angola aus – Mossamedes oder Benguela – bietet sich eine Verbindung nach Osten über das erzreiche Katanga im belgischen Kongo an und weiter nach Mosambik, das an den Süden von Deutsch-Ostafrika grenzt, allerdings auch im Besitz Portugals ist.

Das Reichsamt bittet M. M. Warburg & Co. und die Deutsche Bank um Informationen über Mittelafrika, und der Staatssekretär legt dem Kanzler und dem Kaiser ein Mittelafrika-Programm vor. M. M. Warburg & Co. gründen nun gemeinsam mit der Deutschen Bank, der Norddeutschen Bank, der Friedr. Krupp AG in Essen und Hamburger Reedereien ein Übersee-Studiensyndikat, an dessen Sitzungen Vertreter des Kolonialministeriums und des Außenamtes teilnehmen und das Ingenieure nach Mossamedes im Süden Angolas schickt, um den Eisenbahnbau nach Deutsch-Südwest zu erkunden.

Parallel dazu prüfen die Bankiers Max Warburg und Karl Helfferich von der Deutschen Bank Möglichkeiten, im Geheimen die Aktien von Gesellschaften aufzukaufen, die bereits in Afrika sind und Rechte ihrer Regierungen bekommen haben. Warburg und Helfferich arbeiten schon im Straits- und Sunda-Syndikat zusammen, einem Investment-Trust in Niederländisch Ostindien und Malaya, dessen Gründung Helfferich vorgeschlagen hat und der seine Geschäfte sehr verschwiegen und sehr einträglich betreibt. Warburg lehnt eine Reihe von Afrika-Vorschlägen des Außenamtes ab, weil sie ihm zu spekulativ sind, er macht nur, was Gewinn verspricht. In Nord-Mosambik stößt er auf die marode, aber für seine Pläne aussichtsreiche Nyassa Company: „Die Gesellschaft habe so ausgedehnte Befugnisse", lauten die Informationen aus London und Berlin, „daß die Souveränität des Mutterlandes nur noch auf dem Papier stünde." Portugal hat sich nur noch das Recht vorbehalten, das Nyassaland diplomatisch zu vertreten, die Nyassa

Company darf Steuern erheben, darf das Land fast souverän regieren. Sie ist aber noch nie tätig geworden, ist eine der vielen Kolonialgesellschaften, die von der Gewinnsucht eines unwissenden Publikum leben.
Die Zusammenarbeit zwischen den Banken, dem Reichsamt des Äußeren und dem Foreign Office in London ist reibungslos. Deutschland und England schließen im August 1913 einen Geheimvertrag, der eine Aufteilung der portugiesischen Kolonien in deutsche und englische Einflusszonen vorsieht, falls Portugal eine internationale Anleihe aufnehmen und sie durch koloniale Einkünfte sichern will. Die Warburg-Bank und die Deutsche Bank stecken ihre Arbeitsfelder ab.
Für Südangola entwerfen Warburg und Regendanz ein Konzept für eine wirtschaftliche Erschließung. Die Banken gehen in Südangola kein Risiko ein, denn das Amt ist bereit, den Eisenbahnbau nach Deutsch-Südwest mitzufinanzieren. Im März 1914 informiert Max Warburg den Reichskanzler unter vier Augen über die Planung.
In Nordangola hat die Deutsche Bank die Führung bei dem Versuch, die Aktienmehrheit einer britischen Gesellschaft zu übernehmen, die bereits die Konzession für eine Eisenbahn von Benguela nach Katanga besitzt. Doch die Anteilseigner weigern sich, den Deutschen die Aktienmajorität einzuräumen. Der Konsul in Lissabon meint, für diesen Fehlschlag sei die Deutsche Bank verantwortlich: „Es fragt sich daher, ob nicht ein anderer Unterhändler, eine ruhige, geschickt verhandelnde Persönlichkeit, etwa Herr Max Warburg, größere Erfolge zu verzeichnen haben würde."
In Mosambik bemühen sich Warburg und die Deutsche Bank gemeinsam um den Kauf der Nyassa Company. Warburg spricht in London mit Sir Edward Grey, dem britischen Außenminister. Grey hat nichts dagegen, dass eine deutsche Gruppe unter Warburgs Führung die Majorität der Aktien erwirbt.
Karl Helfferich verlangt für den Kauf eine Reichsgarantie, und die Deutsche Bank und M.M. Warburg & Co. bekommen sie: Das Reichsamt des Äußeren garantiert für mehrere Jahre die Zahlung der Zinsen in Höhe von 300 000 Mark aus seinem Geheimfonds. Die Kaufsumme von 150 000 Pfund teilen sich sechs Banken: Die Deutsche Bank und die Berliner Handels-

Gesellschaft zahlen je 25 Prozent, die Warburg-Bank und die Disconto-Gesellschaft je 16,66 Prozent und die Mendelssohn-Bank und die Bleichröder-Bank je 8,34 Prozent. Der Kauf der Aktienmehrheit von den englischen Besitzern der Nyassa Company erfolgt am 29. Mai 1914 in London. Um Aufsehen zu vermeiden, unterschreibt der Holländer Pieter Vuyk den Vertrag, Warburgs Londoner Repräsentant.

Die Bankiers wollen die Aktien nach und nach dem Reichsamt des Äußeren übergeben: Das Reich bekommt die Souveränitätsrechte im nördlichen Mosambik und damit eine neue Kolonie. Eine formelle Inbesitznahme halten die Bankiers für überflüssig. „Wir müssen in Nyassa so vorgehen, wie die Engländer in Egypten", schreibt Max Warburg dem Reichsamt. „Selbst wenn wir tatsächlich das Land besitzen, sollten wir uns jetzt den Ruf erwerben, daß wir auch mit losen Zügeln reiten können und fair genug sind, den ursprünglichen Besitzern des Landes, wenigstens noch auf längere Zeit hinaus die Oberhoheit zu lassen." Dieses könne nur von Hamburg aus geschehen, da die „Berliner Genossen immer gleich regieren wollen".

Nicht alle neuen Ideen und jahrelangen Anstrengungen enden in erfolgreichen Projekten. Das Fehmarn-Projekt – eine Eisenbahn-Fähr-Verbindung von Hamburg nach Kopenhagen über die Inseln Fehmarn und Lolland – beschäftigt Max Warburg sechs Jahre lang. Er unterrichtet Ulrich Graf von Brockdorff-Rantzau, den deutschen Gesandten in Kopenhagen, über alle Schritte des Fehmarn-Komitees und der Senate der Hansestädte – „Ich bitte Sie also, diese Indiskretionen diskret zu behandeln ..." – und arbeitet eng mit Senator Emil Possehl aus Lübeck zusammen, der ihn so häufig morgens um sieben anruft, dass er seinem Diener sagt, er möchte dem Senator ausrichten, Herr Warburg sei ausgeritten. Der preußische Minister für Eisenbahnwesen lehnt das Fehmarn-Projekt jedoch ab, und alles, was für Warburg dabei herauskommt, ist eine enge Verbindung zu Brockdorff-Rantzau.

Ein Marokko-Projekt mit englischen Partnern dagegen lässt sich sehr gut an. Max Warburg hat im Februar 1914 in London mit Lord Milner über eine englisch-deutsche Bank in Marokko verhandelt. Milner war Gouverneur der Kapkolonie und ist

jetzt Geschäftsmann in der City. Warburg und Milner gründen im Juni die Anglo-German Bank of Africa mit Zustimmung der Außenministerien in der Downing Street und der Wilhelmstraße.
Warburg ist im Juni 1914 dreimal in London, um eine internationale brasilianische Anleihe unter Führung der Rothschild-Gruppe mit abzuschließen. Fürst Lichnowsky, der deutsche Botschafter, betont ihm gegenüber mit Stolz, wie ausgezeichnet die Beziehungen zwischen England und Deutschland seien, und Reichskanzler Bethmann Hollweg in Berlin vertraut zuversichtlich auf eine Weltpolitik ohne Krieg.
Paul Warburg muss seine Teilhaberschaft in der Warburg-Bank aufgeben. Der amerikanische Präsident Woodrow Wilson hat ihn zum Vizegouverneur der obersten amerikanischen Kredit- und Währungsbehörde – Federal Reserve Board – ernannt: Paul baut eine amerikanische Zentralbank auf. Als neuer Teilhaber in Hamburg folgt ihm sein jüngerer Bruder Felix, der seine Teilhaberschaft bei Kuhn, Loeb & Co. behält. M.M.Warburg & Co. haben nun 140 Angestellte, und ihre Teilhaber vertreten die Interessen der Bank in 19 Aufsichtsräten.

2.

Auf dem Kösterberg bewohnt Max Warburg mit Familie und zahlreichem Personal nun direkt am Elbhang ein neues Haus aus rotem Backstein. Bei ihren Soiréen können er und Alice 48 Gäste bewirten. Jeden Sommer lassen sie den Chefkoch eines Berliner Restaurants mit zwei Gehilfen kommen. Wenn auf der Terrasse serviert wird, beeindrucken die Elblandschaft, die vorübergleitenden Schiffe und die Blumen in den riesigen Bodenvasen die Gäste. Nach dem Diner spielt ein Orchester zum Tanz im Mondschein.
Auf seinen frühen Morgenspaziergängen begleitet Max Warburg außer einem seiner Kinder nun auch Fräulein Else Hoffa, Deutschlands erste Obergärtnerin, eine kluge und fröhliche Frau, 28 Jahre alt. Sie hat 17 Gärtnerinnen und Gärtner unter sich und plant auf Warburgs Wunsch immer neue Gartenanlagen. Sie hat sich verpflichtet, ihm alles Unangenehme zu verheimlichen und sich für ihn zu ärgern, und er zahlt ihr dafür eine Ärgerprämie von zehn Prozent auf ihr Gehalt. Wer alles

Jeden Sommer treffen sich 26 deutsche und amerikanische Enkelkinder von Moritz und Charlotte Warburg in Blankenese. Links: James, Sohn von Paul. Vierte von links: Marietta, älteste Tochter von Aby, der freundliche kleine Junge neben ihr ist Erich, der Sohn von Max.

sehen will, kann zwei, drei Stunden herumstreifen. Es gibt Gemüsegärten, Treibhäuser, Obstbäume, Hühnerställe, Kutschpferde, auf denen kleine Kinder reiten dürfen, Milchkühe. Jeder Liter, den die Kinder trinken, behauptet Max Warburg, koste ihn so viel wie eine Flasche Champagner.

Den Kindern geht es gut auf dem Kösterberg. Sie dürfen bei den Gesprächen der Erwachsenen dabei sein, still, auch wenn Gäste da sind. Erich genießt das sehr. Als er sitzenbleibt, muss er zur Großmutter in den Mittelweg ziehen, in einen ruhigen Haushalt ohne Ablenkungen durch vier Schwestern: zu Lola, Anita und Renate ist 1912 noch Gisela gekommen. Als die Großmutter seine Niedergeschlagenheit spürt, tröstet sie ihn in Frankfurter Akzent: „Mein Bübchen, ich weiß nicht, ob Dir bekannt ist, daß Dein Vater und Deine sämtlichen Onkel mit Ausnahme Deines Onkels Paul alle sitzengeblieben sind?“

Nach dem Morgenspaziergang und einem kurzen Frühstück fahren Max und sein jüngster Bruder Fritz in die Bank. Fritz hat

Jura studiert, ist seit 1907 Teilhaber und hat Cousine Anna Beata Warburg aus Stockholm geheiratet, eine Kindergärtnerin, die nach ihrer Heirat weiterarbeitet und das Fröbel-Seminar übernimmt – „Nun, gegen eine Warburg kann man nichts sagen", befand Tante Malchen. Annafritz – Anna und Fritz – haben 1910 Ingrid bekommen. Fritz baut in der Bank eine Abteilung für Metallhandel auf und ist zuständig für Personal und Gebäude.

In der Ferdinandstraße 75 steht nun ein Neubau der Bank, ein florentinischer Stadtpalast, den der Architekt Martin Haller entworfen hat. Auf Erich, Lola und Anita, die ihren Vater gerne vom Büro abholen, wenn die Familie in der Stadt wohnt, macht die Bank großen Eindruck. Innen glänzen Treppen und Wände aus Marmor, Türen und Täfelungen aus Mahagoni, und in den langen Gängen stehen Vitrinen mit Schiffsmodellen. Hier ist Platz für dreihundert Angestellte, obwohl die Bank erst halb so viele beschäftigt.

Die fünf Brüder Warburg haben die jüdischen Lehren weitgehend aufgegeben, ihr Judentum lebt als kulturelle Tradition weiter, in Liedern, Bräuchen, Speisen. Nur Fritz beschäftigt sich noch manchmal mit jüdischen Schriften. Max ist seinem Vater aus Tradition und weil die Gemeinde es von ihm erwartet in den Vorstand der Talmud-Tora-Schule, des Israelitischen Krankenhauses, des Waisenhauses gefolgt, doch er engagiert sich auch überkonfessionell. So gründet er die Hamburger Gesellschaft für Wohltätigkeit – später heißt sie Hamburgische Brücke – gemeinsam mit Christen, die wie er Menschen ohne Rücksicht auf die Art des Glaubensbekenntnisses helfen wollen. Seine Einstellung zur Wohltätigkeit ist dabei jüdisch geprägt. Wohltätigkeit muss seiner Ansicht nach anonym sein, so wie jüdische Wohltätigkeit in Hamburg es war: „Die Gaben wurden im Gemeindesaal hinterlegt, niemand erfuhr wieviel einer gegeben hatte. Meine Großmutter gab immer ohne Namen." Die staatliche Wohltätigkeit sei wichtig und grundlegend, aber „die private Wohltaetigkeit ist die einzige, die die Humanitaet am Leben haelt". Er geht selten in die Synagoge, aber er will Jude sein und bleiben. Sein Sohn Erich hat mit 13 Jahren seine Bar Mitzwah, die feierliche Aufnahme in die Religionsgemeinschaft. „Konfirmation" sagt Ballin und schenkt ihm eine goldene Uhr.

3.
Max Warburg sieht den Kaiser am 21. Juni 1914 zum letzten Mal. Nach einem Diner beim preußischen Gesandten in Hamburg redet Wilhelm II. lange allein mit ihm über die allgemeine Lage, die ihn tief beunruhigt. Der Kaiser scheint Warburg nervöser zu sein als sonst. Die Aufrüstung Russlands, die großen russischen Eisenbahnbauten sind seiner Ansicht nach Vorbereitungen für einen Krieg, der 1916 ausbrechen könnte. Er klagt, dass Deutschland zu wenig Bahnen an der Westfront gegen Frankreich habe, überlegt laut, ob es nicht besser sei, loszuschlagen, anstatt zu warten. Warburg hat nicht den Eindruck, dass er ernsthaft an einen Präventivkrieg denkt, aber seine düsterere Auffassung der Lage bestürzt ihn. Er erwidert, dass er die Dinge doch anders sehe, Deutschland werde mit jedem Jahr des Friedens stärker, Abwarten könne nur Gewinn bringen.
Eine Woche später ruft Ballin aus Kiel Warburg in Baden-Baden an: Erzherzog Franz Ferdinand, der österreichische Thronfolger, ist in Sarajewo ermordet worden. Der Mord scheint eine Krise unter vielen anderen zu sein, eine Auseinandersetzung zwischen Österreich und Serbien dürfte kommen, aber keine größere Verwicklung als in den Jahren zuvor.
Doch für Max Warburg wird der Juli sorgenschwer. Die Herren in der Bank glauben an die Möglichkeit eines österreichisch-russischen Krieges, und die Bank schränkt ihre Engagements vorsichtshalber ein. Als in Hamburg am 18. Juli bekannt wird, dass die deutsche Regierung den Vorschlag des britischen Außenministers zurückgewiesen hat, eine Konferenz der Außenminister in London einzuberufen, kommt es an der Börse zur Panik. Warburg ruft im Reichsamt des Äußeren an, und Staatssekretär Zimmermann bittet ihn, bekannt zu geben, dass die Verhandlungen der Regierungen fortgesetzt würden. Aber zwei Tage später müssen in Hamburg die Banken eingreifen, um die nächste Börsenpanik zu verhindern. An einem der folgenden Tage tritt Carl Melchior, der Reserveoffizier, morgens eine Viertelstunde später als gewöhnlich in das gemeinsame Zimmer und sagt: „Ich habe mir meine Schaftstiefel in Ordnung bringen lassen – es gibt Krieg.“ Er setzt sich an sein Pult und beginnt, die Post zu lesen. Warburg glaubt, nicht

Vier um den Frieden besorgte Herren im Januar 1913.
Von links nach rechts: Ernest Cassel, Berater des englischen Königs, Albert Ballin, Felix Cassel und Max Warburg.

recht gehört zu haben, steht auf und geht zu ihm hinüber. Aber Melchior bleibt fest und sagt nur: „Ich glaube, diesmal irren Sie sich."

Österreich-Ungarn erklärt Serbien den Krieg, drei Tage später macht Russland mobil. Die europäischen Börsen schließen. Warburg schickt seinen Londoner Repräsentanten Pieter Vuyk nach Amsterdam. Er soll dafür sorgen, dass die telegrafische Verbindung zwischen Kuhn, Loeb & Co. in New York und M. M. Warburg & Co. aufrechterhalten bleibt, was immer auch geschieht. Am Sonnabend, dem 1. August 1914 erklärt Deutschland Russland den Krieg. Am Sonntag, einem strahlenden Sonnentag, begleiten Familien Väter und Söhne zu den Kasernen. Die Menschen sind begeistert und glauben an einen kurzen, siegreichen Krieg. Am Montag erklärt Deutschland Frankreich den Krieg, und deutsche Truppen marschieren auf ihrem Weg nach Paris in das neutrale Belgien ein. Daraufhin erklärt England Deutschland den Krieg.

In Berlin sagt der Kaiser in einer feierlichen Sitzung des Reichstags im Weißen Saal des Schlosses am 4. August: „Uns treibt nicht Eroberungslust." Seine Proklamation eines angeblichen Verteidigungskrieges ist an die SPD gerichtet. Sie ist seit 1912 die stärkste Partei im Reichstag und muss die Kredite bewilligen, die das Reich für den Krieg aufnehmen will. Der Kaiser macht seine Sache gut, der Reichstag bewilligt die Kredite einstimmig.

Die kaiserliche Regierung und die Reichstagsparteien schließen für die Dauer des Krieges einen Burgfrieden. Die Parlamentarier vertrauen der Regierung, aber die Regierung traut ihnen nicht. Sie ordnet den Belagerungszustand an und kann mit Hilfe der Zensur jede politische Meinungsäußerung unterdrücken, kann alle militärischen, politischen und wirtschaftlichen Fragen ohne parlamentarische Kontrolle entscheiden: Der Burgfriede bedeutet die diktatorische Gewalt der Regierung.

Fürst Bernhard von Bülow, Reichskanzler und preußischer Ministerpräsident von 1900 bis 1909, ist entsetzt über den Krieg. Die Entscheidungen der deutschen Seite, die zum Krieg führten, seien in verschlossenen Räumen im Reichsamt des Äußeren gefallen, ohne dass man einen erfahrenen Diplomaten oder klugen Geschäftsmann zu Rate gezogen hätte: „Albert Ballin, Max Warburg und andere – alle hätte man fragen können."

Krieg

„Auf dem Felde der Ehre ..."

Regierungsrat Dr. Frisch vom Reichsamt des Inneren holt Max Warburg und Albert Ballin am 6. August 1914 morgens mit dem Auto ab und fährt mit ihnen nach Berlin, denn Zivilisten können wegen der Mobilmachung keine Züge benutzen. An Bahnübergängen müssen die Herren meist warten, weil zahlreiche Militärzüge vorüberfahren. Die überfüllten Vierter-Klasse-Wagen sind mit Laub bekränzt, und die Soldaten singen patriotische Lieder.

Noch am selben Tag nehmen Warburg und Ballin im Reichsamt des Inneren an einer Sitzung teil. Die Regierung glaubt an einen schnellen Sieg, Ministerien und Heeresleitung haben für kaum etwas vorgesorgt. Die Generaldirektoren großer Unternehmen sollen besondere Kriegsgesellschaften gründen, die importieren, was das Militär braucht, die Bankiers sollen Geld beschaffen. Auch Warburg glaubt an den schnellen Sieg und will dem Kaiserreich eifrig helfen. Ballin schüttelt nur den Kopf über ihn.

Ballin gründet eine Reichseinkaufsgesellschaft für Lebensmittel und Pferde- und Viehfutter und führt sie mit Mitarbeitern der Hapag. Walther Rathenau gründet mit Mitarbeitern der AEG eine Kriegsrohstoffabteilung, aus der zahlreiche Aktiengesellschaften wie die „Kriegsmetall-AG", die „Kriegschemikalien-AG", die „Kriegsleder-AG" hervorgehen – über vierzig Prozent

Paul von Hindenburg 1914 an der Ostfront. Im November 1914 wird er Generalfeldmarschall, im August 1916 Chef der Obersten Heeresleitung, sein Erster Generalquartiermeister ist General Erich Ludendorff. 1925 wird Hindenburg als Kandidat der Rechten Reichspräsident.

der industriellen Rohstoffe müssen importiert werden, doch die Engländer blockieren die Nordsee und haben die Kabel nach Amerika durchgeschnitten. M.M.Warburg & Co. beteiligen sich am Verkauf von Kriegsanleihen des Deutschen Reichs im Inland.
Der Bank bleibt wenig anderes übrig, das internationale Geschäft ist vorbei, Hamburg ist vom Weltmarkt abgeschnitten, und auch M.M.Warburg & Co. sind hart getroffen, sie leben von der Zusammenarbeit mit Partnern in London und Kuhn, Loeb & Co. in New York. Max vermisst Pauls Rat, ihm ist, „als wäre ich von meinem zweiten Ich getrennt". Doch nach außen reagiert er mit einer Kaltblütigkeit, die andere bewundern. Für den Kaufmann Rose ist er ein Held, er „steht wie ein Fels in der Brandung, und wer mit ihm in Berührung kommt, empfindet die wohltuende Ruhe, die von ihm ausgeht". 42 Angestellte der Bank sind beim Militär, die Firma beschäftigt jetzt auch Frauen.
Wenn Max Warburg abends zum Kösterberg heimkehrt, warten die Kinder am Tor auf Nachrichten vom Krieg. Er hängt im Kinderzimmer eine Karte auf, und sie markieren die Bewegungen der Truppen mit Stecknadeln. Die Köchin von Annafritz schimpft mit der vierjährigen Ingrid, weil sie „goodbye" sagt: Sie soll sagen: „Gott strafe England!" Erich arbeitet nach der Schule oft bei der Hamburgischen Kriegshilfe in der ABC-Straße, zu deren Mitbegründern sein Vater gehört. Sie unterhält Kriegsküchen in der Stadt und will die Angehörigen von gefallenen Soldaten vor der öffentlichen Armenpflege bewahren.

„Durch die grausame Art u. Weise, wie unsere Feinde diesen Krieg führen", schreibt Alice Warburg ihrem Schwager Paul nach Washington, „(dum-dum Geschosse, Beschießen u. Verstümmeln der Verwundeten u. Ärzte, Franctireurs), sind wir alle so aufgebracht, daß selbst zarte, milde, ‚weibliche' Frauen, zu denen ich mich nie gezählt habe, dem Gegner möglichst große Verluste u. schnelle Vernichtung wünschen. Man kennt sich selbst nicht mehr." Ihre Briefe gehen mit einem Kurier der Bank nach Amsterdam und von dort in die USA, später via Stockholm. „Max hat die ersten schweren Wochen der unübersehbaren Ereignisse wunderbar ertragen und die Kraft gefunden sich abzufinden.“ Er arbeitet mehr denn je und kann dank seiner Schnelligkeit und Fantasie sehr glückliche unternehmerische Wagnisse und Wege finden. Alle sind von Siegeszuversicht getragen.

„Lieber kleiner Puss“, schreibt sie in der zweiten Septemberhälfte an ihre Schwägerin Nina, „Max ist heute stolz über das Ergebnis der Zeichnungen auf Kriegsanleihe, die alle Erwartungen bei weitem übertroffen hat. Die finanzielle u. militärische Kraft sind Faktoren mit denen unsere Feinde nicht gerechnet haben.“ Kutscher Groht ist mit einer Kopfwunde heimgekommen und liegt im Lazarett.

Zwei Monate später hat ihre Stimmung sich gewandelt. Der Krieg ist für sie ein Weltbrand, die Gegenwart schaurig. „Letzte Woche war ich mit Max zwei Tage in Berlin, wo das Leben scheinbar unbeeinflusst weiter wogt. Die Hôtels alle leer, hier und da noch einige vergessene Amerikaner und deutsche Landadelige, die 4–5 Söhne in der Armee haben u. für den Winter ins Hôtel ziehen. In der Stadt wird so eine arme Mutter wohl besser damit fertig.“ In letzter Zeit sind wieder viele Bekannte gefallen, alle Krankenhäuser und Lazarette sind mit Verwundeten gefüllt. „Max hat den Kopf zum Platzen voll, kann aber unberufen alles bisher sehr gut leisten. Ohne Herrendiners und andere Geselligkeit kann er regelmäßiger und gesünder leben als sonst.“

Kriegführen ist teuer. Reichskanzler Bethmann Hollweg bittet den Staatssekretär des Inneren, zur Frage der Kriegsentschädigung, die Deutschland von Russland, Frankreich und England fordern kann, Gutachten von den Leitern der größten Berliner Aktienbanken und den Chefs von Mendelssohn, Bleichröder und Warburg einzufordern. Das Reichsamt möge sich beeilen, falls einer der Gegner „plötzlich zusammenbricht“.

„Sehr verehrte, liebe Exzellenz!“, schreibt Max Warburg an Unterstaatssekretär Richter. „Ich werde versuchen, soweit es bei dem Mangel an Unterlagen überhaupt möglich ist, eine Schätzung des in Frage kommenden Betrages aufzustellen, in dem ich der Einfachheit halber fingiere, dass der Krieg zur Zeit der Abfassung dieses Gutachtens, also etwa Ende November, für Deutschland erfolgreich beendet und dass der Sieg so voll-

ständig ist, dass Deutschland in der Lage ist, den Frieden sämtlichen Feinden zu diktieren." Er kommt zu dem Ergebnis: „Jedenfalls scheint mir bei einer Kriegsdauer von nur vier Monaten ... eine Gesamtkriegsentschädigung von 50 Milliarden gerechtfertigt."
Max von Schinckel, der Direktor der Norddeutschen Bank in Hamburg, kennt Warburgs Gutachten und teilt Richter nach weiteren vier Monaten Krieg im März 1915 entrüstet mit, dass „so viel Geld wie nötig ist, um uns für die uns zugefügten pekuniären Verluste zu entschädigen, nach dem Kriege garnicht aufzutreiben sein wird".

„Max wird immer ruhiger je länger dieser Krieg dauert", schreibt Alice ihrem Schwager Paul, „und lebt nur seinem Geschäft, seiner Familie und den vielen socialen und national ökonomischen Fragen, die jeder Tag ihm stellen (sic). Im übrigen schweigt alles. Die Bürgerschaft tritt nur selten und für sehr kurze Zeit für Vorlagen zusammen, die eigentlich schon vorher gebilligt sind, der Handelskammer ist auch das viele Reden vergangen, Herrendiners, Diners, Abendgesellschaften ect. giebt es nicht, und so geht man abends nachdem man alle Tageszeitungen und -schriften gelesen und diese von allen Seiten beleuchtet hat, sehr früh in seine Klappe. Wir haben auch selten Freunde im kleinsten Kreise bei uns, obwohl man es mehr thun sollte, da niemand etwas vor hat und jeder dankbar ist, wenn man ihn aus der Klause holt."

Ballins Reichseinkauf erweist sich als schwerfällig, und Carl Melchior reorganisiert ihn. Melchior ist im August 1914 in Metz schwer verletzt worden, als er vom Pferd fiel, und lag lange ernsthaft krank in Lazaretten und Sanatorien. Er teilt Ballins Organisation auf in eine Zentral-Einkaufs-Gesellschaft in Berlin und eine Lager- und Speditions-Gesellschaft in Hamburg, deren Aufsichtsratsvorsitzender Max Warburg wird.
Melchior reist nach Bulgarien und Rumänien und schließt Verträge über die Lieferung von Getreide ab, Warburg reist auf Wunsch der Regierung als Finanzexperte nach Belgien, in ein unterworfenes Gebiet. Er ist erschüttert über die Zerstörungen und versteht den Hass der Bevölkerung. Das Außenamt bittet

ihn, auch nach Schweden zu reisen und Außenminister Knut Wallenberg zu einer freundlicheren Haltung Deutschland gegenüber zu bewegen. Warburg will sich einarbeiten und bittet um Einblick in die Akten des Amtes über den Verkehr zwischen Deutschland und seinem Gesandten in Stockholm. Staatssekretär Zimmermann lehnt ab, und Warburg gibt den Auftrag zurück. Einige Zeit später ist man bereit, ihm die Akten zu zeigen. Er findet Berichte des Gesandten, aber keine Antworten, nur Randbemerkungen. Das gehe auf Bismarck zurück, erfährt er, der unter ständigem Personalmangel litt, nur Randbemerkungen machte und die Berichte damit zurückschicken ließ. Genauso halte es der Kaiser immer noch. Dessen Bemerkungen seien aber so drastisch, dass man sie unmöglich weitergeben könne, und nun würden Berichte überhaupt nicht mehr beantwortet. Warburg ist entsetzt über die innere Organisation des Amtes.
Er reist nach Stockholm, und als Ergebnis seiner Gespräche dort zieht sein Bruder Fritz mit Familie in ein Haus am Strandvägen und sorgt für den Export von Erz, Pferden und Schweineschmalz aus Schweden und Norwegen gegen Kali und Kohle aus Deutschland.
M.M.Warburg & Co. müssen für die Einkäufe Melchiors – dazu gehören auch Lebensmittel aus Dänemark und den Niederlanden, Eisen, Nickel, Zinn aus Norwegen und Schweden – Wechsel einlösen und erhalten diese vorgestreckten Gelder nur mit Verzögerung vom Reichsfinanzministerium zurück. Das Deutsche Reich ist im neutralen Ausland tief verschuldet. Auf Wunsch der Reichsbank schließen sich die Deutsche Bank, die Disconto-Gesellschaft und die Warburg-Bank zu einem Konsortium zusammen, das die Importe der Zentral-Einkaufs-Gesellschaft finanziert und sich dafür bei Banken in den Niederlanden und Schweden langfristige Kredite besorgt. Max Warburg: „Es ist wohl keine deutsche Privatbankfirma gewesen, die in einem so hohen Maß für das Deutsche Reich garantiert hat wie unsere Firma. Insofern ist es schon wahr, daß wir zum Teil den Krieg mitfinanziert haben; namentlich bei Einkäufen, die im neutralen Ausland gemacht wurden, mußten wir unsere Garantie geben."

„Die langweilige Saisonfrage: Wohin reisen Sie diesen Sommer? giebts in diesem Jahre nicht", schreibt Alice im Juli 1915 an

Frieda in New York. „Selbst Carlsbad soll leer sein. Reisen thut nur wer muß. Die Nordseebäder sind ausgeschlossen, auch gar nicht erlaubt." Der Diener Franz sei eingezogen worden. 14 Tage später schreibt sie Paul: „Wir sind wieder so glücklich über die Siegesnachrichten der letzten Tage. Nun geht's im Osten mächtig vorwärts. Unser Aushilfsdiener wurde uns dieser Tage auch wieder weggenommen und nun haben wir uns einen Greis genommen, um seiner sicher zu sein. Selbst bei der Eisenbahn, auch den elektrischen Trams werden jetzt Frauen eingestellt und man sieht die können es auch." Fräulein Hoffa, die Gärtnerin, und Fräulein Korndorff, die Haushälterin, sind bedrückt, weil Verwandte und Freunde gefallen sind.

Der Bankier Warburg macht sich Sorgen. Großbritannien und Frankreich nehmen Ende September 1915 in den USA ihre erste große Anleihe für den Krieg auf, fünfhundert Millionen Dollar. Er schlägt in Berlin vor, das Reich solle sich ebenfalls in den USA verschulden, denn er hält es für einen großen Fehler, wenn die USA finanziell nun einseitig an den Kriegsgegnern Deutschlands interessiert sind: Die Geldgeber müssen dafür sein, dass Deutschland verliert, damit sie ihr Geld zurückbekommen. Aber die Militärs wollen die Gedankengänge eines Bankiers nicht verstehen.

Auch im Krieg pflegt er sein Netzwerk und baut es weiter aus. Er tritt in die Deutsche Gesellschaft 1914 in Berlin ein, deren Gründung im November 1915 auf Ballins Freund, den Journalisten Theodor Wolff, zurückgeht: In Zeiten der Pressezensur sollen wenigstens in einer begrenzten Öffentlichkeit Reformvorschläge diskutiert werden. Nach einem Jahr hat die Gesellschaft schon 1200 Mitglieder. Reichskanzler Bethmann Hollweg und seine Nachfolger Michaelis und Hertling gehören ihr an, Staatssekretäre, Gewerkschafter, Parteipolitiker von der SPD, den Fortschrittlichen, vom Zentrum und den Nationalliberalen, Industrielle und Künstler. Sie lehnen Annexionen ab und sind zu einem schnellen Verständigungsfrieden bereit. Wolff will über eine staatliche Neuordnung nach dem Krieg reden. Auch Ballin tritt in die Gesellschaft ein, der es für einen großen Fehler hält, „daß man in diesem dümmsten Kriege, den die Weltgeschichte je gesehen hat, die erfahrenen Kaufleute so wenig beachtete".

Das Jahr 1916 beginnt ohne Hoffnung auf ein schnelles Kriegsende. Der Krieg kostet jeden Monat ein Drittel mehr als der gesamte Krieg 1870/71. Nur eine Entwertung des Geldes ermöglicht es noch, die Zinsen zu zahlen. Max Warburg sagt zu Carl Melchior: „Sollte Deutschland den Krieg verlieren und die Reichsbank nicht in der Lage sein, ihre Garantien uns gegenüber einzulösen, dann wird uns nichts übrig bleiben, als eine Annonce folgenden Wortlauts in die Zeitung zu setzen: ‚Auf dem Felde der Ehre stellten ihre Zahlungen ein M.M.Warburg & Co.'"

Die Judenzählung

Die militärischen Niederlagen nehmen zu, und im Hauptquartier der Armee beginnt man, von der großen Anzahl jüdischer Mitarbeiter in den Kriegsgesellschaften zu sprechen. An der Front, heißt es, sterben die deutschen Soldaten, und in der Etappe bereichern sich die Juden. Walther Rathenau tritt aus Protest von der Leitung der Kriegsrohstoffabteilung zurück, und Max Warburg beginnt einen Aufsatz über die Judenfrage. Er bittet seinen Bruder Aby, sich den Text anzusehen.

Bei Kriegsausbruch haben sich zahlreiche jüdische Freiwillige an die Front gemeldet, die Regierung hat antisemitische Zeitungen verboten, und Juden wurden Reserveoffiziere. Doch jetzt benutzen Konservative die Juden, um den „schlappen" Reichskanzler zum Rücktritt zu zwingen. Alfred Roth und Theodor Fritsch, zwei Berufsantisemiten, die von ihren Hetzschriften leben, warnen den Kaiser, die Regierung hole sich Rat bei einem „internationalen vaterlandslosen Händlertum".

Der Kriegsminister verfügt am 11. Oktober 1916, dass eine statistische Erhebung über Juden im Heer durchgeführt wird, um festzustellen, ob die Drückebergerei unter Juden größer sei als unter Nichtjuden. Acht Tage später beantragt der Zentrumsabgeordnete Matthias Erzberger, der Kanzler möge dem Reichstag eine Aufschlüsselung der in den Kriegsgesellschaften – inzwischen gibt es an die hundert – tätigen Personen nach Geschlecht, militärpflichtigem Alter, Bezügen und Konfession unterbreiten.

Die „Judenzählung“ erregt großes Aufsehen. Die Juden fühlen sich verleumdet und in ihrer Ehre gekränkt. Carl Melchior teilt mit, dass er nicht länger bei der Zentral-Einkaufs-Gesellschaft bleiben könne. Max Warburg drängt seinen Bruder, die nun mehrfach von beiden überarbeitete Denkschrift abzuschließen. Gleichzeitig will er Aby nicht beunruhigen: „Ich nehme alle diese Dinge sehr kühl; ein zweijähriger Krieg, insbesondere, wenn man schlecht verfuttert wird, kann nur schlechte Leidenschaften hervorrufen. Das geht auch wieder vorüber.“ Zu anderen Familienmitgliedern aber sagt er: „Ich akzeptiere nicht, daß ein deutscher Christ mehr Vaterlandsliebe hat als ein deutscher Jude.“
Er schickt die Schrift dem Reichskanzler, dem Kriegsminister, hohen Beamten und Militärs. Die Brüder klagen im Namen der Gerechtigkeit die Gleichbehandlung der deutschen Juden im Heer ein. Der Staat müsse den Antisemitismus unterdrücken, der eine Gefahr für Deutschland sei. Vorurteile seien eine Vergeudung von Begabung, moralisches Unrecht sei nicht effektiv, mangelnde Rechtsstaatlichkeit vernichte Elan: „Jeder stolze deutsche Jude hat es bis jetzt mit einem Gefühl der inneren Empörung ertragen müssen, daß sein Glaube und seine Abstammung ihm viele Stellen verschließen.“ Religion dürfe keine Rolle spielen, wenn es um die Beurteilung von Leistung geht. Verglichen mit anderen europäischen Ländern sei das Reich kein Rechtsstaat, weil keine Gleichheit der Bürger herrsche, was Deutschland der berechtigten Kritik der Feinde aussetze.
Die Brüder setzen auf vernünftige Argumentationsreihen, wollen aufklären und überzeugen. Am Schluss des Aufsatzes hat Max nur teilweise Abys Formulierungen übernommen, denn „wenn man zu diesen Militärleuten spricht, muss man mit einem gewissen Männerstolz enden. Es gibt ja schliesslich nicht viele Leute, die so etwas bescheiden, wenn auch selbstbewusst sagen können.“
Rathenau ist Warburgs gewisser Männerstolz zu wenig: „Es hat heute keinen Zweck mehr philanthropische Auseinandersetzungen zu machen in einer Frage, die seit Jahrzehnten nach allen Richtungen erörtert ist.“ Heute müsse man statistisches Material vorlegen und entschieden darauf hinweisen, dass es unerhört sei, wenn auch im Angesicht der Kämpfe keine Wendung eintrete.

Max Warburg bemüht sich um eine Weisung des Reichskanzlers an den Kriegsminister, der öffentlich erklären soll, dass eine unterschiedliche Behandlung im Heer nicht geduldet werde, da die jüdischen Soldaten mit gleicher Hingabe und Aufopferung kämpften wie die Christen. Der Chef der Reichskanzlei schickt dem Minister Warburgs Schrift. Der Kriegsminister lehnt ab. Warburg droht nun über die Reichsbankdirektion: Die Judenzählung habe in jüdischen Kreisen eine so tiefe Verbitterung hervorgerufen, dass dies den Verkauf der nächsten Kriegsanleihe erschweren könne. Doch der Kriegsminister teilt die Sorgen über die Finanzierung des Krieges nicht und lehnt wieder ab, dem Kanzler entgegenzukommen.
Das bislang eingegangene Material zur Judenzählung im Heer wird im Kriegsministerium zu den Akten gelegt, es darf nicht eingesehen werden. Zählungen von jüdischer Seite zeigen jedoch, dass – relativ zum Bevölkerungsanteil – genauso viele Juden wie Christen Soldaten sind. Vizekanzler Karl Helfferich sagt im Reichstag auf die Nachfrage von Abgeordneten: „Eine Bevorzugung von Juden bei Kriegsgesellschaften findet nicht statt."
Juden profitieren nicht mehr und nicht weniger von der Kriegswirtschaft, als es ihrem historisch begründeten Anteil an bestimmten Wirtschaftszweigen entspricht. Sie sind am Handel überproportional beteiligt, in der Schwerindustrie aber so gut wie gar nicht. „Es scheint ... national zu sein, wenn man an Kanonen und Panzerplatten verdient", stellt der Leipziger Rabbiner Felix Goldstein fest, „wohingegen bei Eiern und Strümpfen der Landesverrat einsetzt."
In Hamburg ist noch kein ungetaufter Jude zur Senatswahl vorgeschlagen worden. Max Warburg stand im Dezember 1914 in der engeren Auswahl. Aber nun, am 7. Dezember 1917, stellt ein Vertrauensmännergremium ihn zur Wahl neben einem unbedeutenderen christlichen Herrn auf, neben Ludwig Wiesinger. Die Bürgerschaft entscheidet sich mit 63 zu 60 Stimmen für den Christen.

Der Wandel

Max Warburgs wachsende Einsicht in die Arbeitsweise der hohen Militärs und Beamten bewirkt einen Wandel in seiner Einstellung zum Kaiserreich. Aus dem regierungstreuen Bankier

wird der Anhänger eines parlamentarischen Staates, der fähigen Leuten Einfluss gibt. Kaiserliche Admiräle und Minister befragen Warburg als USA-Experten, und er warnt sie vor einem unbeschränkten U-Boot-Krieg mit Torpedoangriffen auch auf Handelsschiffe neutraler Staaten: Die USA würden dann zum Kriegsgegner des Reichs, während ihre Neutralität für das Reich arbeite, weil sie die Aufnahme englischer und französischer Kredite in New York verteure und auf lange Sicht unmöglich mache. Wenn die USA aber Krieg führen, werfen sie Milliarden von Dollars in den Kampf gegen Deutschland. Die Admiräle halten solche Überlegungen für Krämerdenken, und Deutschland kündigt am 31. Januar 1917 den unbeschränkten U-Boot-Krieg an. Admiral Capelle, Staatssekretär der Marine, vor Reichstagsabgeordneten: „Amerika bedeutet militärisch Null und noch einmal Null und zum dritten Mal Null." Die USA brechen die diplomatischen Beziehungen zum Reich ab.
Alice Warburg bittet ihre Schwägerin Nina, ihr über Schweden Lebensmittel und Stiefel für die Kinder zu schicken. Es gibt nichts mehr ohne Bezugsschein. Der Vortrag von Aby Warburg vor dem Verein für Hamburgische Geschichte am 19. März über „Aberglauben und Geschichtsauffassung im ausgehenden Mittelalter" muss ausfallen, weil es keine Kohlen gibt. In den 124 Kriegsküchen von Agnes Wolffson – eine Frau, die Max Warburg ganz außerordentlich schätzt und unterstützt, wo er nur kann – geben 5000 Frauen an einem Tag 347 758 Liter Suppe aus.
Anfang April 1917 treten die USA auf Seiten der Alliierten in den Krieg ein. Max Warburg hält den Krieg für verloren. Für ihn sind Schwerindustrie und Alldeutsche mit ihrer „Eroberungssucht" die Hauptschuldigen an seiner Fortsetzung. Felix Warburg muss als amerikanischer Staatsbürger seine Teilhaberschaft bei M.M.Warburg & Co. aufgeben, und Max Warburg nimmt Carl Melchior als Partner in die Firma auf.
Banken und Industrie verdienen am Krieg, und mit dem Jahresergebnis der Bank für 1917 ist Warburg zufrieden, aber: „War das Jahr 1917 rein buchmäßig in finanzieller Beziehung auch erfolgreich, so kann die Zukunft der Firma, die im engsten Maße mit der Zukunft Deutschlands zusammenhängt, doch nur mit Sorge betrachtet werden. Die staatsmännische Führung

des Deutschen Reiches nach außen und nach innen hat sich während der Kriegszeit nicht geklärt, sondern sie hat sich im Gegenteil verworrener und zielloser gestaltet."

Der Burgfrieden ist vorbei. Die Mehrheit der Reichstagsabgeordneten will den Krieg beenden. In Hamburg erklärt ein Kreis von Kaufleuten um Warburg, Ballin und den Ostasienkaufmann Franz Witthoefft, was jetzt in Deutschland notwendig sei: Verhandlungen über ein Ende des Krieges, eine neue Reichsverfassung, Parlamentarismus und Zusammenarbeit mit den Mehrheitssozialdemokraten sowie das Wiederbeleben des Handels durch Freiheit der Wirtschaft von staatlichen Eingriffen und durch eine Abwertung der Reichsmark, selbst auf die Gefahr einer weiteren Inflation hin. Auch parteipolitisch zeigt Max Warburg Flagge, er hat gemeinsam mit dem Kaufmann Peter Franz Stubmann die alte Fraktion der Rechten in der Bürgerschaft in eine Nationalliberale Fraktion umgewandelt.

Die Kaufleute verlangen eine Reform des Auswärtigen Amtes. Den Anlass dazu hat Graf von Luxburg gegeben, der deutsche Gesandte in Argentinien, der die Beziehungen des Reichs zu den neutralen Staaten gefährdete: Er hat den argentinischen Außenminister Puyerredón in einem Telegramm einen Esel genannt. Die einzige gut funktionierende Kabelverbindung in die Welt, die das Reich benutzen kann, läuft über Schweden, aber die Briten haben das Telegramm abgefangen und dechiffriert und verwenden es, um die Neutralen gegen das Reich aufzubringen: Argentinien ist empört, Schweden bloßgestellt. Warburg ist wütend über unprofessionelle Leute, die aus Überheblichkeit Verbindungen stören, die er seit Jahren sorgsam pflegt. Er verlangt eine Ausbildung der Diplomaten auch in Wirtschaftsfragen und er will das Auswärtige Amt in Hamburg haben. Er ist nicht der Einzige. Es gibt drei Gruppierungen von Kaufleuten in Hamburg, die eine Professionalisierung des Auslandsdienstes fordern und sich dabei lose zusammenfinden.

Albert Ballin regt an, den gesamten Reichstag nach Hamburg einzuladen: Die Kaufleute müssen selbst die Abgeordneten über Fragen der Übergangswirtschaft nach dem Krieg unterrichten. 175 Abgeordnete aller Fraktionen treffen mit einem Sonderzug

am 14. Juni 1918 ein. Sie hören gemeinsam mit 2000 Kaufleuten drei Vorträge – Max Warburg spricht über Währung und Friedenswirtschaft.
Nach den Vorträgen wird an kleinen Tischen gefrühstückt, Warburg sitzt neben Friedrich Ebert. Als Kaufmann war er bislang traditionell gegen die Sozialdemokraten, doch nun prüft er auch den Vorsitzenden der Sozialdemokratischen Partei mit dem Blick des erfahrenen Firmeninhabers: „Trotz seiner sehr urbanen Aufmachung – er nahm die Serviette um den Hals wie man sie eigentlich sonst nur beim Rasieren traegt – imponierte er durch seine ehrliche, durchdringende Auffassung und Lebensweise." Er unterhält sich gut mit Ebert, „der Kontakt ist stark". Die SPD ist auf eine Regierungsübernahme nicht vorbereitet, die Sozialdemokraten sind einfache Bürgersleute, petits citoyens, meint Warburg, denen mutige Ideen, Symbole, mutiger Geist fehlen, und er versteht die Abtrennung der intellektuellen Linksradikalen von der SPD. Sein Fazit lautet dennoch: „Ebert erweckte fuer die Republik Anhaenger auch in den Kreisen, die ihr anfangs fremd und feindlich gegenueberstanden."

Max Warburg gehört in Berlin zu denjenigen, die anstreben, dass Prinz Max von Baden Reichskanzler wird. Warburg selbst hat ihn als besten Kandidaten dafür ins Gespräch gebracht, er kennt ihn aus gemeinsamer Arbeit im Roten Kreuz. Er hält ihn für unabhängig in seinen Ansichten, aufrichtig und zuverlässig. Der Prinz habe eine liberale Grundanschauung, doch die „Technik des öffentlichen Handelns" sei ihm fremd.
Nun, am 23. September 1918, fragt der Prinz den Bankier, ob er in einem neuen Kabinett auf seine Mitarbeit rechnen könne. Aber Warburg antwortet, die Deutschen würden keinen jüdischen Reichsfinanzminister hinnehmen, und die Sozialdemokraten, so ausgezeichnet er mit einigen von ihnen stehe, würden in ihm nur einen Vertreter des Kapitalismus sehen. Er müsse ihn daher bitten, von ihm als Mitglied des Reichskabinetts abzusehen. Er sei jedoch bereit, den Prinzen zu beraten, wann immer dieser ihn herbeirufen sollte.
Eine Woche später schon ist es so weit. Generalfeldmarschall Paul von Hindenburg ist für die Offiziere seiner nächsten Umgebung eine ehrwürdige Null, für ihn handelt sein General-

quartiermeister Erich Ludendorff: Ludendorff fordert die Reichsregierung am 29. September auf, sofort ein Waffenstillstandsangebot herauszugeben, da die militärische Lage aussichtslos sei. Das ist ein ungeheurer Schock für die überraschte Regierung.
Ludendorff bittet den Prinzen, das Kanzleramt anzunehmen. Der Prinz hat schon Max Warburg herbeitelegrafiert. Telegramme und Telefonate mit dem immer gleichen Inhalt kommen vom Großen Hauptquartier in Berlin an: Ein Friedensangebot müsse sofort hinausgehen, man könne nicht auf die Bildung der neuen Regierung warten, heute halte die Truppe noch, aber jeden Augenblick sei der Durchbruch möglich.
Max Warburg ist den ganzen Oktober 1918 über fast ständig in Berlin, sieht den Prinzen täglich mehrmals und erörtert mit ihm und seinen anderen Beratern die wenigen Auswege, die Deutschland noch hat. Dr. Kurt Hahn, der Privatsekretär des Prinzen, ist hervorragend über die britische Politik informiert, Warburg kennt ihn über die Deutsche Gesellschaft 1914 und war 1915 mit ihm in Belgien. Beide arbeiten mit aller Kraft für den Prinzen. Sie denken an eine friedliche Überleitung des Kaiserreichs in eine parlamentarische Monarchie. Aber trotz Warburgs Bitte, das Waffenstillstandsangebot einige Tage aufzuschieben, fegt die Panik im Großen Hauptquartier alle Bedenken beiseite.
Warburg sieht klar, dass die Oberste Heeresleitung eine neue Regierung vorschicken will, um jede Schuld am Verlust des Krieges von sich zu weisen. Bei seinem ersten Treffen mit dem Prinzen im Adlon sagt Warburg, er habe schon von der furchtbaren Zumutung gehört, die die Heeresleitung an den Prinzen stelle, als Kanzler würde er so von vornherein handlungsunfähig: „Wenn die Militärs die Lage so ansehen, dann lassen Sie sie selbst mit der weißen Fahne herübergehen."
Am 3. Oktober erscheint der Prinz mit Ludendorff bei Warburg im Adlon, und man beratschlagt, was zu tun sei. Ludendorff hat die Nerven völlig verloren. Nachmittags teilt der Prinz Warburg mit, er habe gerade wieder mit Ludendorff gesprochen, der auf sofortiger Absendung der Note an den amerikanischen Präsidenten Wilson bestehe. Warburg sagt, der Prinz möge sich das schriftlich geben lassen, damit nicht nachträglich

auf ihn das Odium der Friedensoffensive falle. Ohne Front sei man kein Verhandlungspartner, nichts halte Wilson ab, mehr zu fordern. Doch abends nimmt der Prinz das Kanzleramt an und ersucht den Präsidenten, die Herstellung des Friedens auf der Grundlage seines Friedensprogramms in die Hand zu nehmen.

Am nächsten Morgen erfahren die überraschten Deutschen, dass ihr Land jetzt auf dem Weg zu einer parlamentarischen Demokratie ist, eine neue Regierung hat mit einem Prinzen als Kanzler, in der die Sozialdemokraten vertreten sind, und dass diese Regierung ein Friedens- und Waffenstillstandsgesuch an den amerikanischen Präsidenten gerichtet hat, der Krieg also plötzlich verloren ist. Niemand erfährt, dass Hindenburg und Ludendorff das Waffenstillstandsgesuch erzwungen haben.

Max Warburg hat eine schwere Erkältung und fährt nach Hause. Ballin geht mit ihm am Alsterdamm spazieren, und sie treffen Erich. Erich Warburg ist 18 Jahre alt und gerade eingezogen worden. Als Ballin ihn in Uniform sieht, bricht er in Tränen aus. Alles ist verloren, und nun soll noch dieser Jahrgang als letzter geopfert werden.

Warburg hat auch Sorgen um seinen Bruder Aby. Dessen Stimmungsschwankungen und Ängste nehmen zu, Zwangsvorstellungen quälen ihn, er glaubt, dass seine Frau und die drei Kinder von unbekannten Verfolgern entführt, verschleppt, gefoltert und getötet werden. Er ist mit einer Pistole im Haus herumgelaufen und wollte seine Familie selbst töten, bevor sie jenen Unbekannten in die Hände fällt.

Trotz dieser Sorgen fährt Max Warburg sofort wieder nach Berlin, als der Kanzler ihn darum bittet. Der Kanzler möchte, dass Warburg Staatssekretär im Reichswirtschaftsamt wird, aber dies lehnt Warburg erneut ab.

Ludendorff will jetzt den Krieg wieder aufnehmen, wenn der Waffenstillstand nicht ehrenhaft sei. Der Kanzler entlässt ihn und ernennt als Nachfolger General Wilhelm Groener. Aber die Admiräle in Wilhelmshaven kümmern sich nicht um die Politiker in Berlin, sie wollen auslaufen zur letzten Schlacht gen Engeland und mit wehenden Fahnen untergehen: Sie handeln hinter dem Rücken der Regierung. Doch Hunderte von Matrosen bleiben regierungstreu, sie haben genug vom Krieg, und als die Order zum Auslaufen kommt, löschen sie die Feuer auf den

Schiffen. Der Flottenchef lässt sie festnehmen und nach Kiel bringen, zum Kriegsgericht. Unterwegs denken die Bewachungsmannschaften über das Geschehen nach, und in Kiel lassen sie ihre Kameraden frei. So beginnt die Revolution gegen den Obrigkeitsstaat. Die Soldaten wählen Soldatenräte, die sozialdemokratischen Arbeiter in den Rüstungsfabriken Arbeiterräte. Diese Arbeiter- und Soldatenräte wollen die Diktatur der kaiserlichen Offiziere und Beamten abschaffen, wollen Militär und Behörden beaufsichtigen, bis eine von allen Männern und Frauen gewählte Nationalversammlung eine neue Verfassung beschließt.

Die politische Lage ändert sich von Tag zu Tag dramatisch. Prinz Max verkündet die Abdankung des Kaisers, und der Sozialdemokrat Philipp Scheidemann ruft auf dem Balkon des Reichstags die Republik aus. Die Mehrheitssozialdemokraten und die Unabhängigen Sozialdemokraten bilden eine vorläufige Regierung, den Rat der Volksbeauftragten. Prinz Max hat Warburg aufgefordert, ihm doch einen hervorragenden Sozialdemokraten zu nennen, und Warburg hat sofort gesagt: „Ebert“. Nun übergibt der Prinz das Reichskanzleramt per Händedruck: „Herr Ebert, ich lege Ihnen das Deutsche Reich ans Herz!“

Ein Teilhaber von M.M.Warburg & Co., Carl Melchior, ist zu den Verhandlungen über den Waffenstillstand mitgefahren. Der Krieg ist vorbei. Vier Imperien sind zerfallen: das Zarenreich, das Deutsche Reich, Österreich-Ungarn und das Osmanische Reich.

Friedrich Ebert hasst die Revolution. In einem berühmten Telefongespräch verbündet er sich mit General Groener, der die neue Regierung vor den revolutionären Arbeitern schützen will gegen die Zusage, das bisherige Offizierskorps in die neue Reichswehr zu übernehmen. Außerdem ruft Ebert die kaiserliche Bürokratie auf, im Amt zu bleiben. Die Kontinuität zum Kaiserreich bleibt ungebrochen.

Die Tage sind zermürbend für Max Warburg. Das große Reich und seine alte Ordnung brechen immer weiter zusammen. Doch das Schlimmste für ihn ist Ballins Tod.

In Hamburg hat sich ein Arbeiter- und Soldatenrat konstituiert, der am 8. November das Hapag-Gebäude besetzt, Ballin muss

sein Kontor räumen. Um 14.30 Uhr leitet er eine Sitzung des Vereins Hamburger Rheder, in der die Herren besprechen, wie sie ihre aufgelegten Schiffe schnell in Fahrt setzen können, um Lebensmittel aus Schweden und Norwegen zu holen. Am nächsten Vormittag wollen sie mit dem Arbeiter- und Soldatenrat darüber weiterberaten. Zu Hause nimmt Ballin ein Schlafmittel ein, kurz darauf bricht er mit heftigen Schmerzen zusammen. Sein Diener und der Arzt Dr. Sudeck tragen ihn zur Privatklinik Wünsch am Mittelweg, wo ihm der Magen ausgepumpt wird. Um Mitternacht fällt er ins Koma. Als Max Warburg in die Klinik kommt, ist Ballin gestorben. Warburg widerspricht allen späteren Gerüchten über einen Selbstmord: Der Arzt habe ihm persönlich versichert, Ballin sei an einem Schlaganfall gestorben. Aber manche Zeitgenossen meinen, Ballin habe die Abdankung des Kaisers nicht verwunden und Selbstmord begangen, andere, der neue Arbeiter- und Soldatenrat habe ihm etwas angetan.
„Kraftvoll war in ihm der Wille, und kraftvoll und groß sein durchdringender Verstand und warm und stark schlug das Herz", sagt Max Warburg auf der Trauerfeier am Vorabend der Beerdigung. Das Begräbnis ist am 13. November in Ohlsdorf. Auf dem Rathausturm weht die rote Fahne, die Stadt hungert und friert. Tausende geben Ballin das letzte Geleit.

Das bürgerliche Hamburg fürchtet die Revolution und hält ängstlich still. Nur Max Warburg sagt in der Handelskammer, man müsse den Kontakt zum Arbeiter- und Soldatenrat suchen, und beantragt, den Senat dazu aufzufordern. Die Handelskammer nimmt seinen Antrag an, doch Senat und Bürgerschaft sind schon abgesetzt.
Der Rat hat die politische Gewalt übernommen und hebt Hamburgs Selbstständigkeit als Stadtstaat auf. Der Vorsitzende des Rats, Dr. Heinrich Laufenberg, Journalist und Führer des linken Flügels der Unabhängigen Sozialdemokraten, bestellt Max Warburg und die Kaufleute Rudolf Sievert und Richard Krogmann zu sich.
Warburg fühlt sich ihm sehr überlegen. Laufenberg hat bewaffnete Soldaten, aber Warburg kann Kredite für den Import von Lebensmitteln beschaffen. Laufenberg fragt ihn, wie er sich die

Erneuerung der Schatzanweisungen denke, die er und seine Freunde in Händen hätten. Warburg sagt, die Finanziers würden die Erneuerung vornehmen, falls auch in Zukunft die Finanzdeputation die Ausgaben des Staates bestimmen werde.
Laufenberg: „Sie scheinen sich also doch noch nicht im Klaren zu sein, wer es ist, der zu bestimmen hat."
Warburg: „Ich bin mir des bestehenden Zustandes bewußt. Es liegt in Ihrer Macht, die Schatzanweisungen nicht zu bezahlen. Wünschen Sie jedoch eine Erneuerung, so müssen Sie mir erlauben, die Bedingungen zu nennen, unter denen meine Freunde und ich die Erneuerung vornehmen würden."
Am Tag darauf wird im Rathaus erneut Warburgs Erscheinen gewünscht. Er schickt zwei Juristen hin, seinen Bruder Fritz und Ernst Spiegelberg, den Generalbevollmächtigten der Bank. Sie verhandeln lange darüber, wie trotz der Revolution Hamburgs finanzielle Selbstständigkeit und sein Kreditansehen gewahrt werden können, und einigen sich mit Laufenberg darauf, dass auch künftig nur die Finanzdeputation verbindlich für den Hamburger Staat zeichnen darf. Der Arbeiter- und Soldatenrat gibt am 14. November bekannt, dass Hamburg als Staat und als Träger vermögensrechtlicher Pflichten und Rechte wieder anerkannt sei.
Bei einer Mahlzeit im Rathaus sitzen die Arbeiter- und Soldatenräte mit den Senatoren und Bürgerschaftsabgeordneten zusammen – Max Warburg mit Laufenberg, seinen Beratern und vielen stark bewaffneten Matrosen um einen langen Tisch, an dem alle mit einem Löffel in der Hand gemeinsam aus einer großen Suppenterrine essen.
Max Warburg und Carl Melchior verleugnen auch nach 1918 ihre frühere patriotische Identifizierung mit dem Kaiserreich nicht. Jüngere verspotten diese Anhänglichkeit ihrer Generation als „Kaiser Wilhelmgedächtnisknoten".

Ein Mann der Mitte

„100 Milliarden in Gold"

Im Hotel Adlon sitzen abends an den Tischen im Vestibül nur französische und englische Offiziere und rauchen gemütlich ihre Pfeifen oder Zigaretten. Der Journalist Theodor Wolff hat sich mit Graf Bernstorff verabredet, der die Geschäftsstelle für die Friedensverhandlungen in Berlin leitet. Wolff notiert: Max Warburg wird wahrscheinlich Führer der wirtschaftlichen Delegationsgruppe. Der Journalist sagt, man rühme sehr Herrn Melchior, Warburgs Mitarbeiter. Bernstorff sagt, „der komme auch mit, ohne ihn würde Warburg nichts tun".

Warburgs alter Bekannter Ulrich von Brockdorff-Rantzau, jetzt Staatssekretär des Äußeren, hat Warburg schon im Dezember um seine Mithilfe bei den Vorbereitungen der Friedensverhandlungen gebeten.

Warburg hat es abgelehnt, auf der Friedenskonferenz in Frankreich das Reichsschatzamt allein zu vertreten, doch er beeinflusst entscheidend, wer mit nach Versailles geschickt wird. Er möchte außer Diplomaten auch Wirtschaftsexperten daran beteiligen.

Carl Melchior wird Mitglied der Friedensdelegation, außerdem leitet er die sechsköpfige Finanzdelegation, der Warburg angehört. Zu den 15 beratenden Wirtschafts- und Finanzsachverständigen gehören sechs Hanseaten, darunter Franz

Zu Beginn der Weimarer Republik hat Max Warburg noch politischen Einfluss. Er will die Ära der Nur-Politiker und Nur-Kaufleute beenden, Bankiers und Politiker sollen an einem Strang ziehen.
Dieses Porträt, das Holger Termer 1970 nach einem Foto malte, hängt im Großen Sitzungssaal der Bank in Hamburg.

Witthoefft, nun Präses der Hamburger Handelskammer, und Wilhelm Cuno, der neue Generaldirektor der Hapag.
Die Bankiers, Kaufleute und Reeder der Hansestädte streben eine Weltfriedensordnung an, die Gründung eines Völkerbunds, allgemeine Abrüstung. Warburg schlägt vor, auch den Völkerrechtler Professor Walther Schücking mitzunehmen, der internationale Rechtsgarantien für die Wirtschaft fordert. Die Sachverständigen sollen mit ihren alliierten Kollegen den wirtschaftlichen Wiederaufstieg Deutschlands und Europas in die Wege leiten. Wenn die internationale Wirtschaft wieder läuft, wird man sich über Reparationszahlungen verständigen. Warburg ist optimistisch, denn der amerikanische Präsident Wilson will eine Weltordnung auf der Grundlage des Rechts und des friedlichen Ausgleichs zwischen den Völkern. Der Völkerbund ist für ihn der „Schlüssel des ganzen Friedens".
Max Warburg fährt am 31. März 1919 mit der deutschen Finanzdelegation von Weimar, wo die Nationalversammlung tagt und die Reichsminister arbeiten, nach Château de Villette in der Nähe von Compiègne. Die Deutschen werden sofort von der Außenwelt isoliert, der Schlosspark ist eingezäunt und von schwer bewaffneten Soldaten umstellt.
Die Sieger verhandeln nicht. Wochenlang müssen die Besiegten in dem alten Schloss warten. Über zweihundert Männer leben auf engem Raum zusammen, überlegen immer wieder, ob sie abreisen sollen, können nur weiter warten, kriegen Lagerkoller. Die Sieger sind mit sich selbst beschäftigt, mit der Regelung ihrer Schulden untereinander und dem Verteilen der Beute.
Auch als die Sitzungen der Finanzdelegation mit Vertretern der Alliierten beginnen, darf niemand die Deutschen besuchen, der Schlosspark bleibt von Militär umstellt. Manchmal dürfen sie unter Aufsicht einen Spaziergang machen. Die Isolierung wird unerträglicher. Warburg fasst die Sitzungen in einem Brief an seine Frau zusammen: „Hier rechnen sie uns taeglich Hunderte von Milliarden vor, die wir zahlen sollen, ohne dass sie sich ueber die Unmoeglichkeit solcher Zahlungen klar werden."
Zu Hause in Deutschland herrscht Bürgerkrieg. Freikorps bekämpfen Bolschewisten, die es gar nicht gibt. Die Freikorps sind Privatarmeen aus entlassenen Soldaten, die nicht nach

Hause gehen wollen oder können, ausgehungert, abgerissen, verwildert. Bekannte Offiziere haben sie um sich gesammelt wie Söldnerführer im Dreißigjährigen Krieg und bieten ihre Dienste gegen Geld an. Mit voller Deckung durch die Regierung verfolgen sie die Reste der Arbeiter- und Soldatenräte, durchsuchen Wohnungen, erschießen Tausende, die sie für Kommunisten halten. Die Räte haben mit der Einberufung der Nationalversammlung ihr Ziel erreicht, aber Reichspräsident Ebert traut ihnen nicht. Im Hintergrund nehmen, völlig unbehelligt, die alten Gewalten die Zügel wieder auf, in der Reichswehr, im Beamtentum.

Auch einem Max Warburg ergeht es nicht besser als einem kleinen idealistischen sozialdemokratischen Arbeiterrat in einem Berliner Ministerium: Er wird ausgeschaltet. Die Geschäftsstelle für die Friedensverhandlungen wird verwaltungs- und finanztechnisch an das Auswärtige Amt gebunden und dessen Kontrolle unterstellt und verliert ihre unabhängige Position. Die angeblich unpolitischen Beamten aus der Vorkriegszeit schalten die Wirtschaftsexperten aus, die fern in Frankreich auf Friedensverhandlungen warten. Deren bislang aktive Einflussnahme wandelt sich zur bloßen Hilfeleistung gegenüber dem Amt, das den „Primat der Außenpolitik" und das alte Großmachtstreben mit den gewohnten Männern fortsetzt.

In Frankreich dürfen die deutschen Finanzdelegierten nach Versailles reisen, am 25. April kommen sie in Automobilen dort an. Das Hôtel des Réservoirs ist ungemütlich, in allen Zimmern finden sie Abhörapparate, unter der Bedienung sind Spione. Das hat auch seinen Vorteil. Wollen sie der Presse oder der französischen Regierung etwas mitteilen, so brauchen sie es nur zu notieren und die Zettel auf ihren Tischen liegen zu lassen.

Endlich, am 7. Mai um drei Uhr nachmittags, versammeln sich die Vertreter der alliierten und assoziierten Regierungen im Hôtel Trianon. Die deutschen Hauptdelegierten werden hereingeführt, unter ihnen Warburg und Melchior. Die Alliierten lassen den Besiegten den Entwurf des Friedensvertrags überreichen, sie haben zehn Tage Zeit, ihn anzunehmen. Diskussionen gibt es nicht, sie dürfen schriftliche Bemerkungen machen. Wenn sie nicht annehmen, marschieren die Alliierten in Deutschland ein.

Dr. Carl Melchior, Teilhaber von M. M. Warburg & Co.,
ist von 1920 bis 1933 ein einflussreicher Mann bei den Verhandlungen über
die Reparationszahlungen.

In der folgenden Nacht und während des ganzen nächsten Tages studieren die Delegierten die Friedensbedingungen. Sie fühlen sich wie geschlagen, sind zutiefst erschreckt. Plötzlich ist von Kriegsschuld die Rede – sie verstehen das nicht, Deutschland hat doch einen Verteidigungskrieg geführt. Alle sind unter Schock, verwundet. Irgendwann an diesem Tag schreibt Max Warburg seiner Frau: „Es ist das schamloseste Dokument, das je geschrieben wurde. Ich habe nichts gegen einen Soldaten, der nur die Macht kennt und sie bis zum aeussersten ausnutzt. Aber der Welt eine neue Zeit verkuenden, von Liebe und Gerechtigkeit zu sprechen und dann einen Weltraubzug unternehmen, den Keim zu neuen Kaempfen legen und den Glauben an eine bessere Welt toeten, heisst die groesste Weltsuende begehen, die, in naechster Naehe zu erleben, entsetzlich ist."

Melchior fasst sich am schnellsten. Er schlägt Warburg vor, sie sollten hundert Milliarden in Gold bieten – eine unerhörte Summe, etwa zwei Drittel dessen, was die Sieger fordern: Wenn man sich die Sache so vom Hals schaffen könne, dann nur, wenn die Summe, die man biete, auch ordentlich sei. Melchior ist überzeugt, dass nur durch eine solche aufsehenerregende Offerte die Gegner an den Verhandlungstisch zu bekommen seien. Zahlbar in mehreren Jahren – das müsse man verhandeln. Warburg kann die ganze Nacht nicht schlafen, so regt ihn dieser kühne Plan auf.

Die übrigen Delegierten nehmen den Vorschlag einstimmig an und erreichen bei den Alliierten einen Aufschub von zehn Tagen. Mit einem Extrazug reisen sie nach Spa, wo sie den Reichsfinanzminister und den Reichswirtschaftsminister treffen. Hundert Milliarden Goldmark – die Reichsregierung hält das für völlig unausführbar. Doch nach tagelangen harten Diskussionen stimmt sie zu, und der Extrazug bringt die Delegierten nach Versailles zurück.

Aber Brockdorff-Rantzau und Melchior bekommen auch jetzt keine Gelegenheit, persönlich mit den entscheidenden Männern zu reden. Ihr Angebot von hundert Milliarden Goldmark lehnen die Sieger ab. Warburg sieht den Hauptwiderstand bei Frankreich. Die Franzosen hatten den Krieg im Land, haben zerstörte Straßen, zerschossene Häuser, der Stellungskrieg hat ganze Landschaften umgepflügt. Wenn der Versailler Vertrag unterschrieben wird, sagt Warburg zu einem Mitarbeiter des französischen Finanzministeriums, geht Deutschland bankrott und Frankreich einen Tag später. Der Franzose findet das unverschämt und verlangt, Warburg aus der Delegation zu entfernen. Noch nach zwei Jahren erzählt der französische Botschafter in Berlin empört dem englischen Botschafter, was Warburg gesagt hat: „Nous ferons faillite et vous ferez faillite avec nous."

Den endgültigen Vertragstext bekommen die Deutschen am 16. Juni 1919 mit der Aufforderung, den Vertrag innerhalb einer Woche zu unterzeichnen, sonst gehe der Krieg weiter. Die Delegierten fahren zum Bahnhof. Die Bevölkerung begleitet sie mit Geheul und Steinwürfen. Melchior trifft ein Stein am Hals, und seinem Assistenten Hans Mayer fliegt durch einen Steinwurf ins Auto ein Glassplitter ins Auge, den er aber entfernen kann. Im Zug nach Weimar beschließen sie einstimmig, der Regierung die Ablehnung des Friedensvertrages zu empfehlen: Eine Annahme würde zu Deutschlands wirtschaftlichem Ruin führen.

In Weimar legen sie ihre Ämter nieder. Im Kabinett stimmen sieben Reichsminister für, sieben gegen die Vertragsunterzeichnung. Hindenburg und Groener erklären, bei einem Vormarsch der Alliierten sei militärischer Widerstand aussichtslos. Die Regierung Scheidemann tritt zurück. Am 28. Juni fährt eine neue deutsche Delegation mit zwei neu ernannten Ministern nach Versailles und unterschreibt den Friedensvertrag.

Deutschland verliert 13 Prozent seines Territoriums und sechs Millionen Einwohner. Alle deutschen Kolonien und Besitzungen von Deutschen in Übersee sind verloren, ebenso ein großer Teil der Handelsflotte. Eine alliierte Reparationskommission wird in zwei Jahren, im Mai 1921, die Gesamthöhe der Zahlungen und einen Zahlungsplan vorlegen. Ab sofort muss Deutschland den Alliierten Güter, Rohstoffe, Gold und Devisen liefern.

Dieser Vertrag ist nicht der feste Boden für die internationale Wirtschaft und Politik, für den Max Warburg gearbeitet hat. Er kehrt nach Hamburg zurück. Dort hat der neu gegründete antisemitische Deutschvölkische Schutz- und Trutzbund, der ein Hakenkreuz als Erkennungszeichen führt, an der Börse Zettel verteilt, auf denen er Warburg als Miturheber des „Schmachfriedens" angreift.

Bankiers und Politiker

1.

Max Warburg ist voller Pläne und will versuchen, den Versailler Vertrag über seine Wirtschaftskontakte abzuändern. Doch die Angriffe auf ihn, die beleidigenden Briefe und Drohungen von rechts sind verstörend. Warburg, Melchior, Cuno, Witthoefft wirft man Deutschlands Erniedrigung vor, und Warburg und Melchior beschimpft man zudem als Juden. Die Rechten verknüpfen ihre Empörung über den Friedensvertrag mit der Dolchstoßlegende, die Hindenburg und Ludendorff im Herbst 1918 vor Warburgs Augen vorbereitet haben: Das Heer ist im Felde unbesiegt, die Linkskreise sind für den Zusammenbruch verantwortlich, für den Friedensvertrag, die Misere der Gegenwart.
Die beiden Vorhaben, die Warburg hauptsächlich beschäftigen, sind eng miteinander verzahnt: der Wiederaufbau seiner Bank, die große Teile ihres Vermögens durch den Verlust des Krieges eingebüßt hat, und der Wiederaufbau Europas. Die Bank muss sich wieder an internationalen Kreditgeschäften beteiligen, dazu braucht er ein internationales friedliches Wirtschaftssystem. Wenn die Politiker dieses Wirtschaftssystem nicht zustande bringen, dann schaffen es vielleicht die Bankiers.
Er reist in die Schweiz und trifft sich in St. Moritz mit seinem Bruder Paul. Paul lebt nun in New York an der East 80th Street Nr. 17 in einem 65-Zimmer-Haus, 2000 Quadratmeter, und spottet gern über den aufwendigen Lebensstil von Felix. Sie haben alle so lange nichts voneinander gehört. Erst im Juni hat ein Mittelsmann ihrer Mutter Charlotte einen Brief von Felix geschickt.
Max und Paul bemühen sich gemeinsam mit schweizerischen Banken, eine Finanzierung des deutschen Handels in Gang zu bringen. Die Brüder entwickeln das Projekt einer internationalen Akzeptbank, mit deren Hilfe Deutschland wieder Zugang zum internationalen Kapital finden kann. Nur mit Anleihen ist die deutsche Währung vor einer weiteren Entwertung zu retten. Die Brüder nehmen an einem Treffen amerikanischer, holländischer, französischer, schwedischer, dänischer, schweizerischer, englischer Bankiers im Oktober 1919 in Amsterdam teil, im Privathaus des Direktors der Nederlandsche Bank.

Die Bankiers empfinden es als Wohltat, nach den Heimlichkeiten von Versailles offen über den Wiederaufbau Europas sprechen zu können. Sie diskutieren die verwickelten Probleme der Schulden zwischen den Alliierten und der Reparationen. Das Ergebnis der Konferenz ist ein Apell an internationale Großbanken, ohne Einwirkung der Politiker Wiederaufbauanleihen an Frankreich und Deutschland zu geben. Die Bankiers warnen davor, die Entschädigung aller Kriegskosten von Deutschland zu erzwingen, Deutschland könne Zahlungsverpflichtungen nur durch eine Steigerung der Exporte erfüllen, eine Steigerung der Exporte bedeute aber eine Verringerung der Exporte der Siegerländer.

Eine Denkschrift der Bankiers und damit die Forderung nach einer Abänderung des Versailler Vertrages unterschreiben 141 Persönlichkeiten aus der Wirtschaft, der Politik und Wissenschaft und übergeben sie ihren Regierungen. Der Reichskanzler erhält sie von den Bankiers Warburg und Urbig von der Disconto-Gesellschaft. Aber die Reaktion der Politiker und Ministerialbeamten bleibt flau. Die Reichsbank allerdings beruft Max Warburg in ihren Zentralausschuss, in dem die bedeutendsten Bankenvorstände und Privatbankiers vertreten sind. Auch das Reichsbankdirektorium macht einen Stop der Inflation vorrangig von der Revision einer Reihe von Bestimmungen des Versailler Vertrages abhängig.

Warburg sieht auf das Jahr 1919 mit tiefer Enttäuschung zurück. Bedrückt schreibt er seinem Freund, dem Bankier Carl Otto Henriques, nach Kopenhagen: „Weise ist man nur, wenn es einem schlecht geht. Daher bin ich jetzt so klug."

Langsam geht es mit der Warburg-Bank aufwärts, aber große Gewinne auf dem Papier bedeuten wenig, die deutsche Mark verliert rasant an Wert. Warburgs müssen ihre Zuwendungen an die Talmud-Tora-Schule kürzen, an das Israelitische Krankenhaus, das Mädchen-Waisenhaus Paulinenstift. Der finanzielle Verfall des Bürgertums breitet sich nach allen Seiten aus, die Zukunft ist für Max Warburg ein einziges großes Rätsel.

Er gründet die Forschungsstelle für die Kriegsursachen – im Februar 1921 wird sie in Archiv der Friedensverträge umbenannt, zwei Jahre später in Institut für Auswärtige Politik – und bringt sie im Haus seines Bruders Paul auf dem Kösterberg unter. Die Gründung geht auf einen Plan zurück, den er, Melchior und Brockdorff-Rantzau in den Wochen des Wartens in Frankreich entwickelt haben.

Leiter dieses ersten Friedensforschungsinstituts Deutschlands ist Albrecht Mendelssohn Bartholdy. Das Institut hat die Aufgabe, die Ursachen des Krieges und die Legitimität des Friedensvertrages zu erforschen.

Max Warburg wird 1921 Ehrendoktor der Rechts- und Staatswissenschaften der neuen Universität Hamburg, die es seit 1919 gibt. Er ist viel unterwegs, diktiert jetzt manchmal auch seine Briefe an Alice seiner Sekretärin Fräulein Hasse im Auto oder im Zug. Sein Bruder Aby ist sehr krank, er lebt in Kreuzlingen am Bodensee in der Privatklinik des Psychiaters Ludwig Binswanger, der einen „manisch-depressiven Mischzustand" diagnostiziert hat. Max stellt den Kunsthistoriker Fritz Saxl als kommissarischen Leiter der Bibliothek ein.

Erich hat seine Berufsausbildung 1918 bei der Disconto-Gesellschaft in Berlin begonnen, hat nach Frankfurt in das Bankhaus J. Dreyfus & Co. gewechselt und von dort in das Hochofenwerk Lübeck der Familie von Kurt Hahn, an dem M. M. Warburg & Co. beteiligt sind. Danach ging er zu N. M. Rothschild & Sons in London, und nun bereitet er sich in Hamburg auf seine weitere Ausbildung in New York vor.

Paul Warburg gründet die geplante International Acceptance Bank, an der ein europäisches Bankensyndikat unter Führung von M.M.Warburg & Co. beteiligt ist, und wendet sich besonders der Finanzierung amerikanischer Rohstoffexporte nach Deutschland zu. Die neue Bank entwickelt rasch ein umfangreiches Geschäft. M.M.Warburg & Co. legen ihre Gewinne und einen großen Teil ihres Kapitals in Auslandsvaluta an, um den schlimmsten Folgen der Inflation zu entgehen.

Max Warburg kämpft um eine gesunde Währung. Auf dem V. Allgemeinen Bankiertag sagt er, nichts könne zum Erfolg führen, wenn auf der Grundlage des Friedensvertrags weitergearbeitet werden soll. Niemals habe es eine größere Geschäftstransaktion gegeben als diesen Friedensvertrag.

2.

Keine Reichsregierung hält sich lange im Amt, immer wieder beunruhigen Reichstagswahlen das Land, die Zahl der Radikalen rechts und links nimmt zu. Max Warburg, Mitglied der Deutschen Volkspartei mit Gustav Stresemann, sieht sich selbst „in der Mitte“. Er geht zu den Herrenabenden des Hapag-Vorstandsmitglieds Arndt von Holtzendorff in der Berliner Victoriastraße, die Ballin im Krieg eingerichtet hat, und pflegt damit jetzt auch beste Verbindungen zu Ebert und führenden Sozialdemokraten.

Die Hamburger Kaufleute wünschen mehr Einfluss auf Außenpolitik und Innenpolitik, doch die Reichsbeamten drängen sie weiter ab. Der Privatbankier John von Berenberg-Gossler ist Botschafter in Rom geworden, aber der Reichskanzler will ihn wieder entlassen, weil er seiner Aufgabe nicht gewachsen sei. Warburg schaltet sich über seine Berliner Kontakte ein und nennt die Anwürfe gezielte Machenschaften der „alten Garde“ im Auswärtigen Amt. Daraufhin teilt der Außenminister dem Botschafter mit, man wolle ihn halten. Doch Berenberg-Gossler hat genug und reicht seine Entlassung ein.

Auch die Repräsentanten der Wirtschaft sind sich nicht einig. Carl Melchior ist auf den zahlreichen Konferenzen über die Reparationszahlungen dabei. In Spa greift Hugo Stinnes ihn als Juden an, der Ruhrkohlenmagnat, den Religion überhaupt nicht interessiert. Der Grund: Die Franzosen verlangen Kohlen als Reparationsleistung, was Stinnes ablehnt, der lieber den Einmarsch der Franzosen in das Ruhrgebiet riskieren will. Melchior, Rathenau, Dernburg und andere halten einen Einmarsch für ein Unglück und stimmen für eine Einigung mit den Alliierten. Der Streit eskaliert und führt zur Veröffentlichung eines Briefes von Stinnes in der Presse, in dem er deutsche Vertreter in Spa angreift, die „aus einer fremdländischen Psyche heraus“ den deutschen Widerstand gegen unwürdige Zumutungen gebrochen hätten.

Max Warburg: „Es gibt eben wenige Leute in einflußreicher politischer Stellung, die das billige und wirksame Mittel des Antisemitismus nicht benutzen.“ Er lässt Stinnes wissen, man werde trotz vieler Berührungspunkte nicht mehr mit ihm zusammenarbeiten.

Im April 1921 setzen die Alliierten die deutsche Gesamtschuld auf 132 Milliarden Goldmark fest. Wenn ihr Zahlungsplan nicht angenommen wird, werde das Ruhrgebiet besetzt. Die deutsche Regierung tritt zurück, der nächste Kanzler nimmt den Zahlungsplan an, weil er ein Auseinanderbrechen Deutschlands und eine furchtbare Arbeitslosigkeit befürchtet. Damit beginnt die berühmte „Erfüllungspolitik", die die Rechten bitter bekämpfen. Melchior und Warburg unterstützen die Erfüllungspolitik: Sie werde die Inflation beschleunigen, aber mit ihren Folgen nicht Deutschland allein, sondern die gesamte Weltwirtschaft treffen. Sie werde zu einer Katastrophe führen, die man aber überwinden könne, während der Verlust von deutschen Gebieten wohl endgültig wäre.

Max Warburg fühlt sich zunehmend bedroht und in seiner politischen Handlungsfähigkeit behindert. Zwei entlassene Offiziere erschießen im August 1921 Reichsfinanzminister Matthias Erzberger vom Zentrum, den die Rechte hasst als Initiator der Friedensresolution 1917, Leiter der Waffenstillstandsdelegation und Befürworter der Unterzeichnung des Friedensvertrags. Nach dem Mord beschließt Warburg, die Hochzeit seiner Tochter Lola mit Rudolf Hahn vorsichtshalber nicht in der Synagoge, sondern im Mittelweg 17 stattfinden zu lassen. Rudolf Hahn, ein Bruder von Kurt Hahn, war Volontär bei M.M. Warburg & Co., segelte mit Erich und verliebte sich in dessen schöne Schwester Lola. Er arbeitet im Familienunternehmen der Hahn'schen Röhrenwerke. Max Warburg gibt es aus Sicherheitsgründen nun ganz auf, in die Synagoge zu gehen.

Walther Rathenau ist jetzt Außenminister und bietet Warburg und Melchior mehrfach Ministerämter und Botschafterposten an, doch beide lehnen ab. Sie halten das für zu gefährlich für Juden. Aber der Bankier Warburg macht weiter Druck auf Politiker. Die Mark verliert an Wert, das Reich wird im nächsten Jahr nur 250 Millionen an Belgien bezahlen können. Ein Ausweg aus der Gefahr des Zusammenbruchs wäre eine internationale Anleihe, mit der Deutschland erst einmal Frankreich bezahlen könnte. In einer Besprechung mit dem Reichskanzler, dem Außenminister, dem Reichsfinanzminister, Bankiers und Industriellen über die Frage, wie man Geld für Reparationen auftreibt, sagt Warburg: „Die Banken würden bereit sein,

Anleihen aufzunehmen, um dadurch die Währungskatastrophe zu beseitigen, wenn in der Zwischenzeit versucht würde, die unerfüllbaren Bedingungen abzuändern." Aber wieder trennen Bankiers und Politiker sich ergebnislos.

3.

Max Warburg will die Ära der Nur-Politiker und Nur-Kaufleute beenden, Bankiers und Politiker müssen endlich an einem Strang ziehen. Als ein Bekannter ihm von der Idee einiger Hamburger Herren berichtet, eine Gemeinschaft aus Kaufleuten, Industriellen, Reedern und Wissenschaftlern zu gründen mit dem Fernziel, die deutschen Wirtschaftsinteressen im Ausland wieder aufzubauen, schaltet er sich ein und stößt Diskussionen und Vorarbeiten an, die nach mehreren Monaten zur Gründung des Übersee-Clubs führen. Erster Präsident wird Wilhelm Cuno. Warburg bleibt, wie so oft, in der zweiten Reihe – im sechsköpfigen Präsidium –, doch die große Rede bei der Eröffnung des Clubs am 27. Juni 1922 will er halten.

Er arbeitet an seiner Rede: „Im Deutschen Reiche ist vor 1914 die innerpolitische Entwicklung in Bahnen gehalten worden, aus denen sich die wirtschaftliche Entwicklung längst entfernt hatte. Träger unserer Politik blieben auch damals fast ausschließlich diejenigen Kreise, die vordem Träger unserer alten Binnenwirtschaft mit überwiegend landwirtschaftlicher Betätigung gewesen waren." Das ist sehr zart ausgedrückt, doch jedem Eingeweihten verständlich: Die Junker hatten alles in der Hand und dabei keine Ahnung von Wirtschaft und Politik. „Hier Wandel zu schaffen, ist die ideelle Mission Hamburgs. Bei uns bestand von jeher die Einheit wirtschaftlichen und politischen Handelns, dienten dieselben Persönlichkeiten, die in der Wirtschaft führend waren, zugleich dem öffentlichen Wohl. Und deshalb darf und muss sich heute Hamburg berufen fühlen, mit der Einheit seiner politischen und wirtschaftlichen Auffassungen das Reich zu durchdringen."

Das ist Max Warburgs politisches Verständnis, und so handelt er, ein Hamburger, der die Zuständigkeiten der alten Commerzdeputation – der Vorläuferin der Handelskammer – im ganzen Reich verwirklichen will. Und natürlich will er, was die Commerzdeputation immer wollte: „Unter ‚Freihandel' verstehe ich

nicht den Kampf gegen Schutzzölle allein, sondern vornehmlich die Befreiung des Handels und der Produktion von staatlichen Fesseln." Er stellt sich in die Tradition der hanseatischen Kaufleute, die durch die Commerzdeputation Wirtschaft und Politik in Hamburg beherrschten – das ist lange her, was ihn aber nicht stört, im Gegenteil: Ihm geht es um die Legitimation seines Standpunkts durch Tradition.
Anschließend prüft er den Versailler Vertrag auf Freiheit und Gerechtigkeit, auf Wilsons große Versprechungen, will aufräumen mit „dem Märchen unserer Schuld am Kriege". Wir müssen verlangen, will er sagen, „daß die Reparationssummen auf das ausführbare reduziert werden". Er wird von Tribut sprechen, von Raub am Privateigentum, von einem „wirtschaftlichen Raubzug".
Seine Rede ist noch nicht fertig, als Polizeipräsident Hugo Campe ihn bittet, an der Gründungsveranstaltung im Haus der Patriotischen Gesellschaft nicht teilzunehmen, weil ein Attentäter ihn töten will.

In Todesgefahr

Auf der Königsallee überholt ein schnelles Auto den Wagen, mit dem Außenminister Walther Rathenau am Morgen des 24. Juni 1922 von Berlin-Grunewald ins Amt fährt. Schüsse aus einer Maschinenpistole treffen Rathenau, eine Handgranate explodiert. Eine Krankenschwester, die an einer Bushaltestelle gewartet hat und den Minister nicht erkennt, steigt in Rathenaus Wagen und stützt ihn. Seine Augen blicken zu ihr auf, aber er kann nicht mehr sprechen, weil sein Kiefer zerschmettert ist. Man bringt ihn in sein Haus zurück, und dort stirbt er.
Max Warburg ist erschüttert. Rathenau stand ihm nahe, viele Erlebnisse verbanden sie. Rathenau hat ihn auf dem Kösterberg besucht, er Rathenau in seinem Schlösschen Freienwalde, sie haben lange Briefe gewechselt. „Es mag sehr wohl sein, daß dieser Mord der Auftact zu weiteren Unruhen ist", schreibt Warburg seinem Bruder Paul.
Noch am Tag des Attentats stellen Reichsregierung und Reichspräsident die Verunglimpfung des Staates und seiner Träger unter Strafe. Eine halbe Million Menschen nehmen in Berlin an

einer Trauerdemonstration im Tiergarten teil. In Hamburg verbietet die Bürgerschaft zwanzig rechtsradikale Vereine.
Polizeipräsident Campe rät Max Warburg, seine Zeiteinteilung zu ändern und das Haus zu unterschiedlichen Zeiten zu verlassen. Ein Polizeileutnant werde ihn bewachen. Anfangs lehnt Warburg ab, sich zu verstecken. Doch Philipp Scheidemann ist drei Wochen zuvor von zwei Mitgliedern der geheimen Organisation Consul überfallen worden, eine Spritze mit einer Säure sollte ihn töten, das Gift versagte. Der Schutz- und Trutzbund verlangt jetzt, dass ein „Deutsches Volksgericht" diejenigen aburteile, die Schuld seien, dass Deutschland den Krieg verlor: auch Warburg. Von nun an fahren er und sein Bruder Fritz in vergitterten Autos und unter Polizeischutz vom Kösterberg ins Büro.
Die Hamburger Polizei ist in höchster Alarmbereitschaft, Sprengstoffattentate der Organisation Consul erschüttern die Stadt. Am Tag vor der Eröffnung des Übersee-Clubs erfährt die Polizei den Namen des möglichen Warburg-Attentäters: Ein Mann namens Niedrig sagt aus, Christian Ilsemann von der Organisation Consul habe den Auftrag, Warburg während seiner Rede zu erschießen. Niedrig sagt auch, sein Vorgesetzter in der geheimnisvollen Organisation heiße Warnecke. Ihr Kommando habe die Aufgabe, zwölf Juden zu beseitigen, die behaupteten, dass dreihundert Juden die ganze Welt regieren könnten. Diese zwölf wollten das Deutsche Reich zerstückeln, der Kommunismus habe dann gewonnenes Spiel. Nach Niedrigs Angaben findet die Polizei Warnecke. Dem ist nur einer dieser zwölf Juden erinnerlich, die bloß festgenommen, aber beim geringsten Fluchtversuch erschossen werden sollen: Max Warburg.
Die Rede im Übersee-Club verliest am 27. Juli ein anderer Kaufmann. Warburg zieht in die Wohnung seiner Schwägerin Dora Magnus, die verreist ist. Der Leibwächter ist immer bei ihm, schläft mit ihm im selben Zimmer, isst mit ihm. Am ersten Abend spielt Warburg mit ihm Schach, aber der Mann spielt miserabel. Am nächsten Morgen stehen im Frühstückszimmer zwei Männer – die Maler. Sie haben gerade den Balkon gemalt, das Haus hat außen ein Gerüst. Warburg zieht zu einer Cousine.

Der Gemeindevorstand beglückwünscht ihn schriftlich, dass er bislang unverletzt geblieben sei. Warburg antwortet: „Die auf mich wegen meines Judentums erfolgten Angriffe bringen mich diesem nur näher."

Rechtsradikale schlagen Maximilian Harden zusammen und verletzen ihn lebensgefährlich. Hugo Stinnes schreibt umgehend an Warburg, er sei bereit, „alles zu tun, was zur Bildung einer Einheitsfront der staatserhaltenden Elemente dient". Stinnes meint, jetzt müsse jeder anständig denkende Mensch den Juden Hilfestellung geben, gegen die jetzt beliebten Äußerungen eines blöden Antisemitismus könne man gar nicht zu scharf angehen. Warburg ist für ihn einer der konservativen, anständigen Juden, die nun „gar nicht wissen, wohin sie sich wenden sollten". Warburg bedankt sich, die Frage sei aber, ob der Mord lediglich eine „Episode" sei oder aber „der Ausgangspunkt für eine Reinigung und Einigung".

Die Polizei stellt Rathenaus Mörder Mitte Juli, alle gehören der Organisation Consul an. Die Polizei umzingelt die Offiziere Kern und Fischer in den Ruinen der Burg Saaleck. Die Mörder bringen ein letztes Hoch auf Kapitän Ehrhardt aus und erschießen sich. Der Student Techow, der Fahrer des Autos, wird in Frankfurt an der Oder verhaftet.

Kapitän Hermann Ehrhardt stand hinter den Mordplänen für Rathenau und Warburg. Das hat die Forschung erst viele Jahre später herausbekommen: Ehrhardts Untergebene schwiegen bis zu seinem Tode 1971. Seit Verhörprotokolle der Polizei und Wehrmachtsakten für die Forschung freigegeben sind, zeigt sich, wie Freikorps, Nationalsozialisten und Reichswehr verstrickt waren. Die Organisation Consul wurde nach 1945 bei der Anrechnung von Dienstzeiten für die Rente als inoffizielle Heeresformation und ebenso wie die Wehrmacht eingestuft.

Kapitän Ehrhardt hat nach Kriegsende in Wilhelmshaven dreihundert Marineoffiziere zum Kampf gegen die ‚Novemberverbrecher' um sich versammelt, die dem angeblich unbesiegten Heer in den Rücken gefallen seien. Aus diesem Trupp ging das Freikorps „Brigade Ehrhardt" hervor. Reichswehrminister Noske setzte es in Berlin ein, in München, Thüringen, gegen streikende Arbeiter in Oberschlesien. Seit Januar 1920 trugen die Mitglieder ein Hakenkreuz am Stahlhelm.

Als Noske auf Verlangen der Alliierten die Auflösung der Marinebrigaden zum 10. März 1920 verfügte, rief General Lüttwitz die Brigade Ehrhardt zum Widerstand gegen den Minister auf. Noske setzte Lüttwitz ab, doch die Brigade marschierte nach Berlin und besetzte das Regierungsviertel: Das war der Kapp-Lüttwitz-Putsch, der an einem Generalstreik der Beamten, Soldaten und Arbeiter scheiterte. Ehrhardt floh, aber die Brigade marschierte erst, nachdem Reichswehrchef Seeckt ihr Schutz vor Verhaftungen zugesichert hatte, aus Berlin ab – mit Gesang und fliegenden Fahnen. Als am Brandenburger Tor Buhrufe aus einer Menschenansammlung ertönten, feuerte sie mit Maschinengewehren in die Menge. Zwölf Tote und dreißig Schwerverletzte blieben auf dem Pariser Platz liegen.
Seeckt gliederte im Mai 1920 Teile der Brigade in die Reichsmarine ein. Die übrigen standen vor dem Nichts. Wegen Beteiligung am Putsch erging gegen Ehrhardt ein Haftbefehl. Er floh nach München und machte aus dem Rest seiner aufgelösten Brigade die geheime Organisation Consul: Er versteckte sich unter dem Decknamen Consul Eichmann. Ein Jahr später gründete Ernst Röhm den NSDAP-Versammlungsschutz, der seit November 1921 Sturmabteilung hieß, SA, und ernannte Ehrhardt zu dessen erstem Führer. Nach dem Rathenau-Mord ist Ehrhardt nach Ungarn geflohen.

Die Polizei in Hamburg findet den Attentäter Ilsemann nicht, und Warburg muss Hamburg verlassen. Ehe er fährt, entwirft er einen „Versöhnungsaufruf“ und bittet prominente Hamburger, ihn zu unterzeichnen. Doch nur wenige Angeschriebene sind bereit, öffentlich gegen den Antisemitismus aufzustehen.
Warburg reist mit seiner Frau nach Holland, und sie verleben einige ruhige Wochen bei alten Bekannten, doch er hält das untätige Leben nicht aus und kehrt nach Hamburg zurück. Die Mark fällt rapide, der französische Ministerpräsident Poincaré behauptet, Deutschland habe selbst die Entwertung herbeigeführt, seine Rede ruft eine Mark-Panik hervor. Die Regierung in Berlin zieht Melchior und Warburg zu Beratungen hinzu, fragt beinahe alle Finanzexperten um Rat, bittet Warburg, in die USA zu fahren und mit Bankiers und Politikern zu sprechen, die Deutschland helfen könnten. Das ist nicht sein einziger Reise-

grund: Er muss sich und seine Familie in Sicherheit bringen. Hugo Stinnes redet vor der Abreise im September lange mit ihm und berichtet danach: Warburg „rechnet mit Pogromen gegen die Juden und nimmt an, daß zum Schluß kein anständiger gebildeter Mensch mehr seines Lebens sicher sein werde".

In New York wohnen Max und Alice bei Friedaflix an der Fifth Avenue. Felix sorgt sich um die Sicherheit des Bruders. Paul fährt mit Max nach Washington und arrangiert Treffen mit dem Wirtschaftsminister, dem Außenminister, dem Finanzminister, und Max hofft wieder, dass man Wirtschaftsfachleute an einem Tisch zusammenbringen könne, um über eine Verminderung der Reparationen zu verhandeln.

Die Polizei in München verhaftet Ehrhardt im November 1922, er arbeitete an Putschplänen für einen Marsch auf Berlin. Max Warburg kehrt sofort auf der AQUITANIA zurück.

In Berlin wird gerade eine neue Regierung gebildet, die achte in drei Jahren. Diesmal wird Wilhelm Cuno Reichskanzler, Generaldirektor der Hapag und wie Warburg Mitglied der Deutschen Volkspartei, der Partei von Besitz und Bildung. Trotzdem ist Warburg nicht ganz zufrieden. Er hätte gerne Gustav Stresemann im Kabinett gesehen, als Außenminister, und überhaupt statt der Koalition aus Volkspartei, Deutschnationalen, Demokraten und Zentrum eine große Koalition mit den Sozialdemokraten.

Warburg und Melchior sind prinzipiell bereit, Reichsministerien zu leiten, meinen aber beide, dass es immer noch unmöglich sei, als Jude ein so hohes Staatsamt zu übernehmen: An eine ruhige Arbeit wäre bei der antisemitischen Hetzpropaganda nicht zu denken. Man würde sie immer beschuldigen, nur im international-jüdischen Interesse zu handeln.

Inzwischen korrespondiert Max Warburg wieder mit Hugo Stinnes und diskutiert mit ihm über die bösartig-verquasten antisemitischen Anschauungen Ludendorffs. Die „Judenfrage", schreibt Warburg, sei eine Frage, die überall dort aufkomme, wo Minoritäten leben. Für radikale Lösungen gebe es keine Rechtfertigung, und schon gar keine, die sich aus dem Verhalten der Juden in Deutschland ableiten ließe. „Jedes Land hat seine eigenen Juden zu verdauen; nur so ist die Lösung denkbar.

Und sie ist in Wirklichkeit absolut nicht schwer in einem Lande wie Deutschland, wo deutsche Kultur und deutsche Zivilisation die seit vielen Generationen im Lande lebenden Juden so erzogen haben, daß sie – Ausnahmen gibt es hüben und drüben und sie dürfen das wirkliche Gesamtbild nicht trüben – nur Deutschland als Vaterland empfinden."

Warburg kämpft um Hugo Stinnes – wie in seiner Denkschrift 1916 – mit den Argumenten der Aufklärung. Er hält an einem Staat fest, der auf vernünftiger Verabredung seiner Bürger beruht, und nimmt Nützlichkeit zum Maßstab ihres Handelns. „Ich glaube nur an die Zukunft eines Staates, der alle seine Mitbürger zur Arbeit und Liebe heranzieht, die in der Schicksalsgemeinschaft Jahrzehnte und Jahrhunderte ihre Zugehörigkeit zum Staate bekundet haben. Diese gemeinsamen Erlebnisse, diese gemeinsamen Opfer sind der Kitt für das Staatsgebäude. Wer will mir mein Vaterland, mein Zugehörigkeitsgefühl nehmen, wenn ich nachweisen kann, daß meine Familie sowohl väterlicher- wie mütterlicherseits seit über vierhundert Jahren in Deutschland ist, und daß meine Vorfahren die Vergangenheit Deutschlands miterlebt und (an ihr) in verschiedener Weise, wie jeder Deutsche, zu ihrem bescheidenen Anteil mitgearbeitet haben? Diese Schicksals- und Kulturgemeinschaft ist die Grundlage für den Staat."

Die sechs Goldenen Zwanziger Jahre

1.

Journalisten in der britischen, französischen und amerikanischen Presse sind sich nicht einig, ob Reichskanzler Cuno die rechte Hand des Bankiers Max Warburg oder des Ruhrindustriellen Hugo Stinnes ist. „Ich beschränke meine Aktivität auf das Geschäft und darauf, meine Meinung – wenn ich gefragt werde – als Experte für rein finanzielle und finanztechnische Fragen abzugeben", teilt Warburg dem *Daily Express* in London mit. „Die Herren in Berlin holen oft meinen Rat ein, machen aber unweigerlich das Gegenteil dessen, was ich rate. Wenn sie bloß das nicht täten, wäre die Welt in einem viel besseren Zustand als sie gegenwärtig ist." Seine hauptsächliche Beschäftigung sei die eines Philosophen.

Die Deutschen liefern im Dezember zu wenig Holz ab und im Januar zu wenig Kohle, und die Franzosen besetzen am 9. Januar 1923 das Ruhrgebiet als Pfand. Die Reichsregierung ruft die Bevölkerung im Ruhrgebiet zum passiven Widerstand auf, zum Generalstreik. Den Streik finanziert Deutschland mit ungedecktem Geld aus der Notenpresse. Im April kostet ein Dollar 20 000 Mark, Anfang August eine Million.

Bei M.M.Warburg & Co. in der Ferdinandstraße fahren Autos vor, die Bargeld in Waschkörben anliefern. Staatsanleihen, Hypotheken, Pfandbriefe, Sparkassenguthaben werden wertlos. Das Bürgertum verarmt weiter, die Arbeiter und ihre Familien hungern. Die Bank zahlt die Gehälter täglich um zwölf Uhr mittags aus, eine Stunde ehe der neueste Dollarkurs um 13 Uhr an der Börse bekannt gegeben wird, und Schalterbeamte und Sekretärinnen laufen sofort in die Geschäfte an der Mönckebergstraße, um in dieser einen Stunde einzukaufen, ehe die Preise wieder um einige Millionen steigen.

In der Bank hört die normale Geschäftstätigkeit auf. Doch die Bank kann der Hamburg-Amerika Linie durch die International Acceptance Bank einen Kredit von zwei Millionen Dollar vermitteln und für Hamburg gemeinsam mit drei anderen Privatbanken eine sechsprozentige Anleihe über eine Million Pfund Sterling abschließen, damit die Stadt Löhne und Gehälter zahlen kann. Im September kostet ein Dollar hundert Millionen Mark. Max Warburg gründet mit anderen die Hamburgische Bank von 1923, die ein eigenes Notgeld herausgibt, um der Hamburger Wirtschaft eine stabile Währung zur Verfügung zu stellen: eine dollarbasierte Goldmarkwährung in Form von „Verrechnungsanweisungen".

Gustav Stresemann macht aus Chaos und Katastrophe die „Goldenen Zwanziger Jahre". Cuno ist längst zurückgetreten, seit Mitte August 1923 führt Stresemann eine Regierung aus SPD, Deutscher Demokratischer Partei (DDP), Zentrum und Deutscher Volkspartei (DVP) – das ist die Regierung der Mitte, die Max Warburg anstrebt, die Weimarer Koalition. Stresemann bricht den passiven Widerstand an der Ruhr ab, legt die Notenpresse still und führt eine neue Währung ein. Putsche von Kommunisten in Hamburg und Nationalsozialisten in München schlägt er nieder, wobei er härter gegen links als gegen

rechts vorgeht. Die neue Währung ist die „Rentenmark“, die nominell auf den industriellen und landwirtschaftlichen Vermögenswerten Deutschlands basiert. Reichspräsident Ebert ernennt Reichswährungskommissar Hjalmar Schacht, einen alten Freund Stresemanns, zum Präsidenten der Reichsbank – auf Lebenszeit. Max Warburg hat Schacht im Krieg in Belgien kennengelernt: „Ein tiefer Denker, Forscher, ein theoretisch gut vorgebildeter Mann ist er nicht, aber ein kluger, wenn auch nicht ganz mündelsicherer Mann.“ Er ist eitel, ein Narziss, arrogant, hochmütig, aber auch mutig und ein anerkannter Bankier. Er stellt 1924 die Mark auf Goldbasis und macht am 1. Oktober 1924 aus der Rentenmark die Reichsmark. Durch den Währungsschnitt werden die Kriegsanleihen wertlos: Das Reich ist seine Kriegsschulden nach innen losgeworden.
Stresemann ist keine dreieinhalb Monate lang Reichskanzler. Aber in der nächsten Regierung wird er Außenminister.

Im November hat es in Berlin ein Pogrom gegen die Ostjuden gegeben, die aus Polen nach Deutschland einwandern. Leute schrien „Bringt die Juden um!“ und plünderten Geschäfte. In Hamburg hören Angestellte von M.M.Warburg & Co. auf den Straßen hetzerische Reden gegen Max Warburg. Familie und Freunde drängen ihn, die Stadt zu verlassen. Er fährt nach London und reist im Dezember die USA. Weihnachten ist er wieder zu Hause. Die Polizei erlaubt ihm, acht Bankangestellte mit Schusswaffen auszurüsten.

Max Warburg sieht Hjalmar Schacht regelmäßig. Die vierzig Mitglieder des Zentralausschusses der Reichsbank, dem Warburg von 1919 bis 1925 angehört, treffen sich einmal im Monat im großen Sitzungssaal der Reichsbank, dem Kaisersaal: An den Wänden hängen noch die lebensgroßen Porträts der Hohenzollernkaiser Wilhelm I., Friedrich III. und Wilhelm II. Boten, Diener und Läufer tragen Livreen aus blauem Tuch mit rotem Kragen und vergoldeten Knöpfen. Manche sind aus der kaiserlichen Hofhaltung zur Reichsbank gekommen und wissen vorzüglich mit Gästen, Porzellan und Weinen Bescheid.
Warburg scheidet aus, weil er in den neuen Generalrat der Reichsbank gewählt wird. Der Generalrat ist ein Kontroll-

gremium aus sieben ausländischen und sieben deutschen Mitgliedern. Die Reichsbank verwaltet die Reparationszahlungen, und ein neues Bankengesetz hat sie nun von der Reichsregierung unabhängig gemacht: Die Regierung darf Gelder nur bis zu bestimmten Grenzen anfordern. Schacht hat Warburg im Verteilungsproporz als Privatbankier und Vertreter der Wasserkante – also Norddeutschlands – vorgeschlagen.

Doch der Einfluss der Bankiers auf die Politiker sinkt. Die Regierung versucht, die Währungszerrüttung mit Verordnungen aufzuhalten, und die Bankiers haben es immer schwerer, ihr Interesse an einem freien Außenhandel gegen die Schwerindustriellen im Sachverständigenstab der Regierung zu verteidigen. Die große Zeit des Einflusses der Hamburger Kaufleute und Max Warburgs ist vorbei.

2.

Zahlreiche alte Familienfirmen in Hamburg sind zusammengebrochen oder in anderen Unternehmen aufgegangen. M.M. Warburg & Co. haben die schwierigen Inflationsjahre überlebt, und Max Warburg leitet die Bank energisch und zielstrebig. Morgens um zehn findet eine Chefbesprechung zur allgemeinen wirtschaftlichen Lage und zu Finanzfragen statt. Manchmal trägt er Investitionsideen vor, die ihm beim Zeitunglesen zwischen fünf und sechs Uhr früh eingefallen sind. Er prüft, verwirft, sucht neue praktische Wege, und es irritiert ihn, wenn er nur Einwände und Zweifel hört. Gegenvorschläge interessieren ihn.

Jeden Tag geht er durch die Büros der Bank und lässt sich von den Mitarbeitern erzählen, was es Neues, welche Probleme es gibt. Wenn einer nichts weiß oder ein anderer weitschweifig berichtet, reagiert er ungehalten. Er schenkt jedem Mitarbeiter einen Lederblock mit dem eingeprägten Text: „Was sage ich M.M.W. heute in 5 Minuten?“

Sein Sohn Erich arbeitet nach einer dreijährigen Ausbildung in den USA nun ebenfalls in der Bank. Der Sohn beobachtet den Vater im Büro und bewundert seine leichte und glückliche Hand, die gute Laune, mit der er seinen Mitarbeitern die Mühsal des Tages erleichtert. Er fordert viel von ihnen, aber inspiriert sie gleichzeitig mit der Passion, die sie zur Bewältigung

ihrer Aufgaben brauchen. Der Vater wird in der Ferdinandstraße geliebt und bisweilen gefürchtet, aber man weiß, woran man ist mit dem strengen Chef.
Er hat ein untrügliches Situationsgefühl, das von seiner Menschenliebe gelenkt wird: Er spürt, was in anderen vorgeht, und nimmt lebhaften Anteil an ihrem Schicksal. Bei flüchtiger Bekanntschaft überwiegt der Eindruck des Lebenskünstlers, des weltgewandten Diplomaten, der delegieren kann und sich nicht im Detail verliert. Doch ist ein anderes Wesenselement ununterbrochen in ihm wirksam, berichtet der Sohn: ein verfeinertes Ahnungsvermögen, das den Bezirken der Kunst benachbart liegt. „Flair" nennt Max Warburg diesen sechsten Sinn, ohne den es keinen großen Bankier gibt. Erich Warburg: Gerade in dieser Verbindung von „Flair" und Genauigkeit offenbare sich vielleicht seine Größe am ehesten.
„Max, der grosse, dekorative, impulsive", urteilt Fritz Warburg über seinen älteren Bruder. „Kein Bluffer, aber nicht so klug wie vital." Der Bankier Hans Fürstenberg von der Berliner Handels-Gesellschaft berichtet von Max Warburgs Charme und überlegenem Humor auch in Geschäften: Zum 75. Geburtstag seines Vaters Carl, mit dem Warburg sich „verkracht" hatte, schickte Warburg in einem hübschen Käfig ein weißes Täubchen ohne begleitenden Text – eine Friedenstaube. „Mein Vater mußte lachen, und alles war wieder gut." Kurz darauf trat Warburg in den Verwaltungsrat der Berliner Handels-Gesellschaft ein.

Die Zahl der Kunden ist in der Inflationszeit gewachsen und mit ihr die Zahl der Mitarbeiter: von 174 im Jahre 1919 auf 535 Ende 1923. Die Bank befreit sich nun von „Liliputkonten" und „Nullschreibereien" , von Geschäften, deren Bearbeitung zu viel Personal beansprucht, nimmt nur zögernd neue private Kunden an und verweigert manchen alten langfristige Kredite. Bis 1927 kündigt sie 287 Angestellten – Frauen und unverheirateten Männern.
Sie lässt eine Rohr- und Seilpostanlage bauen und ein hauseigenes Telefonnetz. Sie kauft Schreib-, Frankier- und Adressiermaschinen, Additionsmaschinen und rechnende Schreibmaschinen. Für das erste Telefongespräch zwischen den Vereinigten

Staaten und Deutschland – zwischen Paul Warburg in New York und seinem Bruder Fritz in Hamburg – werden dreißig Kopfhörer eingebaut, damit jeder das Wunder miterlebt.
Für die Bank ist es wichtig, einen Personalstamm gut geschulter Bankfachleute zu halten. Sie zahlt Gehälter über Tarif, Kinderzulagen, Kantinenvergütung, Urlaubsbeihilfen, Weihnachtsvergütung, Versicherungsbeiträge, Pensionen. Diese Ausgaben betragen etwa fünfzig Prozent der Personalkosten. Eine Stiftung der Warburgs vergibt Stipendien für die Ausbildung von Angestelltenkindern. Die Bank bietet den Mitarbeitern Vortragsreihen an, gibt Zuschüsse für Vorlesungskurse für Kaufleute und Sprach- und Stenografieunterricht.
Die Geschäftsmöglichkeiten erweitern sich, Deutschland wird in den Völkerbund aufgenommen, seine internationale Stellung verbessert sich, das Wirtschaftswachstum springt an. Die starke Kapitalnachfrage treibt die Zinssätze in die Höhe. M.M.Warburg & Co. sind die ersten, die für die deutsche Industrie amerikanisches Kapital beschaffen – über die alten Verbindungen zu Kuhn, Loeb & Co. und als Mitbesitzer der International Acceptance Bank zu Paul Warburg. Warburgs nutzen ihre Kontakte zu Rothschild in London, machen Geschäfte mit der Österreichischen Creditanstalt, der Ungarischen Allgemeinen Creditbank, der Escompte-Bank und der Credit-Anstalt in Prag und sitzen in deren Aufsichtsräten. Sie richten ein Zweigbüro in Berlin, Bellevuestraße 10 ein, das nach einem erfolgreichen Jahr in die Tiergartenstraße 2b umzieht. Die International Acceptance Bank fusioniert 1928 mit der Bank of Manhattan Company und kann nun weitaus größere Kredite für die deutsche Industrie vermitteln als bisher. Warburgs besorgen mehrere amerikanische Anleihen für die Rudolph Karstadt AG, in deren Aufsichtsrat Fritz Warburg geht, beschaffen im November 1928 eine Kapitalaufstockung von 19 Millionen Reichsmark. Max Warburgs besondere Freude sind die großen und lohnenden Interessen der Bank in Kamerun, Togo, Niederländisch-Indien, Venezuela. Erich Warburg wird zum 1. Januar 1929 Teilhaber und geht mit Ernst Spiegelberg nach Amsterdam, wo sie mit einem Startkapital von fünf Millionen Gulden die Tochtergesellschaft Warburg & Co. gründen.

3.
Die Goldenen Zwanziger Jahre sind Jahre auf Pump. Deutschland bekommt amerikanische Kredite, von denen es Reparationen an England und Frankreich zahlt, England und Frankreich zahlen ihre Kriegsschulden an die USA zurück, und die USA geben Deutschland Kredite. Deutschland will Sachleistungen liefern, die Sieger wollen Bargeld sehen, weigern sich aber, deutsche Exporte zu kaufen, mit denen allein Deutschland Geld verdienen könnte, um ihre eigene Wirtschaft zu schützen. Das Geld strömt nach Deutschland, aber die Hälfte dieser Schulden besteht in kurzfristigen Krediten, die bei den ersten politischen oder wirtschaftlichen Schwierigkeiten gekündigt werden können.
Max Warburg unterstützt Gustav Stresemann, stimmt mit seinem Ziel überein, Deutschland über die Weltwirtschaft in die Weltpolitik zurückzubringen. Die Konjunktur ist ihm zu verdanken, ebenso die Räumung der besetzten Gebiete. Er erreicht das alles durch eine Erfüllungspolitik, die viele Deutsche ihm übel nehmen, die den Versailler Vertrag nicht anerkennen wollen. Eine Revision des Vertrages ist nur möglich, wenn das Sicherheitsbedürfnis der Franzosen erfüllt ist. Stresemann arbeitet für eine Versöhnung, bietet Kompromisse an. Warburg schickt den Grafen Coudenhove-Kalergi mit einer Empfehlung an Stresemann. Coudenhove-Kalergi strebt einen Zusammenschluss Europas an, Vereinigte Staaten von Europa, und baut dafür eine Organisation auf, für die Warburg regelmäßig Geld spendet. Der Bankier stellt Verbindungen für den Grafen her, berät ihn, sie treffen sich in Karlsbad, bereiten Kongresse vor, planen die Herausgabe einer Zeitschrift.
Warburg ermahnt Stresemann oft, gegen den Antisemitismus in der Deutschen Volkspartei vorzugehen. Freunde und Bekannte wundern sich, wieso Warburg in der DVP bleibt, der rechten Schwester der DDP, der Deutschen Demokratischen Partei, in der sein Bruder Fritz und Carl Melchior sind. Max Warburg bleibt aus gesellschaftlichen Gründen, sagt er: Die DVP ist die Partei des hanseatischen Großbürgertums, der großen Kaufleute und Bankiers, die Stresemanns Politik unterstützen. Und er bleibt, um Stresemann zu helfen. Doch die Nähe der DVP zu den Rechten nimmt zu, die stetig einflussreicher werden. Die

Weimarer Republik verliert endgültig an Boden, als Hindenburg 1925 Reichspräsident wird. Eine seiner ersten Amtshandlungen: Er begnadigt Kapitän Ehrhardt von der Organisation Consul.

Stresemann bekommt am 10. Dezember 1926 gemeinsam mit dem französischen Außenminister Aristide Briand den Friedensnobelpreis. Als erster deutscher Außenminister seit dem Weltkrieg wird er nach Frankreich eingeladen und unterzeichnet dort am 27. August 1928 ein Nichtangriffsbündnis.

In allen Verhandlungen über die Höhe der deutschen Reparationszahlungen, von 1919 bis 1932, sitzt Carl Melchior, Teilhaber von M.M.Warburg & Co. Melchior sitzt da nicht, wie manche meinen, weil er so ein netter kleiner, bescheidener, korrekt gekleideter und hochgebildeter Mann ist: Er ist ein Machtfaktor. Bei den Verhandlungen von 17 deutschen Regierungen ist als Konstante stets die Warburg-Bank mit ihren Verbindungen in die USA dabei. Der Jurist Melchior ist in der Bank leichter zu entbehren als Max Warburg selbst. Kaum wird Deutschland in den Völkerbund aufgenommen, übernimmt Melchior dort den Vorsitz des Finanzausschusses. Max Warburg und Carl Melchior werden, wie der Historiker Gerald Feldman später feststellt, unter den Bankiers zu den „beiden wichtigsten Persönlichkeiten in allen mit den Reparationen zusammenhängenden Fragen“.

In einem Artikel im Hamburger Fremdenblatt heißt es im November 1928, M.M.Warburg & Co. seien „heute der eigentliche Repräsentant Hamburgs in der Bankwelt Deutschlands und die repräsentativste deutsche Bankfirma für das große internationale Finanzgeschäft“. Ihre Teilhaber vertreten Deutschland in internationalen wirtschaftlichen Gremien, die „Firma ist die glücklichste und erfolgreiche Verkörperung besten hanseatischen Kaufmannsgeistes“. Die Teilhaber der Bank sind in 87 Aufsichtsräten vertreten. Max Warburg kann später berichten: „Wir waren schließlich unbestritten die führende Bankfirma in Hamburg. Bezeichnend für die Ausdehnung unseres Geschäfts war u. a., daß unsere Bilanz im Jahre 1929 eine Endsumme von 382 Millionen Mark ergab, die der Vereinsbank eine solche von 127 Millionen und die der Schröders Bank von 191 Millionen, so daß die beiden einzigen selbständigen bedeutenden Bankinstitute in Bremen und Hamburg zusammen eine Bilanzsumme von 318 Millionen hatten. Unsere Bilanz hatte demnach einen Umfang, der um circa 20 Prozent den der beiden anderen Banken zusammengenommen überschritt." Es reicht nicht, der Größte zu sein: Ein Bankier rechnet seinen Triumph ganz genau aus.

„mein Bruder und wir"

1.

„Was tun wir denn für die Kunst?", hat Aby Warburg als junger Wissenschaftler seinen Bruder Max gefragt, „ich bin eigentlich ein Narr, dass ich nicht mehr darauf bestehe, dass der Kapitalismus auch Denkarbeit auf breitester, nur ihm möglicher Basis, leisten kann". Eine Bibliothek auf Rechnung der Bank – das sei die Aufgabe der fünf Brüder: Forschung und Erkenntnis als Sinn und Ziel ihres Geldverdienens.

Max Warburg ist den Gedankengängen seines Bruders gefolgt und hat in den sechs Jahren, in denen Aby in Sanatorien lebt, die Privatbibliothek weiter in ein wissenschaftliches Institut verwandelt. Fritz Saxl, der kommissarische Leiter, konnte Vorträge von Gastwissenschaftlern in jährlichen Sammelbänden veröffentlichen und eine zweite Publikationsreihe herausgeben, die Studien der Bibliothek Warburg. 1921 wird Aby Warburg in Abwesenheit zum Honorarprofessor der Universität Hamburg ernannt, 1922 habilitiert sich Saxl. Ab 1923 festigt Abys Gesundheit sich, im August 1924 kann er nach Hamburg zurückkehren und zwei Monate später Vortragsgäste in der Bibliothek begrüßen.

Max Warburg liebt seinen älteren Bruder, hütet ihn. Aby fühlt sich selten wohl, sein Herz macht Probleme, er hat Diabetes. Seine Brüder stellen ihm eine Aufgabe: einen Bibliotheksbau auf dem Grundstück neben seinem Haus in der Heilwigstraße.

Das Unternehmen wird groß, wie alles, über das Aby nachdenkt. M.M.Warburg & Co. statten die Bibliothek mit Förderbändern, Aufzügen, Rohrpostanlagen aus wie eine Bank, lassen für kostbare Bücher einen Tresor aus der Ferdinandstraße anliefern. Bei der Einweihung der Kulturwissenschaftlichen Bibliothek Warburg am 1. Mai 1926 vergleicht Max die Bibliothek „mit einer Zweigstelle des Bankhauses M.M.Warburg, die sich kosmischen statt irdischen Aufgaben widmen wolle". Abys Tätigkeit habe „unserer ganzen Familie Bereicherung des Lebens gebracht und den Gesichtskreis eines jeden von uns auf eine vorher nie geahnte Weise erweitert".

Forschungsthema des Instituts ist die Bedeutung von Bildern: Was bedeuten die Inhalte von Bildern, was Anordnungen in ihnen, Symbole, woher kommen sie, wie wurden sie überliefert und warum hält man an ihnen fest – ein großes Thema Aby Warburgs sind antike Kunstformen in der Renaissance –, woher kommen Gesten in Bildern, wie wandern sie durch die Jahrhunderte und verändern sich dabei oder bleiben gerade unverändert, was verraten sie über eine Epoche. Aby Warburg will einen Bilderatlas mit dem Namen „Mnemosyne" herausgeben – so hieß die Göttin des Gedächtnisses, die Mutter der neun Musen –, einen „Atlas zur Ausdruckskunde". Aby kündigt Seminare im Institut an, Studenten kommen, er vergibt Forschungs- und Reisestipendien, stellt Mitarbeiter ein. In den Semesterferien arbeiten große Gelehrte in der Bibliothek. Aby fesselt bedeutende Menschen.

Er will den Philosophen Ernst Cassirer als Rektor der Universität sehen, spricht mit Max, und Max versucht, das zu regeln, obwohl er anderer Ansicht ist. Das ist ein merkwürdiges Verhältnis zwischen den Brüdern: Jeder sieht im anderen den Älteren. Aby wendet sich an Max, wenn er sich etwas wünscht, und gibt sich die größte Mühe, seine Wünsche genau zu begründen und Max zu überzeugen, und Max räumt ihm die Alltagshürden seines Lebens aus der Bahn – mit Nachsicht und Voraussicht.

Zugleich versucht er oft, seinen Bruder auf Abstand zu halten. Aby versteht weder bei seinen Kindern noch bei seinen Brüdern, dass sie sich nicht mehr seiner Arbeit, seiner Mission unterordnen. Als Alice bei einem Besuch von Paul versucht, Aby zu erklären, dass er zu viel Raum einnimmt und damit andere Menschen verstört, ist er tief verletzt, gedemütigt, empört. Er nennt Paul und Max Hochöfen von kaufmännischer Intelligenz, die vor Expansion weiß glühen – und dasselbe werfen sie ihm vor auf seinem Gebiet.

Max ist sehr stolz auf Aby, stolz auf die gemeinsame Leistung des Gelehrten und der vier Brüder, und nutzt sie, um sein gesellschaftliches und politisches Ansehen zu erhöhen, indem er Aby Gäste in die Bibliothek schickt, Kaufleute, Reichsbeamte, Außenminister Stresemann.
Als Aby seine Mitarbeiterin Gertrud Bing bittet, Max ein paar Zeilen über den Besuch des Niedersächsischen Bibliothekstags im April 1927 zu schicken, bedankt Max sich für die Nachrichten, die „mir von neuem den Beweis dafür geben, daß mein Bruder und wir auf dem richtigen Wege sind".
Max gehört dem Stifterverband der Notgemeinschaft der Deutschen Wissenschaft an und der Kaiser-Wilhelm-Gesellschaft – der späteren Max-Planck-Gesellschaft –, und er verlangt von Aby professionelles Vorgehen auch im Finanziellen, verlangt Einsparungen im Einzelnen wie in der Bank. Doch Aby fordert mehr und mehr Geld. Max zieht die Brüder in Amerika heran: „Wäre Aby in der Firma, dann hättet Ihr diese schon dreimal stützen müssen. Also unterstützt die Bibliothek."

Die Geselligkeiten, zu denen Max und Alice Warburg auf den Kösterberg einladen, werden aufwendiger. Alice, immer hell und sehr elegant gekleidet, empfängt die Freunde von Max und ihre Frauen im runden Salon – „mit königlicher Haltung wie eine regierende Fürstin" findet Nichte Olga, eine Tochter von Aby S., „hoheitsvoll und kühl".
Manchmal lädt Max zu einer Aufführung im Freilichttheater unten am Elbhang ein, wo zweihundert Gäste auf Rasenbänken Platz finden. Die ganze Familie spielt mit unter Leitung eines professionellen Regisseurs, führt *Leonce und Lena* von Büchner auf, *Das Postamt* von Tagore und Shakespeares *Sommernachtstraum*. Nach den Aufführungen ziehen Gastgeber und Gäste mit brennenden Fackeln durch den Park zu Souper und Tanz.
Auf dem Kösterberg gibt es Tennisplätze für die Töchter von Max und Fritz, eine Bocciabahn und ein Schwimmbad mit einem kleinen Schwedenhaus zum Umziehen. Fritz und Anna haben jetzt drei Töchter: Ingrid, Eva und Charlotte. Als Ingrid 17 ist, schicken die Eltern sie ins Internat nach Salem, das Kurt Hahn gegründet hat und in dem Anita bereits seit zwei Jahren

ist. Fritz hat die Sabbatabende übernommen, als die Großmutter Charlotte 1921 starb.
Die Töchter von Max und Alice verbringen Weihnachten und Silvester mit ihren Eltern in St. Moritz beim Skilaufen und die Sommerferien in Vitznau am Vierwaldstättersee. Renate heiratet 1927 den Arzt Richard Samson, den Sohn des Familienanwalts, und geht mit ihm nach Indien.
Erich wohnt seit seiner Rückkehr aus den USA in der Arche. Er hat einen Bernhardinerhund und er segelt, besitzt mit Freunden einen alten dänischen Zollkutter aus Kopenhagen. Er ist ein geborener Diplomat, großzügig, umgänglich und freigebig. Es heißt, er habe sich in eine Nichtjüdin aus einer Kaufmannsfamilie verliebt, sein Vater würde einer Ehe zustimmen, doch seine Mutter sei dagegen.
Max schreibt Alice von einer Reise nach New York: „Meine liebe, mir angetraute! Also ich bin Dir noch treu und Gefahr scheint mir auch nicht im Verzuge." Seinen sechzigsten Geburtstag am 5. Juni 1927 feiert die Familie ausgiebig. Am Nachmittag des nächsten Tages sind sechzig Familienangehörige auf dem Kösterberg. Aby spricht bei Tisch und bedankt sich bei seinen Brüdern und besonders bei Max, „daß sie dem geistigen Abentheuer einen so großen Credit eingeräumt hätten", und fügt hinzu, „daß es aber ein sehr vernünftiges (solides) Abentheuer sei, auf das sie sich eingelassen".

2.

Max und Aby glauben an die Macht der Vernunft und zweifeln nicht an der Überwindung des Antisemitismus. Max leitet die Ortsgruppe des Vereins zur Abwehr des Antisemitismus und verklagt den Herausgeber der antisemitischen Zeitschrift *Hammer* Theodor Fritsch wegen Beleidigung, den Berufsantisemiten, der schon im Weltkrieg so viel Unglück verursacht hat. Fritsch hat unter der Überschrift „Der heimliche Kaiser" Warburg und Melchior vorgeworfen, sie hätten im Krieg zum Schaden des Reichs gehandelt, und hat Warburg den „Generalstabschef des Weltjudentums" genannt, der jährlich fünfhundert russische Juden als Bankbeamte und künftige Diplomaten für seine Interessen ausbilden lasse. Der Prozess geht durch drei Instanzen und endet mit der Verurteilung Fritschs zu vier

Monaten Gefängnis. Trotzdem nehmen die Angriffe auf Max Warburg zu. Er ist Aufsichtsratsmitglied der I.G. Farben, des größten Chemiekonzerns der Welt, dem auch Bayer in Leverkusen angehört. Robert Ley, der bei Bayer arbeitet und den Hitler zum Gauleiter des Rheinlandes ernannt hat, ergeht sich in Hasstiraden gegen die Warburgs – laut Parteiprogramm der NSDAP sollen Juden keine deutschen Staatsbürger mehr sein und keine politischen Rechte haben. Warburg verlangt von Bayer, Ley ein Ultimatum zu stellen: Entweder er beende seine Agitation für die NSDAP, oder ihm werde gekündigt. Ley gibt nicht nach und verliert seine Stelle.

Max Warburg ist Deutscher und Jude, und er will beides sein und bleiben, und doch wandelt er sich unter den Angriffen. Er übernimmt jetzt Verantwortung in den beiden wichtigsten jüdischen Organisationen in Deutschland, wird Mitglied des Hauptvorstands des Centralvereins deutscher Staatsbürger jüdischen Glaubens und 1928 Vorsitzender des Hilfsvereins der deutschen Juden. Der Centralverein wehrt Angriffe auf die bürgerliche Gleichberechtigung von Juden ab, der Hilfsverein hilft Juden aus Osteuropa, die nach Pogromen über Hamburg auswandern.

Immer haben Juden versucht, sich gegen Antisemitismus zu wehren. Bei der Beerdigung von Paul Nathan, seinem Vorgänger im Hilfsverein, unterhält Max Warburg sich mit Ernst Feder, einem Redakteur beim *Berliner Tageblatt*, und James Simon, Kaufmann und Kunstsammler – einem sehr angesehenen alten Herrn, der Deutschland die Nofretete geschenkt hat und bislang mit Nathan an der Spitze des Hilfsvereins stand. Sie sprechen über die rumänische Anleihe, die Nathan zuletzt beschäftigte. Warburg sagt, es sei immer eine sehr schwierige Frage gewesen, wie weit öffentliche Anleihen mit der Judenfrage verbunden werden dürften. Rothschild habe einen Vertrag mit Rumänien zerrissen, als dort wieder Judenverfolgungen begannen. Im Warburg-Archiv liege ein Brief von Meyer Amschel Rothschild an Warburgs Urgroßvater: Gib kein Geld an Memmingen, das sind Antisemiten.

Er spricht mit Feder auch über Zionisten, die einen jüdischen Staat in Palästina aufbauen wollen – im Gegensatz zu den Nichtzionisten, die wie Warburg eine Assimilation der Juden in

Die letzte gemeinsame Aufnahme der fünf Brüder Warburg im August 1929. Von links : Paul – stehend Felix – Max – stehend Fritz – Aby, der mit seinen Händen die Erträge der Bankier-Brüder für Wissenschaft einsammelt.

ihren Heimatstaaten für richtig halten. Feder notiert: „Viele kamen zu mir, ... wollten mich bekehren. Ich sagte: Ich gebe Ihnen eine halbe Stunde, überzeugen Sie mich, ich bin bereit, mich zu verlieben. Gelang nie. Palästina ein Garten, in dem man die unmöglichsten politischen, sozialen, religiösen Gegensätze vereinigt. Daraus kann nichts werden.“ Für Warburg ist Palästina allein ein Ort, an dem der Geist des Judentums sich erneuern kann.

Chaim Weizmann, der Präsident der Zionistischen Weltorganisation, bemüht sich um die Brüder Warburg. Weizmann, promovierter Biochemiker mit englischem Pass, arbeitet für einen jüdischen Nationalstaat in Palästina. Doch mehr Juden, als einwandern, verlassen das Land wieder, die Arbeitslosigkeit ist hoch. Weizmann braucht Geldgeber, um das Land zu entwickeln und Arbeit und Nahrung zu schaffen, und will nun auch Assimilierte in seiner Organisation aufnehmen.

Während einer Unterredung Weizmanns mit Max Warburg in Berlin kommt Warburgs 16-jährige Tochter Gisela hinzu. Als Weizmann sich verabschiedet hat, bricht sie in Tränen aus:

„Weil Herr Weizmann viel überzeugender war als du." Max und Alice geben ihr die Erlaubnis, den Sommer in einem zionistischen Jugendlager zu verbringen, und hoffen, dass die schwere körperliche Arbeit sie kuriert. Doch bald schon schreibt sie auf Hebräisch Briefe an Weizmann. Weizmann sagt, Warburg könne den Zionismus aus der Ferne nicht richtig beurteilen, und so reist Max Warburg mit seiner Frau und den beiden Töchtern Gisela und Anita im April 1929 nach Palästina. In Genua treffen sie Felix und Frieda und fahren mit ihnen über Alexandria nach Jerusalem, wo Weizmann sie erwartet.
Sie wohnen in der amerikanischen Schule für orientalische Studien. Jeden Morgen lässt Weizmann sie mit Autos abholen und zeigt ihnen Kibbuzim, in denen Juden aus der ganzen Welt gemeinsam leben und Fiebersümpfe bearbeiten und Wüsten urbar machen, und historische Stätten, die Archäologen in der Nähe der Klagemauer ausgraben.
Felix wird überall als großer Gönner empfangen, Max ist beeindruckt von seinem Geschick im Umgang mit Menschen verschiedenster Herkunft. Felix hat sich vom Lebemann mit eigenem Poloplatz, Jacht und Rennpferden zu einem Kämpfer für die Rechte Hilfsbedürftiger entwickelt, arbeitet in zweihundert Wohltätigkeitsorganisationen mit. Max bewundert seine große Menschlichkeit und Güte.
Die Warburgs sind gefesselt vom Land, Palästina wird für sie alle zu einem unauslöschlichen, gewaltigen Eindruck. Max Warburg gibt manche seiner Standpunkte auf. Ihn beeindruckt der Versuch, eine Einheit zu finden zwischen dem Alltagsleben und dem Glauben, zwischen der Wirtschaft und der Wissenschaft: „Es ist der Kampf gegen den Dualismus im Leben, es ist das Einsetzen für die Harmonie, für den Einklang, das ‚Echod', das Ideal im Einzigen." Aus Palästina, meint er nun, wird etwas Großes – oder gar nichts. Er will dem Hilfsverein Geld für das Technikum in Haifa geben. Im August 1929 wird in Zürich – Lola Warburg ist dabei – eine erweiterte Jewish Agency gegründet, der auch Nichtzionisten wie Max Warburg angehören können. Warburg ist von der Zugehörigkeit der Juden zu Palästina überzeugt und empfindet zugleich Deutschland als seine Heimat. Er ist nach wie vor gegen die Gründung eines jüdischen Nationalstaats, Palästina ist für ihn die alte kulturelle Heimat der Juden.

Im Sommer treffen Felix und Max sich zur Kur in Baden-Baden. Max macht sich große Sorgen um seine Tochter Lola, die eine Affäre mit Weizmann hat und mit ihm nach Palästina gereist ist. Sie wollte nicht hören, als ihr Vater ihr sagte, dass es Weizmann nicht um sie gehe, sondern um das Geld der Warburgs für die zionistische Bewegung. Als es Ende August zu einem Aufstand der Araber gegen die jüdischen Siedler kommt, schreibt er Felix: „Wir alle sind davon überzeugt daß die Entwicklung Palästinas so, wie wir sie erhoffen, nur möglich ist, wenn Araber und Juden friedlich zusammen leben."

3.

Die fünf Brüder Warburg treffen sich im August 1929 in Hamburg und teilen die Finanzierung der Kulturwissenschaftlichen Bibliothek Warburg zu je einem Fünftel vertraglich unter sich auf. Sie lassen sich gemeinsam feierlich in der Bibliothek fotografieren. Max sitzt in der Mitte, im vollen Licht, vor ihm liegt der Bilderatlas. Links neben ihm sitzt Aby, er hat seine Hände zu einer Schale zusammengelegt: Er sammelt die Erträge der großen Bankiers-Brüder ein und wandelt sie durch Forschung, durch Denkarbeit in Erkenntnis um, in den wahren Gewinn.

Aby Warburg stirbt am 26. Oktober 1929 an einem Herzanfall. „Er war dankbar für sein ‚zweites Leben' nach seiner großen Krankheit", sagt Max Warburg in der Trauerrede. „Er wurde abgeklärter und durfte feststellen, daß die Wege, die er freigelegt hatte, immer selbstverständlicher von anderen begangen wurden. Er blieb unbeugsam, und wurde er in seinem unbeugsamen Willen uns unbequem, so sagte er: ‚Recht habe ich doch, aber ich bin wie gemacht für eine schöne Erinnerung.'"

Vor dem Ruin

„Gegen den Bürgerkrieg – für die Verfassung"

Auch Außenminister Stresemann ist im Oktober 1929 gestorben und mit ihm, meint Max Warburg, ist der letzte Politiker verschwunden, der den Niedergang der Republik noch hätte aufhalten können. Warburg spielt mit dem Gedanken, eine liberale Tageszeitung zu gründen. Die rechten Gegner der Weimarer Republik wollen den Young-Plan zur abschließenden Regelung der Reparationen durch ein Volksbegehren ablehnen, wer den Plan unterzeichne – Reichskanzler, Minister, Bevollmächtigter – solle als Landesverräter mit Zuchthaus bestraft werden. „Gegen den Bürgerkrieg – für die Verfassung" – fasst Warburg seine politischen Anschauungen zusammen: „Der neue Schlachtruf soll zur Gründung einer grossen Mittelpartei oder Mittelgruppe führen, die die Staatsfeinde rechts und links, die Fascisten und Kommunisten isoliert und entkräftet." Er will Republikaner und Monarchisten zu einer friedlichen Koexistenz auf dem Boden der Verfassung bewegen.

Der Volksentscheid über die Annahme des Young-Plans scheitert zwar am 22. Dezember, doch in den aufgeregten Wochen davor wird deutlich, dass das rechte Bürgertum mit den Nationalsozialisten sympathisiert. Auch Reichsbankpräsident Hjalmar Schacht schlägt sich auf ihre Seite. Eines Tages will Max Warburg sich Schachts Angebiedere nicht länger ansehen.

„... wir sehen leider noch schwierige Zeiten für unser Hamburg und für Deutschland voraus", schreibt Max Warburg im Mai 1931 an Staatsrat Leo Lippmann, der die Finanzverwaltung der Stadt leitet.

Schacht ist Präsident auf Lebenszeit, aber Warburgs Einfluss ist groß. Er veranlasst als Generalrat der Reichsbank den sofortigen Zusammentritt der übrigen Mitglieder des Rats und beantragt den Rücktritt des Präsidenten. Schacht muss zurücktreten, auf Warburgs Vorschlag wird der ehemalige Reichskanzler Luther sein Nachfolger. Aber auf der nächsten Abendgesellschaft, zu der Schacht mit seiner Frau Luise geht, trägt sie ein Hakenkreuz an einer Halskette, das Kreuz ist mit Diamanten und Rubinen besetzt.

Die Verteidiger der Republik und mit ihnen auch Max Warburg werden ausmanövriert, als die Regierungskoalition aus Sozialdemokraten, Demokraten, Zentrum und Volkspartei im März 1930 auseinanderbricht und Reichspräsident Hindenburg den Zentrumsabgeordneten Heinrich Brüning zum Reichskanzler ernennt. Zu Hindenburgs Beratern gehören Männer, die mit dem Gedanken an eine Rückkehr zur Monarchie spielen und hoffen, dass Brüning für sie arbeiten wird. Der neue Kanzler hat im Reichstag keine Mehrheit und stützt sich ausschließlich auf die Macht des Präsidenten: Hindenburg sagt ihm, er werde seine Gesetzesvorlagen als Notverordnungen nach Artikel 48 der Verfassung in Kraft setzen.

Im Juli schon kommt es zur Machtprobe, deren Ausgang Max Warburg bestürzt. Als der Reichstag einen Gesetzentwurf des Kanzlers ablehnt, wandelt Brüning den Entwurf in eine Notverordnung um, die der Reichstag wiederum ablehnt, worauf Hindenburg ihn auflöst. Die Wahlen für den neuen Reichstag sind im September 1930. Die Nationalsozialisten gewinnen 107 Mandate – bislang hatten sie zwölf – und werden zweitstärkste Partei. Sechs Millionen haben Hitler gewählt, der Arbeit verspricht, Deutschland wieder groß machen will, der Neues verspricht, den Aufbruch. Sie protestieren auch gegen Hindenburg, die adligen Offiziere, die konservativen Beamten, die alte Welt. Sie haben einen Mann gewählt, der den Zweck des Staates als „Erhaltung des rassischen Daseins der Menschen" definiert und einen Rassekrieg der deutschen Herrenmenschen führen will.

Max Warburg befürchtet seit dem Weltkrieg, dass in Deutschland eine extrem nationalistische Richtung zur Herrschaft kommen könne, doch dass so viele Menschen sich gegen Juden wen-

den, hat er niemals erwartet. Er nehme die demoralisierenden Wirkungen der Arbeitslosigkeit ernst, schreibt er seinem Bruder Paul, doch es deprimiere ihn, Verzweiflung und Hoffnungslosigkeit derartig ausgedrückt zu sehen und das Volk in der Gefolgschaft von Männern, die sich bislang nur durch hemmungslose Kritik, große Versprechungen, mangelnde Sachkenntnis und viel Energie ausgezeichnet haben.
Alice Warburg überredet Max, sich aus der Öffentlichkeit zurückzuziehen. Sie entwirft ein Versprechen, das er ihr am 3. Oktober unterschreibt: „Hierdurch gebe ich meiner lieben Frau – Alice, geb. Magnus – die Versicherung, daß ich aus der erregenden Reichstagswahlzeit der letzten Wochen die Erkenntnis gezogen habe, mein Leben in Zukunft freier zu gestalten." Er wird sich von seinen beruflichen Pflichten und seinen Ehrenämtern befreien.
Aber die Liquiditätssituation von M.M.Warburg & Co. hat sich nach einer hemmungslosen Aktienspekulation in den USA und dem Zusammenbruch der New Yorker Börse Ende Oktober 1929 verschlechtert und verschlechtert sich durch die Reichstagswahl 1930 weiter. Das Vertrauen ausländischer Banken in die politische Stabilität Deutschlands ist erschüttert. Sie ziehen kurzfristige Kredite in riesigem Umfang zurück, werfen große Bestände deutscher Aktien und Obligationen auf den Markt, die Kurse an den deutschen Börsen fallen.

Die Bankenkrise

1.
Der Centralverband des Deutschen Bank- und Bankiergewerbes schätzt die Zahl der Privatbanken Anfang 1930 auf etwa 2000 und Ende 1932, nach Abflauen der Bankenkrise, auf 1350. Jedes dritte Unternehmen musste aufgeben. M.M.Warburg & Co. sind noch da, weil die amerikanischen Brüder Max Warburgs die Bank retten.
Die Gründe für die Einbußen sind bei den meisten Privatbanken die gleichen: erstens eine erhebliche Abhängigkeit von wenigen Großschuldnern – bei Warburgs ist das die Rudolph Karstadt AG, die nach ihrem rasanten Ausbau plötzlich vor dem Bankrott steht –, zweitens die angespannte finanzielle Situation der

Kommunen – Warburgs haben Hamburg große Kredite gewährt, die Stadt hat nun aber durch Wirtschaftskrise und Arbeitslosigkeit keine Einnahmen mehr – und drittens die starke Abhängigkeit von ausländischen Geldgebern, die nach Börsenkrach und Reichstagswahl ihr Kapital abziehen. Das gesamte Bankwesen in Deutschland kommt 1931 ins Rutschen.

Im Februar 1931 sind M.M.Warburg & Co. zum ersten Mal fast zahlungsunfähig. Paul schießt zwei Millionen Dollar zu, Felix eine Viertelmillion. Doch diese Summen helfen nur für kurze Zeit. Im Mai bricht die größte Bank Österreichs zusammen, im Juni droht der Textilkonzern Nordwolle nach jahrelangem Betrug die Danat-Bank mitzureißen, die Darmstädter und Nationalbank – die zweitgrößte deutsche Bank. Sie gibt am 11. Juli 1931, einem Sonnabend, bekannt, sie werde am Montag nicht öffnen, und stellt ihre Zahlungen ein. Am Montagmorgen stehen die Menschen in langen Schlagen vor den Banken, um ihr Geld zu retten. Alle Banken schließen mittags, weil sie kein Bargeld mehr haben. Das Reich muss zur Stützung der Banken fast eine Milliarde Reichsmark bereitstellen. Am 15. Juli wird eine Devisenverordnung beschlossen, nach der Devisengeschäfte nur noch über die Reichsbank zulässig sind. In ganz Europa schließen die Börsen. Im September greift die Krise auf die USA über. Dies ist die größte Weltwirtschaftskrise, die es je gegeben hat.

Paul und Felix beauftragen Pauls Sohn damit, M.M.Warburg & Co. zu überprüfen. James P. Warburg ist Vizepräsident der fusionierten International Acceptance Bank – Bank of the Manhattan Company. Er verbringt den Sommer in Hamburg. Onkel Max hat, findet Jimmy, seine Firma zu schnell und zu groß ausgebaut, er hat sich überanstrengt, zu viel gemacht.

Jimmy hält die Warburg-Bank für verloren und weitere Rettungsversuche für sinnlos. Felix will nichts mehr für die Bank tun, aber Frieda will helfen. Auch Paul zögert nicht, obwohl er tief enttäuscht ist, dass Max seine Firma jetzt noch erhalten will, aber: „Was nützt uns Geld, wenn wir unseren guten Namen verlieren und diejenigen, die wir lieben, im Stich lassen – selbst dann, wenn sie sich wie Idioten aufgeführt haben." Doch: „Auf der anderen Seite bin ich wirklich aufgebracht, und ich glaube, wir müssen streng sein, sonst treiben die Dinge gerade so weiter wie in der Vergangenheit ..."

Von Dezember 1930 bis Dezember 1931 verliert die Bank achtzig Prozent ihrer ausländischen fremden Gelder und muss fünfzig Prozent der inländischen fremden Gelder zurückzahlen. Paul und Felix helfen ihrem Bruder mit insgesamt fast acht Millionen Dollar. Pauls Anteil beläuft sich auf mehr als die Hälfte seines Gesamtvermögens.
Die Familie diskutiert über die Zukunft der Bank. Es gibt zwei Möglichkeiten: entweder Weiterführung der Privatbank auf gleichem Niveau – das will Max – oder Anschluss an eine Großbank – das wollen Jimmy und die Brüder. Schließlich setzt Jimmy einen engen Zusammenschluss mit der Berliner Handels-Gesellschaft durch.
Mit Ausnahme der Berliner Handels-Gesellschaft sind inzwischen alle führenden Berliner Großbanken teilverstaatlicht. Reichsregierung und Reichsbank halten im Herbst 1931 über neunzig Prozent des Kapitals der mit der Darmstädter und Nationalbank fusionierten Dresdner Bank, siebzig Prozent der Commerz- und Privatbank und 35 Prozent der Deutschen Bank und Disconto-Gesellschaft.
Nahezu die gesamte Wirtschaft drängt auf eine Inflation, um ihre Sünden zu verbergen und ihre Schulden loszuwerden, aber Brüning will kein Geld drucken, will keine zweite Inflation.
Die Reichsregierung kämpft weiter um die restlose Streichung der Reparationen. Ein Sonderberatungsausschuss der Alliierten trifft sich in Basel, es sind die erbittertsten und hartnäckigsten Verhandlungen, die je über die Reparationen geführt wurden. Carl Melchior, der Hauptvertreter der deutschen Regierung, und Sir Walter Layton, der britische Unterhändler, werden in zehn Verhandlungstagen wiederholt ohnmächtig. Schließlich schlägt der Ausschuss vor, deutsche Reparationen und interalliierte Schulden zu streichen.

2.

„… wir sehen leider noch schwierige Zeiten für unser Hamburg und für Deutschland voraus“, hat Max Warburg Staatsrat Leo Lippmann, der die Finanzverwaltung der Stadt leitet, zum fünfzigsten Geburtstag im Mai 1931 geschrieben. Den ganzen Sommer über kämpft Warburg darum, Hamburg zu helfen. Hamburg braucht sechs Millionen Reichsmark für die Einlösung in

New York fälliger Schatzwechsel und zehn Millionen für die Bezahlung der Beamtengehälter. Warburg hat den Kredit aus den USA vermittelt, und der Senat weiß, dass die pünktliche Rückzahlung des relativ kleinen Betrags wichtig ist, weil die Gläubiger Hamburg auch sehr große Summen geliehen haben, die man verlängern will.

Warburg hat selbst kein Geld. Der Senat wendet sich an die Reichsregierung, die im Juni kurzfristig hilft. Im Juli lehnt Reichskanzler Brüning ab, die Hamburger zu empfangen, und auch Reichsbankpräsident Luther gibt Warburg eine Absage. Warburg stundet der Stadt kurzfristige Schulden von 2,7 Millionen Reichsmark und erreicht für sie in den USA verlängerte Rückzahlungsfristen. Doch auch im August kann Hamburg seine Schulden nicht begleichen. Warburg schreibt und verhandelt für die Stadt und ermutigt die Hamburger immer wieder, mit der Reichsregierung zu sprechen.

Die Wähler wenden sich von den demokratischen Parteien ab. Max Warburg und Anton Hübbe, der Direktor der Dresdner Bank in Hamburg, finanzieren im Sommer 1931 eine überparteiliche „Werbestelle“ für die Hamburger Koalition aus Sozialdemokratie, Deutscher Staatspartei – vormals Demokratische Partei – und Deutscher Volkspartei, und beim Bürgerschaftswahlkampf im Herbst setzt Warburg sich wieder öffentlich für die Koalition ein. Doch die NSDAP wird mit 26,2 Prozent der Stimmen zweitstärkste Partei in der Stadt.

3.

Paul Warburg in New York hat im Dezember 1931 einen Schlaganfall. Sein Sohn wird sein Nachfolger als Präsident der International Acceptance Bank. Am 24. Januar 1932 stirbt der Vater.

Jimmy gibt Max die Schuld an Pauls Tod, weil er die Warburg-Bank Richtung Untergang geführt habe und sein Vater zu ihrer Rettung sein Vermögen gab: „I am convinced that what had destroyed his will to go on living was that Max, for whom he had throughout his life felt a younger brother's slavelike devotion, had let him down.“ Onkel Max sei kein Schurke. Er sei ein fröhlicher, lebhafter, charmanter Mann, ein wohlmeinender Despot, ein aggressiver Bankier – „hard-hitting“ –, ehrgeizig,

aber extrem großzügig und unkritisch. Er sehe es so, dass seine Brüder in Amerika reich geworden waren, während er zurückgelassen wurde, um die Familienfestung in Hamburg zu halten. Also gehöre das Geld seiner Brüder in gewissem Sinne auch ihm. Umgekehrt hätte er genauso gefühlt. Aber Max habe sich ganz allein übernommen. Der Neffe behauptet noch Jahre später, dass Max Pauls Tod beschleunigt habe, was zu erbittertem Streit in der Familie führt.
Max Warburg reist zur Beerdigung seines Bruders nach New York. Bekannte seines Neffen gewinnen den Eindruck, er unterschätze die Folgen einer Regierung Hitler. Warburg erwidert, die Verantwortung werde ernüchternd auf die Nationalsozialisten wirken, und viele Punkte ihres Parteiprogramms, mit dem sie Anhänger ködern, würden gar nicht ausgeführt. Das ist Carl Melchiors Meinung, an der er selbst zweifelt. In Wirklichkeit macht er sich die größten Sorgen. Aber er will die Bank nicht verlieren und spielt die Gefahr nach außen herunter. Er ist jetzt 65 Jahre alt und müsste als gescheiterter Bankier und hoch verschuldet von der Barmherzigkeit seines Neffen leben.

Mörder im gewöhnlichen Sinn des Strafgesetzbuches

1.
Die Nationalsozialisten finden immer mehr Anhänger, aber Max Warburg betont seinen amerikanischen Verwandten und Geldgebern gegenüber von April 1932 an, Deutschland und der Bank gehe es ganz wunderbar. Im März, als Hitler gegen Hindenburg für das Amt des Reichspräsidenten kandidiert, hat er Coudenhove-Kalergi noch geschrieben, „die Tagesarbeit ist nutzlos, wenn die Politik versagt“, und einen Tag vor dem zweiten Wahlgang lässt er seinen Neffen Jimmy ein letztes Mal in seine Gedanken sehen: „Die Welt wird schwarz und schwärzer. Man glaubt immer, daß sie nicht schwärzer werden kann, aber es kommen immer neue Überraschungen, und man wundert sich, daß man noch auf seinen zwei Beinen steht.“ Hindenburg ist nun 85 Jahre alt, Hitler 44. Hindenburg gewinnt zwar die Wahl, und die Reichsregierung verbietet SA und SS, Hitlers Privatarmeen, die inzwischen auf 500 000 Mann angewachsen sind. Doch bei der Bürgerschaftswahl in Hamburg im April wählt die

junge Generation in den Kontoren, wählen die Juniorchefs und Prokuristen, die gemeinsam Weltkrieg und Freikorps erlebt haben, die Nationalsozialisten. Die Deutsche Volkspartei will mit ihnen koalieren, Max Warburg ist im Februar ausgetreten.
Er schreibt nun keine unbefangenen Briefe mehr an Jimmy. Zweimal kommt der Neffe im Frühjahr 1932 nach Hamburg, Felix schickt ihn, um die Firma zu ordnen und zu straffen, die beiden wollen die Bank entschieden verkleinern. Jimmy setzt Max faktisch ab, nimmt ihm die führende Rolle in der Bank, er darf zeitweise keine Besprechungen mehr leiten. Fritz ist von allen Sitzungen ganz ausgeschlossen, darf an geschäftlichen Entscheidungen gar nicht mehr teilhaben, Jimmy hält ihn für faul und unfähig.
Der Neffe setzt sich über alle Einwände hinweg und verkauft zahlreiche Geldanlagen der Firma in ganz Europa. Er arbeitet für die Familie in Hamburg ein Sparprogramm aus. Max und Fritz müssen ihm genau vorrechnen, wofür sie ihr Geld ausgeben, müssen begründen, weshalb sie ihre Töchter Gisela und Ingrid zum Studium nach Oxford schicken, weshalb Max zur Kur nach Baden-Baden fahren muss und Erich mit seinen Freunden zum Segeln.
Jimmy und Felix trauen weder Max als Bankier noch der Politik in Deutschland.

Brüning ist den Monarchisten nicht schnell genug. Der Staatssekretär im Reichswehrministerium Kurt von Schleicher findet Franz von Papen als Kanzler geeigneter, einen unbekannten Zentrums-Abgeordneten im preußischen Landtag, aber selbst Aristokrat und Monarchist.
14 Tage nach dem Sturz Brünings beginnt in Lausanne die letzte Konferenz über die Reparationszahlungen, und Carl Melchior von M.M.Warburg & Co. ist als Sachverständiger dabei. Die Gläubiger Deutschlands verzichten auf weitere Reparationen – außer einer geringfügigen Abschlusszahlung – und stellen ihre eigenen Zahlungen an die USA ein. Deutschland hat – es gibt unterschiedliche Schätzungen – zwischen 22 und dreißig Milliarden Goldmark gezahlt, davon ein Drittel in bar, weniger als ein Drittel der hundert Milliarden in Gold also, die Melchior und Warburg in Versailles vorgeschlagen haben.

Papen wird Reichskanzler und Schleicher Reichswehrminister – im Kabinett der Barone gibt es nur drei Bürgerliche. Der neue Kanzler hebt das SA-Verbot auf.
Max Warburg schreibt seinem Neffen Jimmy, er begrüße die neue Regierung wegen ihrer entschlossenen Haltung in der Frage der Arbeitslosigkeit. Sechs Millionen Arbeitslose gibt es inzwischen. Sein Urteil über Papen teilt er dem Neffen nicht mit: Der Kanzler ist gewandt, liebenswürdig, geschliffen, kennt „den ganzen Gesellschaftsgossip von Washington bis Konstantinopel", ist aber nicht gewohnt zu arbeiten.
Die Nationalsozialisten werden bei der Reichstagswahl im Juli 1932 mit 37,3 Prozent der Stimmen zur stärksten Partei. Tag um Tag berichten die Zeitungen nun von Überfällen, Mordanschlägen, grausamen Misshandlungen Andersdenkender durch die Schlägertrupps der SA. Carl Melchior schreibt Hans Mayer, der Warburg & Co. in Amsterdam leitet: „Ich weiß wirklich nicht, wohin die Entwicklung bei uns gehen soll, wenn sich die Führer unserer größten Partei zweifellos aus innerer Überzeugung solidarisch mit Männern erklären, die jedenfalls, soweit man aus den Zeitungen ersehen kann, Morde im gewöhnlichen Sinne des Strafgesetzbuches begangen haben und daher auch durch ein ordentliches Gericht zum Tode hätten verurteilt werden müssen."

2.

Für Ingrid, die älteste Tochter von Annafritz, ist es ein Problem, an welcher Universität sie im Wintersemester weiterstudieren kann, Heidelberg ist für Juden schon schwierig. Sie bleibt in Hamburg, belegt Deutsch, Englisch, Philosophie. Abends hört sie die SA durch die Straßen westlich der Alster marschieren und „Die Fahne hoch ..." singen.
Die SA ist am letzten Julisonntag durch Altona gezogen, feldmarschmäßig ausgerüstet, und hat sich mit kommunistischen Arbeitern eine Schießerei geliefert, die Polizei griff ein, 18 Menschen starben. Die Warburgs sind beunruhigt, meint Ingrid, aber nicht sonderlich beängstigt. Ihr Vater ist pessimistischer als Onkel Max, der überzeugt ist, dass der Antisemitismus „nur Propaganda" sei und irgendwann wieder abklingen werde.

Max Warburg ist keineswegs so unbeeindruckt, wie er sich auch seiner Nichte gegenüber gibt, um sie zu beruhigen. Spätestens seit die Nazipresse den Aufsichtsrat der I.G. Farben als Werkzeug des „Juden Warburg“ anprangerte und niemand ihn zurückhielt, als er sein Aufsichtsratsmandat niederlegte, ist ihm klar, dass das Land „sich selbst aus der Reihe der Kulturvölker ausschloß und sich in die Reihe der Pogromländer einordnete“.

Die Hamburger Juden bedrückt eine zunehmende Isolierung. 500 000 Juden gibt es in Deutschland, weit unter ein Prozent der Bevölkerung. Die Mehrheit grenzt sie aus, stößt sie zurück, macht sie wieder zur Sondergruppe. Die Bedrohung lässt die Ausgestoßenen zusammenrücken und über ihre Traditionen und Werte nachdenken. Auch Max Warburg beschäftigt sich verstärkt mit dem Judentum, mit der Religion, die in seinem Leben so lange keine Rolle gespielt hat. Er besucht häufiger die Synagoge am Bornplatz und wendet sich mit Glaubensfragen an Rabbiner und jüdische Gelehrte. Er gehört auch dem Arbeitsausschuss der neuen Franz-Rosenzweig-Gedächtnis-Stiftung an, die im Dezember 1931 gegründet wurde und Vorträge und Seminare plant. Die Stiftung wendet sich an Menschen, die „den Wunsch haben, sich durch wissenschaftliche Belehrung in persönlicher Mitarbeit eine vertiefte Kenntnis des jüdischen Geistesgutes anzueignen“.

Aber das Folgenschwerste, von dem Ingrid nichts weiß, ist ein Treffen besorgter Männer im Sommer 1932, zu denen Max Warburg und Carl Melchior gehören, der Staatssekretär im Reichswirtschaftsministerium Hans Schäffer, Ludwig Tietz vom Centralverein deutscher Staatsbürger jüdischen Glaubens, Georg Lubinski von der Zionistischen Vereinigung für Deutschland. Diese beiden Vereine sind traditionell verfeindet. In Deutschland gibt es keine Organisation, die Juden unterschiedlicher Überzeugungen unter ihrem Dach vereint. Aber nun könnte es wichtig werden, eine zentrale Stelle zu schaffen, die für alle Juden spricht.

3.

Hindenburg ernennt Schleicher zum Reichskanzler, und Max Warburg versichert seinem Bruder Felix am 12. Dezember in

Wo Hitler sich zeigt, finden sich jubelnde Menschen ein – 1933 und wie hier im Februar 1939 auf dem Rathausmarkt in Hamburg.

einem Brief nach New York, es sehe keineswegs alles nur trübe aus, denn Hindenburg habe sich entschlossen, Hitler nicht zum Kanzler zu machen.

Aber Max Warburg ist tief getroffen, zumal kaum jemand dem Antisemitismus entgegentritt. Auf der Generalversammlung des Hilfsvereins, die er im Januar 1933 in Berlin im Hotel Kaiserhof leitet, ruft er seine Zuhörer zu innerer Ruhe und Standhaftigkeit auf. Sie mögen den Irrenden und Unwissenden verzeihen, nicht aber denen, die den Mut nicht finden, offen gegen die Schande des Antisemitismus aufzutreten: „Sie trifft unsere Verachtung, und wir empfinden als Deutsche Scham über solchen Mangel an ritterlichem Mut."

Bis zum Sturz Schleichers hält er an dem Glauben fest, es könne nicht so schlimm werden, wie es mitunter den Anschein habe. Aber fünf Tage nach seiner Rede vor dem Hilfsverein entzieht Hindenburg Schleicher alle Vollmachten und beauftragt wieder Papen, eine Regierung zu bilden. Hitler verlangt nur zwei Ministerien für seine Leute, aber er will Reichskanzler werden. Papen ist einverstanden. „In zwei Monaten haben wir Hitler in die Ecke gedrückt, daß er quietscht", sagt er. Die Konservativen wollen, dass der Volksredner Hitler ihnen zur Macht verhilft – wenn sie erst an der Regierung sind, werden sie mit ihm schon fertig werden. Hindenburg bestellt Hitler und Papen auf den 30. Januar 1933 zur Vereidigung.

Einen Tag vorher überrascht Carl Melchior in Hamburg Max Warburg mit der Frage, was er davon hielte, wenn er, Melchior, sich jetzt der jüdischen Frage widmen würde: „Ich habe siebzehn Jahre für die Gleichberechtigung Deutschlands gekämpft, – ich möchte jetzt bis an mein Lebensende für die Gleichberechtigung der Juden kämpfen." Melchior hat sich bislang um sein Judentum nie gekümmert. Er wird jetzt von den Nazis heftig angefeindet, hat zeitweise täglich Herzattacken. Max Warburg warnt ihn vor einer Arbeit, die nicht allein schwer, sondern auch bitter sein werde.

In den ersten Wochen nach dem Fackelzug der SA- und Stahlhelmmänner für Hindenburg und Hitler am Abend des 30. Januars schiebt Max Warburg es noch einer bloßen Verkettung von Intrigen zu, dass Hitler an die Macht gekommen ist. Er hält es für vollkommen ausgeschlossen, dass dieser Mann jemals „zum Alleinherrscher eines der schöpferisch befähigtsten, fleißigsten und mächtigsten Völker" werden könne. Er glaubt, alles sei nur eine vorübergehende Erscheinung.

Der Tag, der Deutschland verändert, ist der 28. Februar 1933, der Tag nach dem Reichstagsbrand. An diesem Tag unterzeichnet Hindenburg eine Notverordnung, die alle bürgerlichen Grundrechte außer Kraft setzt, und sofort rollt eine wohlvorbereitete Verhaftungswelle über das Land. SA und SS bringen Kommunisten und Sozialdemokraten in Konzentrationslager, schüchtern demokratische Politiker, Journalisten, Schriftsteller ein, misshandeln sie brutal. Wer noch nicht verhaftet ist, verhält sich still. Der Terror ist von keiner staatlichen Gewalt mehr gezügelt.

Als Hitler Reichsbankpräsident Luther zum Rücktritt drängt, setzt Max Warburg sich im Generalrat für eine Neubestellung Schachts ein, weil er sich als Einziger mit den Nationalsozialisten verstehe „und doch immerhin noch die privatkapitalistischen Auffassungen" vertrete. Der Generalrat mit Warburg unterschreibt die Ernennungsurkunde am 16. März, Hindenburg und Hitler unterschreiben sie einen Tag später.

Max teilt Jimmy mit, der Einfluss Schachts auf die neue Regierung sei so wichtig, dass er die Fehler, die Schacht unzweifelhaft machen werde, weit aufwiege. In Deutschland würden nun bald Ruhe und Ordnung herrschen. Um den misstrauischen und gefährlichen Neffen weiter zu beruhigen, schreibt er über die Nationalsozialisten: „Es ist ein Jammer, daß diese Bewegung, die viel Gutes in sich trägt, mit so vielen Schlacken behaftet ist und daß der Antisemitismus es einem Juden unmöglich macht, sich in Reih' und Glied mit dieser Bewegung zu stellen."
Für M. M. Warburg & Co. hat das Jahr 1932 erneut einen Rückgang des Kreditgeschäfts gebracht. Trotzdem zählt die Bank auch nach der Bankenkrise zu den Branchengrößten. Max Warburg hat zwanzig Aufsichtsratsmandate in Industrieunternehmen, weitere vierzig Mandate haben die übrigen Teilhaber.

Zahlreiche Juden, die Anfang 1933 geflohen sind, kommen im Lauf des Frühjahrs zurück. Auch die europäischen Nachbarländer leiden unter hoher Arbeitslosigkeit. Die Flüchtlinge finden keine Arbeit, können sich nicht ernähren, erhalten keine Aufenthaltsgenehmigung, wenn ihr Touristenvisum abgelaufen ist.

Warburgs größter Kampf

„gegen die Kräfte des Dunkels"

1.

Die Nazis sind schnell, die kleinen Parteigenossen und Mitläufer sind aufgeheizt durch die Hetzpropaganda, wollen ihre Muskeln zeigen. SA-Angehörige versperren den Eingang von Karstadt in der Mönckebergstraße, bis die Firmenleitung alle jüdischen Mitarbeiter entlässt. SA stellt sich vor Geschäften jüdischer Besitzer mit Sprechchören auf, mit Spruchbändern, Farbtöpfen, Schreckschusspistolen. Auch Konkurrenten schlagen zu: Die Firma Queisser & Co. startet eine Anzeigenkampagne gegen die „jüdische Nivea-Creme" von P. Beiersdorf & Co. und wirbt für sich als „reinarische Fabrik in Eimsbüttel-Süd" – Carl Melchior muss im Aufsichtsrat von Beiersdorf seinen Rücktritt ankündigen. SA und Gestapo versperren Kunden mehrmals den Zugang zu M. M.Warburg & Co.

Max Warburgs erste Reaktion auf die Machtübernahme des Nationalsozialismus, erzählt sein Sohn, ist „die des Kampfes gegen die Kräfte des Dunkels" , gegen die Kräfte aus barbarischer, vorzivilisierter Zeit, die den Weg der Menschheit vom Dunkel zum Licht, zu Zivilisation und Humanität stören.

Aber Warburg wird isoliert. Die Finanzdeputation lässt sich nicht mehr von ihm beraten – Staatsrat Leo Lippmann, der seit 13 Jahren die Finanzverwaltung leitet, ist schon entlassen. Die

Max Warburg will in Deutschland bleiben, solange es geht, weil er es für die Pflicht eines reichen Bankiers hält, Armen und Schwachen zu helfen.

Handelskammer wirft Warburg hinaus. Die NSDAP fotografiert, mit wem er auf der Straße spricht, und als auf einem Foto Anton Hübbe, der Direktor der Dresdner Bank, mit ihm zu sehen ist, meidet Hübbe Warburg von nun an. Wenn Warburg zur Börse geht, weichen viele Bekannte ihm im weiten Bogen aus. Privat laden nur noch wenige Freunde ihn und seine Frau zu Gesellschaften ein, die mit äußerster Vorsicht zusammengestellt sind. Zivilcourage zeigt man am Institut für Seeverkehr und Weltwirtschaft in Kiel: Direktor Professor Dr. Bernhard Harms stellt sich schützend vor Max Warburg – doch am Ende muss Harms selbst seinen Posten räumen. Warburg verliert seinen Aufsichtsratsitz im Hamburger Wirtschaftsdienst, den er selbst gegründet hat, die Philharmonische Gesellschaft wirft ihn hinaus, die Hochschulbehörde. Er ist traurig und schämt sich für die anderen.

Aus dem Ausland kommt Protest gegen die Terrorisierung von Juden. In London fordern Plakate vor den Luxusgeschäften im Westend die Kunden auf: „Boycott German Goods!“, kauft keine deutschen Waren. In New York planen die Gremien des American Jewish Congress eine Protestveranstaltung im Madison Square Garden.

Eilig bestellt der preußische Ministerpräsident und Innenminister Hermann Göring die Vorsitzenden der jüdischen Verbände zu sich und verlangt, dass sie nach London reisen und der Gräuelpropaganda ein Ende machen. Joseph Goebbels, Reichsminister für Volksaufklärung und Propaganda, schlägt Hitler als Gegenmaßnahme einen Boykott von Geschäften jüdischer Besitzer vor.

Doch die Protestversammlung im Madison Square Garden findet statt, am 27. März 1933. Mit 55 000 Teilnehmern – 20 000 im Gebäude und 35 000 auf den umliegenden Straßen und Plätzen – wird sie zur größten Demonstration, die New York je gesehen hat.

Goebbels gibt den örtlichen NSDAP-Verbänden für den Boykott der Geschäfte am 1. April freie Hand. Doch am Abend davor richtet er einen Aufruf an die Terror-Kommandos, die Banken nicht in ihre Aktionen mit einzubeziehen, und nach dem Boykott verlangt Reichsbankpräsident Schacht von Hitlers Staatskanzlei, dass jeder Eingriff in das Bankwesen unterbleibe:

Die Banken können über ihre internationalen Verbindungen dringend benötigte Devisen und Außenhandelskredite vermitteln. Die Warburg-Bank ist vorerst sicher.
Aber am 7. April ergeht das Gesetz zur Wiederherstellung des Berufsbeamtentums: Jüdische Männer und Frauen im Staatsdienst werden entlassen – in Schulen und Universitäten, in Behörden, Ministerien, Gerichten, in Museen, Theatern. Das Gesetz wirkt wie ein Startschuss für die Entlassung von Juden durch jedermann: Sportvereine entlassen jüdische Trainer, Kassen entziehen Ärzten die Zulassung, Handwerkskammern wollen keine jüdischen Lehrlinge mehr prüfen. Etwa 200 000 Juden werden arbeitslos oder dürfen an keiner Berufsausbildung mehr teilnehmen.
Wer gegen die Nazis protestiert, wird abgeholt. Das Sondergericht für politische Straftaten beim Landgericht Hamburg tritt am 18. April 1933 zum ersten Mal zusammen. Es kann die Arbeit bald nicht mehr bewältigen, noch 1933 wird eine zweite, im Jahr darauf eine dritte Kammer eingerichtet. Im August köpft man in Hamburg noch mit dem Fallbeil, ab Januar 1934 mit dem Handbeil.

Auch Max Warburg und Carl Melchior sind schnell. Sie handeln mit dem professionellen Können, den Erfahrungen und den Verbindungen Hamburger Kaufleute. Sie schaffen eine zentrale Institution für alle Juden, sie sehen sich nach Verbündeten um, und sie entwickeln einen Auswanderungsplan. Sie machen alles gleichzeitig, und sie machen es keineswegs allein. Aber sie sind die treibenden Kräfte.
Als zentrale Institution für alle Juden gründet die Reichsvertretung der jüdischen Landesverbände am 13. April 1933 den Zentralausschuß für Hilfe und Aufbau, eine Stabsstelle, die berät und koordiniert. Zum ersten Mal finden sich hier die großen jüdischen Organisationen zur praktischen Zusammenarbeit bereit: der Centralverein deutscher Staatsbürger jüdischen Glaubens, der Hilfsverein der deutschen Juden, die Zionistische Vereinigung für Deutschland, der Jüdische Frauenbund, und andere wie die mächtige Jüdische Gemeinde Berlin, die allein ein Drittel der deutschen Juden vertritt. An der Spitze des Zentralausschusses steht Rabbiner Leo Baeck, ein bei allen

hoch angesehener Gelehrter. Geschäftsführer der einzelnen Sektionen werden junge Leute aus der jüdischen Sozialarbeit. Der Zentralausschuß soll allen Hilfe bieten, die aus ihren Berufen hinausgedrängt worden sind oder nichts lernen dürfen, soll Berufsberatung organisieren, jüdische Schulen und kulturelle Institutionen ausbauen, Auswanderung unterstützen. Finanziert wird die Arbeit durch Spenden jüdischer Gemeinden und ausländischer Hilfsorganisationen.
Auf der Suche nach Verbündeten nutzt Max Warburg seine Kontakte zu Großindustriellen, die Zugang zu Hitler haben und ihn beeinflussen können. Professor Carl Bosch, der Vorsitzende des Aufsichtsrats der I.G. Farben, ist auch bereit, mit Hitler zu sprechen. Doch wenig später heißt es in Berlin, Bosch sei nach einem Versuch, über die Probleme der Juden zu reden, von Hitler regelrecht hinausgeworfen worden. Max Warburg lädt zu einem zweiten Treffen mit Wirtschaftsführern im Juni ein, an dem auch der Vorsitzende des Reichsverbandes der deutschen Industrie Gustav Krupp von Bohlen und Halbach, Carl Friedrich von Siemens und Kurt Schmitt, Vorstandsvorsitzender der Allianz AG, teilnehmen. Krupp und Siemens sind bereit, Druck auf Hitler auszuüben. Doch auch sie, heißt es bald in Berlin, versuchen vergeblich, die Judenverfolgung „mit Hitler persönlich" zum Thema zu machen. Die übrigen Industriellen haben keine Neigung, sich mit der neuen Regierung anzulegen, von der sie Großaufträge erwarten. Aber einen Erfolg kann Max Warburg sich möglicherweise zurechnen. Als Hitler Kurt Schmitt zum Reichswirtschaftsminister ernennt, spricht Schmitt sich gegen die Angriffe auf jüdische Geschäfte aus – solange deutsche Waren im Ausland boykottiert werden, kann die Industrie keine Arbeitslosen einstellen. Goebbels muss bekannt geben, „daß keine Veranlassung besteht, gegen eine Firma vorzugehen, solange ihre Inhaber nicht gegen gesetzliche Vorschriften oder gegen die Grundsätze kaufmännischer Ehre verstoßen".

Im Frühsommer 1933 sind 38 Prozent der Vorstands- und 25 Prozent der Aufsichtsratsmitglieder jüdischen Glaubens aus ihren Positionen vertrieben. Der Reichspostminister „entfernt" Max Warburg aus dem Aufsichtsrat der Deutsch-Atlantischen

Telegraphengesellschaft, und auch die Hamburg-Amerika Linie entlässt ihn.
Warburgs Entlassung wird nach dem üblichen Donnerstag-Frühstück im Reedereigebäude mitgeteilt. Als niemand ihn mit einer Rede verabschiedet, schlägt er selbst an sein Glas und steht auf: „Meine sehr geehrten Herren, lieber Herr Warburg!" Er hält die Rede auf sich in aller Ruhe und Deutlichkeit: „Die große und mächtige deutsche Schiffahrt ist vornehmlich das Werk zweier Juden. Der eine ist der verstorbene Albert Ballin, der andere ist der Mann, der die Ehre hat, vor Ihnen zu stehen." Und er endet: „Es fällt uns schwer, in Ihnen einen Bürger zu verlieren, der seinem Vaterlande während des Krieges so große Dienste geleistet hat. Schließlich können wir auch nicht vergessen, dass nach dem Ausgang des unglücklichen Krieges Sie und kein anderer unsere Gesellschaft aus Trümmern wiederaufgebaut und mit Ihrem Gelde saniert hat. Wir haben Ihnen das nicht vergessen. Und wenn wir, die neuen Leute hier, jetzt gezwungen sind, uns von Ihnen, dem altbewährten Mitarbeiter zu trennen, tragen wir die Schuld." Er faltet seine Serviette, verneigt sich nach allen Seiten und verlässt das Haus.

Max Warburg und Carl Melchior entwerfen seit März 1933 Auswanderungsprojekte und Modelle ihrer Finanzierung. Von den 25 000 Juden, die in den ersten Wochen 1933 Deutschland verlassen haben, kommen 18 000 zurück. Die wilde Flucht war sinnlos. Leute ohne Einwanderungserlaubnis werden aus allen Ländern ausgewiesen. Wer fortwill aus Deutschland, muss einen Beruf haben, der im Einwanderungsland gefragt ist, und Geld: Fast alle Länder verlangen ein Vorzeigegeld in Landeswährung, mit dem Einwanderer ihren Lebensunterhalt selbst bezahlen können, bis sie Fuß gefasst haben.
Landeswährung bedeutet Devisen, und die sind in Deutschland kaum zu bekommen. Käufer in zahlreichen Ländern boykottieren deutsche Exportwaren, das Reich hat keine Einnahmen, die noch vorhandenen Reserven unterliegen seit der Bankenkrise einer strengen Bewirtschaftung.
Warburg und Melchior planen die Auswanderung eines Drittels der 500 000 Juden. Die Jüngeren, die keine berufliche Zukunft mehr haben, sollen Berufe und Sprachen erlernen, die in Ein-

wanderungsländern gefragt sind, und Deutschland verlassen. Die Älteren sollen dableiben und die verlorenen Rechte zurückgewinnen. Die beiden Freunde prüfen Wege, wie die Jüngeren so viel Kapital wie möglich in Einwanderungsländer transferieren können – einmal, damit die Länder Juden überhaupt hereinlassen, und zum anderen, damit die Auswanderer sich dort eine neue Existenz aufbauen können. Warburg will die Auswanderung durch einen Kredit aus dem Ausland finanzieren, den er mit jüdischem Vermögen in Deutschland absichert. Für die Absicherung soll eine Liquidationsbank Immobilien – vom Häuschen und dem kleinen Laden bis zur Fabrik – und angelegtes Kapital von Auswanderern – Wertpapiere, Schuldverschreibungen, Pfandbriefe – liquidieren, verkaufen, flüssig machen, und den Erlös bei nichtdeutschen Banken unterbringen.
Warburg und Melchior haben erprobte Verbindungen zur Reichsbank und zu den Reichsministerien. Die alten Ministerien laufen unter Hitler weiter, aber neben ihnen gibt es zunehmend mehr neue nationalsozialistische Organisationen, die mit ihnen und auch untereinander konkurrieren. Hitler lässt die Männer aufeinander los, der Stärkere soll gewinnen. So gibt es auf allen Ebenen hin und wieder die Chance, in diesem Gerangel jemanden zu finden, der hilft, und sei es aus Erbitterung über die Neuen.
Doch ehe Warburg Gespräche in Berlin aufnimmt, will er sich im Ausland Unterstützung für den großen Auswanderungsplan sichern. Besonders zwei mächtige Organisationen sorgen weltweit für jüdische Flüchtlinge: ein American Jewish Joint Distribution Committee in New York – der American Joint, dessen Vorsitzender Felix M. Warburg ist – und ein Central British Fund for German Jewry in London – der British Fund. Auch in London sitzen reiche und einflussreiche Bankiers und Geschäftsleute im Präsidium und im Spendenkomitee.
Für die Beziehungen zu Juden in den USA und Großbritannien sind im Zentralausschuß Werner Senator, der auch Mitglied der Jewish Agency in Jerusalem ist, und der Zionist Ludwig Tietz zuständig. Senator schickt Anfang April 1933 einen Aktionsplan an den American Joint in New York, erklärt in seinem Begleitbrief, dass offizielle Telegramme und Briefe der deutschen jüdischen Gemeinden ins Ausland nun oft von den Nazis

diktiert würden, und schlägt vor, einen geheimen Nachrichtendienst einzurichten. Die Amerikaner reagieren mit Unverständnis.
Auch in London haben Carl Melchior und Ludwig Tietz keinen Erfolg, als sie dem British Fund im Juni mitteilen, dass sie an einem Auswanderungsplan und einer Liquidationsbank arbeiten, und als Melchior wiederholt: Der Boykott deutscher Waren sei widersinnig, die ausländischen Juden sollten ihn aufheben, und zwar im Austausch gegen die Erlaubnis für Emigranten, Geld mitzunehmen. Der British Fund ist zwar bereit, den Boykott nicht länger zu unterstützen, doch viele seiner Mitglieder sind entrüstet, weil sie es feige finden, nicht zu boykottieren.
Nun schickt Max Warburg im Auftrag des Zentralausschusses und als seinen persönlichen Abgesandten Wilfrid Israel nach London. Wilfrid Israel ist ein Freund seiner Tochter Lola, ist elegant, exzentrisch, gebildet, Teilhaber vom Kaufhaus N. Israel in Berlin, und er besitzt einen britischen Pass, was häufige Geschäftsreisen unauffälliger macht. Er ist von nun an Max Warburgs geheimer Bote. Jetzt soll er die englischen Juden dazu bringen, sich mehr für die Vorgänge in Deutschland zu interessieren. Eine neue Welle des Terrors rast durch das Land, Juden werden verhaftet und oft schwer misshandelt, verprügelt.
Max Warburg wünsche, übermittelt Wilfrid Israel, dass die Gelder des Zentralausschusses in das Büro des American Joint in Berlin transferiert werden, denn dieser sei als amerikanische Institution sicher. Man möge einen englischen Juden nach Berlin schicken als Mittelsmann zwischen deutschen Juden und britischer Botschaft. Außerdem müsse der Boykott aufhören, die Nazis hätten die Verfolgung der Juden in kleineren Städten verschärft. Warburg empfehle die Auswanderung von 100 000 bis 150 000 Personen nach Palästina in einem Zeitraum von fünf bis zehn Jahren. Wer in Palästina kein Unterkommen finde, solle in andere Länder gehen. Warburg denke auch an einen Vermögenstransfer, der auf Umwandlung des jüdischen Vermögens in Deutschland in Exportwaren beruhe.

Auch das Projekt eines Transfers der Gelder von Auswanderern nach Palästina durch den Kauf von deutschen Exportwaren wird seit März 1933 entwickelt. Heinrich Wolff, der deutsche

Konsul in Jerusalem, dessen Gast Max Warburg vier Jahre zuvor war, kündigt im März dem Auswärtigen Amt in Berlin den Besuch von Sam Cohen an. Cohen ist Leiter der Siedlungsgesellschaft Hanotea und will über seinen Vorschlag verhandeln, das Vermögen deutscher Juden ins Land zu holen, um den Anbau von Zitrusfrüchten zu fördern: Wer auswandern will, kauft in Deutschland Exportwaren für die Hanotea und bezahlt in Reichsmark – Cohen braucht Röhren und Pumpen für Bewässerungsanlagen, landwirtschaftliche Maschinen, Düngemittel – und bekommt für die Waren in Palästina ein Haus oder eine Zitruspflanzung und ein kleines Startkapital.
Für Einwanderer nach Palästina hat die britische Mandatsregierung elf Bedingungen vorgesehen, die Voraussetzung für ein Visum sind: Zehn hängen von Fähigkeiten des Einwanderers und Bedürfnissen Palästinas ab, nur eine – die erste – allein von Geld. Dieses sogenannte „Kapitalisten-Zertifikat" kann jeder für sich und seine Familie bekommen, der in Palästina über ein Kapital von tausend Palästina-Pfund – oder englischen Pfund – verfügt: das Vorzeigegeld. Chaim Arlosoroff, der Leiter der Politischen Abteilung der Jewish Agency for Palestine – der Völkerbund hat Großbritannien damit beauftragt, Palästina zu verwalten, und die Jewish Agency ist die völkerrechtlich anerkannte Vertretung der Juden in Palästina –, unterstützt Cohens Vorschlag: Die Zionisten fordern wohlhabende deutsche Juden zur Einwanderung auf, um das Land entwickeln zu können.
Im Mai beginnen die Verhandlungen zwischen Sam Cohen und Regierungsrat Hans Hartenstein, dem Leiter der Reichsstelle für die Devisenbewirtschaftung im Reichswirtschaftsministerium. Der Vorteil eines Abkommens liegt für Deutschland darin, dass der Boykott deutscher Waren in dreißig Ländern ausgerechnet von Juden in Palästina durchbrochen wird und Firmen vielleicht bald wieder mehr produzieren und Arbeitslose einstellen können. Am 19. Mai schon schickt das Reichswirtschaftsministerium seine offizielle Zustimmung an Cohens Rechtsanwalt Siegfried Moses. Das erste Abkommen läuft über eine Million Reichsmark und ist zeitlich begrenzt. Die Reichsbank ist bereit, den Auswanderern die Devisen für das Vorzeigegeld zu verkaufen, tausend Pfund für 12 500 Reichsmark.

Mitte Juli erweitert das Ministerium das Abkommen mit der Hanotea auf drei Millionen Mark. Bei diesem Vertragsvolumen verlangt nun die Zionistische Vereinigung für Deutschland, dass offizielle jüdische Stellen in Deutschland und Palästina die Verantwortung für den Transfer jüdischen Kapitals übernehmen. Georg Landauer, ihr Leiter, führt Vorbesprechungen mit Max Warburg und Siegmund Wassermann, Teilhaber der Bank A. E. Wassermann, Mitbegründer der Jewish Agency und aktives Mitglied im Zentralausschuß und im Hilfsverein. Ende August bestätigt das Ministerium das Transferabkommen mit der Jewish Agency. Die Bank M.M.Warburg & Co. gründet mit A. E. Wassermann, Bamberg und Berlin, und der Anglo Palestine Bank Ltd. in Tel Aviv die Paltreu, die Palästina Treuhand-Stelle zur Beratung deutscher Juden GmbH, Sitz Berlin, Friedrichstraße 218. Die Paltreu nimmt die Einzahlungen der Auswanderer in Reichsmark entgegen, kauft die deutschen Waren für den Export und bezahlt sie. Die Bank in Tel Aviv gründet die Treuhandgesellschaft Trust and Transfer Office Haavara Ltd., abgekürzt Haavara – hebräisch für Transfer. Die Haavara verkauft die importierten Waren in Palästina und zahlt dem Einwanderer den Erlös aus, mit dem er seine Existenz im neuen Land begründen kann.
Das Haavara-Abkommen erleichtert Max Warburg, es ist eine Variation der Finanzierung, aber es beseitigt seine Sorgen nicht. Palästina ist klein, ein Wüstenland, und seine Wirtschaft kann nicht viele Menschen ernähren.

2.
Nach den Anfangserfolgen setzen die Misserfolge ein. Die britischen Juden haben nach Wilfried Israels Besuch zwar ihre Regierung vom Elend der deutschen Juden unterrichtet, doch die lehnt jede Einmischung in die inneren Angelegenheiten Deutschlands strikt ab. Auch der American Joint kann nicht helfen und Gelder sicherstellen: Die Gestapo hat sein Büro in Berlin durchsucht, sein Vertreter hat Deutschland verlassen.
Den größten Misserfolg erlebt Max Warburg persönlich am 2. August 1933 bei einem Treffen der reichen jüdischen Organisationen in den USA und Großbritannien im Wobourn House in London. Er stellt ihnen seinen großen Plan einer geordneten

und organisierten Auswanderung vor, und sie lehnen es ab, das Projekt mit einem Kredit zu finanzieren. Seinen zweiten Vorschlag, den Export deutscher Waren als Mittel zum Transfer jüdischen Kapitals auch in andere Länder als nach Palästina zu fördern, will keiner anhören – den deutschen Export will man doch gerade boykottieren. Die amerikanischen Juden wollen die Madison Avenue hinuntermarschieren und Mitbürger bitten, keine Waren aus Deutschland zu kaufen.

Max Warburg weiß nicht, was die Nationalsozialisten mit den Juden vorhaben, und leidet unter der Ungewissheit. Er versucht alles, was ihm möglich ist, um mit der Partei zu irgendeinem Abkommen zu gelangen, denn die Not unter den arbeits- und einkommenslosen Juden ist groß. Er geht bis zum sogenannten Freundeskreis Reichsführer SS, kurz auch Himmlerkreis genannt, der im August 1933 noch Kepplerkreis heißt nach seinem Initiator Wilhelm Keppler, dem Wirtschaftsbeauftragten Hitlers. Dem Kreis gehören Reichsbankpräsident Schacht und zahlreiche Bankiers und Wirtschaftsführer an, die Hitler besonders hofiert. Warburg hat Emil Helfferich, den neuen Vorsitzenden der Hamburg-Amerika Linie, um Vermittlung gebeten. Das Gespräch findet in der Commerzbank in Berlin statt, Erich Warburg und Helfferich sind dabei. Aber alles, was Keppler mitzuteilen hat, ist nur der Rat an Warburg, seine Aufsichtsratssitze aufzugeben, wenn der Druck zu stark sei. Helfferich: „Es fiel kein hartes Wort zwischen den Beiden. Aber Warburg war am Ende der Besprechung sehr niedergeschlagen." Die Nationalsozialisten wollen nichts anderes, als die Juden zu vertreiben.

Ein weiteres Problem für Max Warburg ist die Uneinigkeit unter den Verfolgten. Monatelang fehlt nun doch ein einflussreicher Dachverband: Leo Baeck ist im Juni 1933 von der Leitung der Reichsvertretung der jüdischen Landesverbände zurückgetreten, weil die Berliner Gemeinde mit ihrem Vorsitzenden Heinrich Stahl ihre Autorität zu oft angefochten hat.
Kölner Herren bitten Max Warburg, für Stärke in der Organisation der deutschen Juden zu sorgen: Warburg ist als Vorsitzender des Hilfsvereins der einflussreichste Jude in Deutschland –

der mächtigste, meint Werner Senator. Bei einem vorbereitenden Treffen von zwanzig führenden Leuten in einer Synagoge in Essen lehnt Warburg die Leitung einer neuen Reichsvertretung aber entschieden ab und schlägt vor, einen Rabbiner zu nehmen – Leo Baeck. Warburg wird ihn gegen die Berliner stützen. „In Essen wollten sie mich wirklich zum König ausrufen", schreibt er Alice am nächsten Tag. „Da der größte Teil dieser Monarchen umgebracht wurde, habe ich im Interesse meiner Familie verzichtet. Ich werde aber in zweiter Reihe mitmachen. Die Leute waren manierlich und von großer Dankbarkeit."

Nach langen Verhandlungen wird die Reichsvertretung der deutschen Juden am 17. September 1933 gegründet, und fast alle jüdischen Vereine und Verbände sind Gründungsmitglieder oder treten ihr wenig später bei. Die Gründungsversammlung verläuft spannungsreich, und nur dem energischen Auftreten Max Warburgs und Georg Hirschlands, des Vorsitzenden der Gemeinde Essen, ist es zu verdanken, dass die Gründung zustande kommt. Auch später gibt es viel Streit und Kräftemessen, auch später gleicht Max Warburg immer wieder angeblich unversöhnliche Gegensätze aus, schafft Kompromisse.

Seit September 1933 sind die deutschen Juden organisiert:

Die Reichsvertretung ist ihre Repräsentantin gegenüber deutschen Behörden und ausländischen Institutionen. Max Warburg sitzt in der zweiten Reihe, im Finanzausschuss, der für Geld sorgt und seine Verteilung plant. Cora Berliner, Professorin für Wirtschaftswissenschaften und bis zum 7. April Regierungsrätin im Reichswirtschaftsministerium, ist für Wirtschafts- und Sozialfragen zuständig. Geschäftsführender Vorsitzender ist Otto Hirsch, ein Schwabe aus Stuttgart und bis zum 7. April Ministerialrat im Württembergischen Innenministerium. Hirsch weiß, dass der Einfluss der Reichsvertretung an das große verzweigte Hilfswerk für Auswanderungswillige gebunden ist, das der Zentralausschuß organisiert.

Der Zentralausschuß koordiniert Berufsausbildung und Umschulung, Unterstützung der Bedürftigen, Vorbereitung auf die Emigration.

Der Hilfsverein kümmert sich um die Auswanderung in alle Länder außer nach Palästina. 1933 berät er 60 000 Menschen, unterstützt 7700 finanziell: Er gibt Zuschüsse für Bahn- und

Schiffskarten, für Visa und Kleidung, Verpflegung während der Fahrt, Transport von Gepäck, Hausrat und Werkzeug. Seine Beratung in den Berliner Büros Martin-Luther-Straße 91 und Oranienburger Straße 31 ist individuell, die Warteräume sind ständig voll. Die Mitarbeiter beantworten monatlich bis zu 4000 schriftliche Anfragen aus ganz Deutschland. In mehreren Städten eröffnet der Hilfsverein weitere Beratungsstellen, in Hamburg in der Ferdinandstraße 14.

Das Palästina-Amt in Berlin ist zuständig für die Auswanderung nach Palästina. Es ist eine Abteilung der Jewish Agency for Palestine und hat Zweigstellen in zwanzig größeren Städten. Das Amt verteilt die Einwanderungszertifikate, die die Mandatsregierung bewilligt hat. Zehntausende wollen nach Palästina, aber das Amt hat nicht genug Zertifikate für die zehn Kategorien von Einreisewilligen ohne Geld. Für das Kapitalisten-Zertifikat melden sich in der Mehrzahl Leute aus dem Mittelstand, die früher niemals an eine Auswanderung nach Palästina gedacht haben: Ärzte, Anwälte, Kaufleute und kaufmännische Angestellte. Ohne den Haavara-Transfer könnten sie nicht auswandern.

Max Warburg hat die zentrale Position in diesem Geflecht von unterschiedlichen Organisationen, in denen zahlreiche Leute mitarbeiten, die sonst auf der Straße stehen würden. Er delegiert, aber er ist sofort da, wenn es nicht weitergeht. Oft ist von Chaos die Rede, manches klappt nicht, Nazibestimmungen ändern sich, man arbeitet unter Aufsicht der Gestapo und oft im Verborgenen. Warburgs Ruhe und Zugewandtheit, seine Stärke und Menschlichkeit erfüllen die Mitarbeiter mit neuem Mut und Elan, wenigstens eine Zeit lang bis zum nächsten Schlag der Nazis. Zionisten, die die Zukunft der Juden nur in einem jüdischen Staat in Palästina sehen, und Nichtzionisten, die ihre Gleichberechtigung in Deutschland wiedergewinnen wollen, arbeiten friedlich und sehr effektiv zusammen.

Die Gestapo verlangt von Max Warburg als Vorsitzendem des Hilfsvereins, dass er ihr seine Redetexte vorlegt und auf Verlangen Passagen streicht. Gestapobeamte nehmen an allen Sitzungen des Präsidiums der Reichsvertretung teil, zwei stumme Männer in schwarzen Uniformen, die Stiefel blankgeputzt, die Gesichter ausdruckslos.

Bei einem geheimen Treffen im November in Berlin sind Leo Baeck, Max Warburg, Otto Hirsch und andere pessimistisch über die Zukunft der deutschen Juden, meinen alle, die Jungen sollten auswandern. Trotz der niederdrückenden Misserfolge in London ist Warburg zum weiteren Kampf entschlossen: „Ich habe einen Kampf nie aufgegeben, sondern immer nur aufgeschoben, und bin immer wieder auf das Ziel, das ich mir gesetzt hatte, zurueckgekommen. Ich habe mich auch nicht gescheut, Schritte zu gehen, die von der Umwelt oft stark kritisiert wurden, wenn ich von ihrer Richtigkeit ueberzeugt war."

3.

Max Warburg ist entschlossen, seine Firma wie eine Festung zu verteidigen. Für M. M. Warburg & Co. gibt es 1933 keine neuen Emissionsgeschäfte und keine langfristige Finanzierungstätigkeit von Bedeutung. Die Bank verliert zahlreiche Kunden und muss 18 Aufsichtsratmitgliedschaften aufgeben. Max Warburg weigert sich, eine Niederlage hinzunehmen. Kein Aufsichtsratssitz soll als verloren angesehen werden, kein Kunde außerhalb der Reichweite. Er versucht, Rudolf Brinckmann, den nichtjüdischen Generalbevollmächtigten der Bank, anstelle der Warburg-Teilhaber in die Aufsichtsräte zu bringen.

Die strenge Devisenbewirtschaftung stoppt das Auslandsgeschäft, und M. M. Warburg & Co. richten Niederlassungen in Amsterdam – Dutch International Corporation – und London – New Trading Company – ein, die für emigrierte Warburg-Kunden arbeiten und neue Geschäfte außerhalb Deutschlands anbahnen. Siegmund G. Warburg, der Neffe von Aby S. und seit Kurzem Teilhaber in der Warburg-Bank, wird Hauptteilhaber der New Trading Company. Er hält die Zukunftsaussichten in Deutschland für schlecht und bereitet sich darauf vor, Hamburg im kommenden Frühjahr zu verlassen.

Auch Max Warburgs Frau Alice und sein Sohn Erich wünschen, dass die Familie auswandert, sie sind überzeugt, dass er in großer Gefahr lebt. Carl Melchior beurteilt die Situation ebenfalls viel ernster als er. Max Warburg bezweifelt nicht, dass die Juden am Anfang einer Leidenszeit stehen, aber er glaubt fest, sie werde zeitlich begrenzt sein. Aus diesem Glauben gewinnt er die Kraft durchzuhalten.

Er stürzt sich in die Zusammenarbeit mit der Paltreu. Nur 4000 Menschen erhalten 1933 ein Einwanderungszertifikat nach Palästina, 3000 individuelle Auswanderungen – oder 75 Prozent – bearbeitet die Warburg-Bank, tausend – 25 Prozent – die Wassermann-Bank. Die neuen Aufgaben sind kompliziert, jeder Transfer bringt andere Schwierigkeiten, jeder Einzelvorgang innerhalb eines Transfers muss für die Steuerbehörden penibel dokumentiert werden. Für jeden erledigten Auftrag erhält die Bank ein bis zwei Prozent der Gesamtsumme.
Viele kleine Unternehmer wenden sich an Max Warburg, deren Betrieb oder Ladengeschäft – stadtbekannte Namen darunter – seit vielen Generationen in Hamburg besteht und die nun unter dem Druck der Nazis verkaufen müssen und Kapital für die Auswanderung und für einen neuen Start in einem fernen, fremden Land brauchen.
Die Schwierigkeiten sind manchmal übergroß. Die Warburgs führen wochenlange Verhandlungen über einen sicheren Ort für die Kulturwissenschaftliche Bibliothek Warburg mit Institutionen in Holland, Italien, den USA und Großbritannien. Die Familie zerstreitet sich über die Bibliothek. Felix Warburg will sie in New York sehen, was aber finanziell unmöglich ist: Selbst wenn die Hamburger Warburgs sie verschenken würden, müssten sie erhebliche Steuern zahlen, die sie nicht mehr aufbringen können. Bücher können steuerbefreit nur als Leihgabe außer Landes gebracht werden. Die einzigen, die das einsehen, sind die Engländer. Am 12. Dezember 1933 fahren zwei kleine Dampfer, HERMIA und JESSICA, mit 60 000 Büchern in 531 Kisten die Elbe hinunter. Sechs Institutsmitglieder emigrieren mit nach London, Juden und Christen.
Aby S. Warburg und Carl Melchior sterben am 30. Dezember 1933, am selben Tag. Aby S., der Seniorpartner, ist immer ein stiller Mann gewesen, aber im Lauf der Jahre geschätzt für seine Menschen- und Sachkenntnis und seine Arbeit in wohltätigen Einrichtungen. Melchior hat gerade seine zwanzig Jahre jüngere Freundin Marie de Molènes geheiratet und einen Sohn bekommen. Er hat mit seiner Verhaftung durch die Gestapo gerechnet und wenige Tage vor seinem Tod seinem Freund Kurt Sieveking eine persönliche Vertretungsvollmacht erteilt. Er

starb an einer Herzattacke. Max Warburg erhält die Todesnachrichten in New York, wo er Spendengelder auftreiben und den amerikanischen Juden den Boykott ausreden will.

4.

Max Warburg sucht weiter Hilfe im vertrauten Netzwerk der Wirtschaft und Politik, steckt die zunehmenden Demütigungen weg. Reichswirtschaftsminister Schmitt beruhigt ihn, sagt, Hitler wünsche, dass bedeutende Privatbanken zunächst nicht ausgeschaltet würden. Vizekanzler Franz von Papen verspricht, liebenswürdig wie immer, zu tun, was er kann. Im Vorzimmer redet Warburg auch mit Papens Sekretär und einem weiteren Mitarbeiter, zwei Tage später sind beide tot – in einer Nacht der langen Messer lässt Hitler seine Konkurrenten in der SA-Führung umbringen und bei der Gelegenheit auch Konservative, die ihm in die Quere kamen. Papen, der Hitler zu seinem Steigbügelhalter machen wollte, beschränkt sich nun darauf, sich selbst durch diese Zeit zu bringen. Der amerikanische Botschafter Dodd notiert nach einem Besuch Max Warburgs in seinem Tagebuch: „Man sah ihm an, daß er in den vergangenen Monaten viele Aufregungen durchgemacht hat. Jetzt schwebt er in Lebensgefahr, wenn die hiesigen Machthaber je seine wahre Gesinnung erfahren sollten."

Beim Haavara-Abkommen gibt es jede Woche neue Probleme, die Max Warburg in Berlin mit Regierungsrat Hans Hartenstein klärt, einem verständnisvollen und entgegenkommenden Mann, den Warburgs Begleiter sehr schätzen. Warburg versucht, das Abkommen auf andere Länder auszuweiten, darf Bewässerungsrohre nach Syrien verkaufen, in den Irak und in die Türkei. Die deutschen Juden leben von ihren Ersparnissen, werden ärmer, immer mehr erkennen, dass nur noch die Emigration bleiben wird. Das eingezahlte Kapital bei der Paltreu läuft innerhalb eines halben Jahres auf das Doppelte auf. Doch ein Land nach dem anderen lehnt es ab, jüdische Flüchtlinge aufzunehmen, und auch die Jewish Agency in Palästina bewilligt weiter nur eine unzureichende Anzahl von Einwanderungserlaubnissen. Seit Mai 1934 müssen Auswanderer eine Reichsfluchtsteuer von 25 Prozent auf alle Beträge über 50 000 Reichsmark bezahlen.

Im Herbst 1934 reist Max Warburg wieder mit Alice und Anita für drei Monate in die USA, um geschäftliche Beziehungen zu ordnen und Spenden für die Emigration über den Atlantik zu sammeln. Die USA haben zwar offiziell eine Einwanderungsquote von jährlich 23 000 Deutschen, aber ihre Konsuln erteilen Visa nur so zögerlich, dass die Quote nie erreicht wird, und auch in den USA müssen Einwanderer 3000 Dollar vorzeigen.
Felix Warburg will, dass Max Deutschland verlässt. Max sagt, er sei zu alt für das Exil, außerdem könne er in Deutschland von Nutzen sein. Was aus ihm werde, sei ihm gleichgültig. Aber Anita weiß, dass ihr verschwiegener Vater sich Sorgen macht, viel riskiert und sich zu Hause jeden Tag fragt, was ihm zustoßen könnte.
Freunde von Felix verstehen nicht, dass Max den Standpunkt ablehnt, nur Palästina sei die Lösung der deutschen Probleme. Er bejahe die Diaspora als Form jüdischen Lebens, antwortet er, und: Palästina kann nicht alle aufnehmen, und nicht alle wollen dort leben. Sie verstehen auch nicht, dass er Palästina nicht als künftigen jüdischen Nationalstaat ansieht, sondern als Modell für ein friedliches Nebeneinander unterschiedlicher Religionen und Kulturen. Neben Arabern, Katholiken, Protestanten, sagt er, werden die Juden im heiligen Lande geschlossen auf gemeinsamem Boden leben, nicht als Herrscher, aber auch nicht als Beherrschte.
Amerikanische Zionisten wollen das Haavara-Abkommen zu Fall bringen. Sie verurteilen es als Bruch der jüdischen Solidarität und Verletzung des Boykotts und greifen Max Warburg wegen seiner Kontakte zu deutschen Ministerien und Behörden an, wegen seines angeblichen Paktierens mit Nationalsozialisten.
Auch Alice drängt, dass er auswandert, doch welcher Jude außer ihm, sagt er, kann zu Papen gehen, zu Schacht. Es ist seine Pflicht, den Schwachen beizustehen.
Fast die Hälfte aller jüdischen Privatbankiers hat Deutschland verlassen. Den Mitgliedern der früheren Wirtschaftselite, die jetzt in den USA leben, in Großbritannien, der Schweiz, Palästina, Frankreich, geht es schlecht, kaum einer schafft einen Neuanfang, sie sind zu alt, gehören nicht in die dortigen Netzwerke, konnten zu wenig Geld mitbringen.

Das Geld ist bei allem und jedem der Angelpunkt, und Geld ist Warburgs Metier.

M.M.Warburg & Co. bekommen einen Teil ihrer Forderungen von den Schuldnern, die in der Bankenkrise nicht zahlen konnten, 1934 wieder. Auch der Umsatz von Karstadt steigert sich. Die Bank ist immer noch eine der fünf größten Privatbanken des Reichs. Felix und Jimmy sitzen Max nicht mehr im Nacken, die Verbindung zur Berliner Handels-Gesellschaft hat er in aller Freundschaft rückgängig gemacht. In seinem Jahresbericht schreibt er, die Bank habe nun den Punkt erreicht, an dem man in normalen Zeiten mit Recht daran denken könnte, ein Programm konstruktiver Ausdehnung aufzustellen: „Der Weg zum Wiederaufstieg wäre frei gewesen, war aber durch die nationalsozialistische Politik versperrt."

Das Transfer-Abkommen Haavara und damit die Auswanderung drohen immer wieder zu scheitern. Warburg und seine Mitstreiter verhandeln weiter mit den Beamten im Reichswirtschaftsministerium, stehen vor immer neuen Schwierigkeiten. Das Reich verkauft die tausend Pfund Vorzeigegeld für immer höhere Reichsmarkbeträge, die Preise für deutsche Exportwaren müssen in Palästina subventioniert werden, damit man sie verkaufen kann, diese Bonifikation müssen die Auswanderer bezahlen, das Reich erlässt eine Fülle von Bestimmungen. Außer Geld für den Neuanfang der Auswanderer werden Spenden für die Entwicklung Palästinas transferiert, private Unterstützungsgelder, Schulgelder, manche Firmenbesitzer möchten die Maschinen ihres Betriebes mitnehmen, alles muss mit dem Ministerium abgestimmt werden. Warburg, der das Abkommen auch auf andere Länder ausdehnen will, versucht jetzt, Sondergenehmigungen für die Ausfuhr von Autobussen und Lastwagen nach Ägypten, Syrien und in den Irak zu bekommen.
„Wir Juden in Deutschland denken Tag und Nacht nur darüber nach, wie wir Ihnen in Ihrem Dritten Reich dazu verhelfen können, einen der wichtigsten Punkte Ihres Parteiprogramms durchzuführen, nämlich die Auswanderung der Juden", sagt er einmal im großen Sitzungssaal des Reichswirtschaftsministeriums, als er sich als einziger anwesender Jude unter den Ver-

tretern mehrerer Ministerien und Parteistellen Gehör verschaffen will, und hält dabei den Blick auf das lebensgroße Hitler-Bild gerichtet.

Hitler hat Hjalmar Schacht im Sommer 1934 auch zum Reichswirtschaftsminister ernannt, und Warburg findet sich regelmäßig zu langen Besprechungen mit Schacht ein. Der Reichsbankpräsident, Reichswirtschaftsminister und Generalbevollmächtigte für die Kriegswirtschaft ist der mächtigste Mann in der deutschen Wirtschaft. Er soll sie ankurbeln, damit sechs Millionen Arbeitslose von den Straßen verschwinden und Waffen produzieren, und will Deutschland wieder in die internationale Wirtschaft eingliedern, um Rohstoffe kaufen zu können. Das ist Warburgs Chance: Die Nationalsozialisten brauchen die Juden. Die fünf größten deutschen „jüdischen" Privatbanken vermitteln 1935 über 14 Prozent der Außenhandelskredite in das Deutsche Reich.

Schacht hat Warburg gegenüber mehrfach beteuert, dass sich die antisemitische Politik auf den öffentlichen Dienst, die akademischen Berufe und die Presse beschränken werde, und hat bei Reichsinnenminister Frick gegen den Boykott jüdischer Geschäfte protestiert. Aber jetzt sagt er, er könne ihm keine Erfolge bei der Eingrenzung der antisemitischen Politik versprechen, Hitler habe auf seine Vorbehalte mehrmals mit einem Tobsuchtsanfall reagiert. Schacht persönlich interessieren die Juden wenig. „So ungebildet bin ich nicht, daß ich Antisemit bin", sagt er zu Max Warburg. „Aber es gibt schon viele Juden, die ich nicht mag."

Seine Gespräche mit Warburg stimmt er mit Hitler ab. Hitler gefällt der Gedanke, dass die Juden ihre Auswanderung selbst finanzieren, er überträgt die Federführung dieser Angelegenheit seinem Stellvertreter Rudolf Heß. Die Paltreu darf die deutschen Exporte nach dem Haavara-Abkommen auf Ägypten, den Irak, Iran und Zypern erweitern.

Doch der Reichsbank gehen die Devisen aus, sie beschließt im März 1935, für das Vorzeigegeld monatlich nur noch Devisen im Wert von einer Million Reichsmark zu verkaufen. Kurz darauf setzt sie die Devisenzuteilung für das Vorzeigegeld auf 350 000 Reichsmark monatlich herab und gibt diese Summe auch nur, wenn die Paltreu zumindest die gleiche Summe in aus-

ländischer Währung vorzeigt. Im Mai 1935 beschränkt die englische Mandatsregierung die Einwanderung nach Palästina – 9000 sind im Vorjahr aus Deutschland gekommen, nun werden es noch weniger sein. Max Warburg ist niedergeschlagen und erschöpft. Ein Freund von Felix trifft ihn in Paris und teilt Felix mit, sein Bruder habe alle Zuversicht verloren und sehe für die nächsten zehn bis 15 Jahre für die Juden keinen anderen Ausweg, als Deutschland zu verlassen.
Max Warburg diskutiert mit Schacht auch über die Finanzierung der Auswanderung durch einen Auslandskredit, der mit jüdischem Vermögen in Deutschland abgedeckt wird – für 20 000 Auswanderer im Jahr, fünf Jahre lang. Eine Emigrationsbank im Ausland könnte ihnen Vorschüsse zur Gründung ihrer neuen Existenz geben gegen Übereignung des zurückgelassenen Vermögens an einen ausländischen Treuhänder. Schacht hat Bedenken, überlegt: Eine jüdische Auswanderung sei ein schwerer Aderlass für den deutschen Wirtschaftskörper, aber ein solcher Abzug von Kapital könne vielleicht mit Hilfe des Auslands langfristig finanziert werden, wobei man zu diesem Verlust noch den Aufbau einer leistungsfähigen Konkurrenz im Ausland in Kauf nehmen müsse. Warburg spricht von einer „Massenflucht zur Grenze“ – die Juden könnten das innere deutsche Problem zu einem äußeren machen. Schacht hofft, dass einem Kredit aus dem Ausland vielleicht auch andere Kredite folgen. Er muss abwarten, was Hitler dazu sagt.

5.
Auf dem Reichsparteitag der NSDAP in Nürnberg im September 1935 gibt Reichstagspräsident Hermann Göring die Nürnberger Gesetze bekannt.
Das Reichsbürgergesetz spricht Juden die politischen Rechte ab. Das Gesetz zum Schutz des deutschen Blutes und der deutschen Ehre verbietet die Ehe zwischen Juden und Nichtjuden sowie den außerehelichen Verkehr zwischen ihnen. Juden dürfen keine arischen Hausangestellten mehr beschäftigen – der kulturbegabte arische Herrenmensch darf nicht im Dienst des unschöpferischen jüdischen Parasiten stehen –, und sie dürfen die Reichsflagge mit dem Hakenkreuz nicht hissen, das heilige Symbol der deutschen Blutgemeinschaft nicht berühren.

Max Warburg will die Nürnberger Gesetze nicht schweigend hinnehmen. Er will einen Protest gegen die Verfolgung in allen Synagogen von den Rabbinern vorlesen lassen, einen „Aufschrei“ am Versöhnungstag, dem Yom Kippur, und er selbst wird ihn in der Synagoge des jüdischen Waisenhauses in Hamburg vorlesen.
Einem Postbeamten fällt auf, dass die jüdische Gemeinde achthundert Briefe an andere jüdische Gemeinden aufgibt, und die Gestapo konfisziert die Rede. Trotzdem lesen viele Rabbiner sie vor. In Berlin verhaftet die Gestapo Leo Baeck und Otto Hirsch mit der Begründung, sie hätten ihr den Text nicht zur Genehmigung vorgelegt. Warburg wird gewarnt und flieht.

„es war ein unausgesetztes Kämpfen und Jonglieren“

1.
Max Warburg lässt seine Frau nach London nachkommen. Alice besitzt einen kleinen Fünf-Jahres-Taschenkalender, in den sie einträgt, was sie getan und wen sie getroffen hat, Stichworte nur, die bei einer Hausdurchsuchung der Gestapo nicht viel verraten können. Jetzt notiert sie unter dem 8. Oktober 1935, einem Dienstag, „Frühzug allein nach Brüssel“. In Brüssel holt Anita sie ab, die nun in London lebt, nachdem ihr Cousin Siegmund ihrem Vater versichert hat, er garantiere ihren Lebensunterhalt, was immer geschehen werde. Am 9. fahren sie über Calais nach London. Siegmund und seine Frau Eva holen sie vom Bahnhof ab und bringen Alice ins Hotel Queen Ann’s: „Ausgepackt, diniert und gleich ins Bett.“
Max konferiert in London mit zahlreichen Leuten, Alice fährt zum ersten Mal in ihrem Leben mit der Untergrundbahn. Am 12. sind beide „z. Tisch bei Lady Montagu“ – Montagu Norman ist Gouverneur der Bank von England, ihr oberster Leiter. Am nächsten Tag, einem Sonntag, kommt Erich, und am Montag besuchen sie Norman Bentwich, den stellvertretenden Hochkommissar des Völkerbunds.
Als Leo Baeck und Otto Hirsch wieder frei sind, kehren Max und Alice nach Deutschland zurück. Sie begleitet ihn am 23. Oktober nach Berlin und besucht ihre Tochter Lola, deren Mann Rudolf und die Kinder Benita und Oscar in Wannsee.

Am Sonnabend, dem 26. Oktober, fährt Lola als Vertreterin ihres Vaters über Calais nach London.
Die Zeit für den großen Plan von Max Warburg – „einen meiner gewagtesten Pläne" –, mit dem er im August 1933 in London scheiterte, ist gekommen. Englische Bankiers sind bereit, über die Finanzierung einer Auswanderung der deutschen Juden zu sprechen.

Auch in Berlin haben Warburgs Verhandlungen mit Schacht Erfolg: Hitler beauftragt seinen Stellvertreter Rudolf Heß, „die Eröffnung von Möglichkeiten der Vermögensmitnahme" mit dem Reichswirtschaftsministerium und der Reichsstelle für Devisenbewirtschaftung zu prüfen. Ministerialdirektor Helmuth Wohlthat leitet die Besprechung der Ressortvertreter am 4. November. Heß und der Vertreter des Reichsinnenministeriums teilen mit, „daß der Führer einen Druck auf die Juden, auszuwandern, nicht ausgeübt wissen möchte". Die Juden sollten in der Wirtschaft nicht oder wenig behelligt werden, man solle ihnen mit den Möglichkeiten zur Vermögensmitnahme zunächst einen Anreiz zur Auswanderung geben. Einen Zwang zur Auswanderung soll man auf sie allerdings ausüben, „sobald sich ein Weg als gangbar erwiesen habe, den Juden die Vermögensmitnahme, wenn auch unter Verlusten für sie, zu ermöglichen". Ministerialdirektor Wohlthat legt den Ressortvertretern sechs Varianten des Warburg-Plans vor. Er hält Variante vier für erfolgversprechend, nach der das Prinzip des Haavara-Abkommens auch auf andere Länder als Palästina ausgeweitet wird: Exportaufträge aus Auswanderervermögen bezahlen und Überlassung eines Teils der Einnahmen in Devisen.
In London treffen sich große Finanziers und die Leiter des British Fund im Bankhaus Rothschild in New Court. Simon Marks, Besitzer des Kaufhauses Marks & Spencer und Zionist, trägt seinen Plan für eine Auswanderung nach Palästina vor. Ein zweites Treffen folgt am 20. November in Lord Bearsteds Haus – Edward Bearsted ist Direktor der British Shell. Nun ist auch Erich Warburg da, auf der Durchreise nach New York, sein Vater hat ihn instruiert. Erich reist jedes Jahr zweimal in die USA, um das *permanent residence visum* aufrechtzuerhalten, die Erlaubnis, ständig in den Vereinigten Staaten zu woh-

nen, die ihm während seiner Ausbildungszeit ein gut gelaunter Beamter gegeben hat. Manchmal, wenn er keine Zeit für eine Schiffsreise hat, fliegt er mit dem Zeppelin.
Lionel de Rothschild trägt Max Warburgs Plan für eine Emigrationsbank vor, um die Massenauswanderung in alle Länder zu ermöglichen. Die Herren wägen die Pläne von Warburg und Marks gegeneinander ab, die sich vor allem in der Finanzierung unterscheiden. Warburg will die Auswanderung sowohl durch deutsche Warenexporte – er nimmt die Entscheidung der Berliner Ministerialbeamten auf – als auch besonders durch einen Kredit aus dem Ausland finanzieren. Marks will sie allein aus Spenden finanzieren. Die Herren einigen sich darauf, die Finanzierungsvorschläge miteinander zu verbinden.
Das gelingt nach weiteren Gesprächen in London und Berlin. Marks und Bearsted sollen nach New York reisen, das gemeinsame Programm der englischen Zionisten und Nichtzionisten vorstellen und um die finanzielle Unterstützung der amerikanischen Juden für die Emigration von bis zu 100 000 Juden innerhalb von vier Jahren werben.

„Neue Bestimmungen zum Bürger u. ...gesetz herausgekommen", notiert Alice Warburg am 15. November. Ihre Schrift wird enger, dichter, manchmal zittrig, unlesbar. Von nun an gibt es Juden, Halbjuden, Vierteljuden, für die abgestufte Diskriminierungen vorgesehen sind, je nach Anzahl der jüdischen Großeltern. Die Staatsbürgerschaft ist jedem deutschen Staatsangehörigen bis auf den ‚Volljuden' verliehen worden. Sie sind Menschen zweiter Klasse.

Den ganzen Dezember über verhandelt Max Warburg in Berlin weiter. In London vertritt Wilfrid Israel ihn, sein geheimer Bote. In New York bittet Erich, den organisierten Boykott deutscher Waren zu beenden: Schacht verlange bei allen Unterredungen mit seinem Vater, dass der Boykott aufhöre. Die Vertreter der amerikanischen Juden lehnen ab. Der kommunistische *Daily Worker* schreibt höhnisch, durch seine Ernennung zum „Ehrenarier" winke Max Warburg ein „ansehnlicher Lohn".
In London greifen Zionisten Warburg an, als der kombinierte Warburg-Marks-Plan bekannt wird, nach dem Palästina nur

zwanzig Prozent der vorgesehenen Gelder erhalten soll. Weizmann warnt Marks vor allen Plänen, die Juden woanders als in Palästina anzusiedeln: „Die Zeiten der Warburgs und Rothschilds und ihrer Methoden sind vorbei, und zwar für immer." Alle Gelder sollen nach Palästina gehen, wo „der Aufschwung der letzten drei Jahre zum großen Teil dem Zustrom von Menschen und Geld aus Deutschland zu verdanken ist". David Ben Gurion erklärt, die Angelegenheit spiegele das Tauziehen zwischen dem erlauchten Kreis der Reichen und den breiten Massen des jüdischen Volkes wider: „Erst gestern haben wir mit dem Problem gerungen, wie wir unser ärmliches Budget ausgleichen können ... und nun hören wir von Projekten und Plänen, die in die Millionen gehen und hinter denen große Namen stehen; jüdische Lords, Millionäre und Kabinettsminister."

Eine Woche bevor Simon Marks und Lord Bearsted an Bord der MAJESTIC nach New York abreisen, bringt die *New York Times* auf ihrer ersten Seite einen Artikel mit der Überschrift „Weltjudentum soll großen Exodus der deutschen Glaubensbrüder finanzieren": Das Projekt verfolge die Absicht, „dem Deutschen Reich erneut wirtschaftlichen und finanziellen Wohlstand zu sichern". Ehe die Londoner darlegen können, wie die Finanzierung aussieht, heißt es in New York, die Juden sollten den Nazis Devisen geben, um ihre Glaubensbrüder loszukaufen. Dieser Irrtum setzt sich so fest, dass er sich niemals wieder aufklären lässt. Der Zeitungsartikel bringt den Plan zum Scheitern.

Die amerikanischen Juden setzen auf Wirtschaftskampf und nicht auf Auswanderung, wollen auch deutschen Juden keine Waren abkaufen. Sie sind bereit zu spenden, aber für weit weniger Auswanderer, als der Plan vorsieht. Rabbi Stephen Wise, der Motor der Boykottbewegung, berichtet von seinem Besuch bei Präsident Roosevelt. Der Präsident habe die Hände über dem Kopf zusammengeschlagen, als er Max Warburg zitierte, der ihm geschrieben habe, die Lage in Deutschland sei so schlecht. Dabei, sagte der Präsident, seien die Synagogen dort überfüllt, und allem Anschein nach sei an der Lage doch nichts verkehrt.

Hitlers außenpolitische Isolierung ist durchbrochen. Die Olympischen Winterspiele werden im Februar 1936 in Garmisch-Partenkirchen und die Sommerspiele im August 1936 in Berlin stattfinden. Hitler erwartet die Welt.

Die Empörung schwappt auf deutsche Zionisten über. Als Warburg den Beamten des Reichswirtschaftsministeriums eine Eingabe der Reichsvertretung zur Förderung der Auswanderung überreicht, am 27. Januar 1936, nimmt er außer Otto Hirsch und Siegfried Moses auch Georg Landauer mit, der nun in Jerusalem die Deutsche Abteilung der Jewish Agency leitet. Die Eingabe enthält nach weiteren Gesprächen mit Schacht eine neue Variante des Warburg-Plans: Eine Auswanderungsbank soll die langen Transferzeiten abkürzen, das Finanzvolumen der Auswanderförderung 250 Millionen Reichsmark betragen – zehn Jahre lang sollen 25 000 Juden auswandern, das sind 250 000 Menschen, das heißt für jeden sind tausend Mark vorgesehen. Landauer torpediert die Eingabe vor den Beamten: Die Summe sei viel zu hoch. Warburg verteidigt sie: Wohlhabende würden Hunderte mittelloser Auswanderer nachziehen, Palästina gebe zu wenig Einwanderungszertifikate, also müsse die Welt geöffnet werden. Landauer kontert: Andere Länder nehmen keine Armen, und Palästina kann sie nicht nehmen, wenn die Bemittelten in diese Länder dirigiert werden. Siegfried Moses beendet den Streit, indem er die Beamten bittet, die Eingabe als Entwurf anzusehen, der noch umgearbeitet werde.

Landauer hat den Plan durchkreuzt, weil er befürchtet, dass durch ihn der Transfer von Spenden deutscher Juden für die beiden Nationalfonds in Palästina zum Landerwerb und zur Landbebauung zurückgehen werden.

Das Reichswirtschaftsministerium lehnt den Kapitaltransfer in andere Länder als Palästina nun ab, weil dort durch den Boykott die Käufer für Transferwaren fehlen würden. Doch ein paar Wochen später legt Warburg gemeinsam mit dem Ministerium fest, dass von nun an Spenden nicht mehr als zwanzig Prozent des Transfers ausmachen dürfen und dafür mehr die Gelder von Familien bevorzugt werden.

2.

Warburg ersinnt immer neue Wege, Hindernisse zu umgehen, legt neue finanztechnische Details vor, bringt eine Londoner Bankengruppe für eine Auswandererbank zusammen, will einen „Weltfonds für das deutsche Judentum" gründen, der vermögenslose Juden rettet. Doch die Gruppe fällt auseinander, die Gründung des Weltfonds scheitert.

Er kämpft in Berlin um die Zusage der Regierung, dass die Verfolgung der Juden eingestellt wird, wenn die Jüngeren auswandern. Die Reichsvertretung schätzt, dass jetzt noch 438 000 Juden in Deutschland leben, von denen 240 000 bis zu 45 Jahre alt sind. Von diesen haben ein Fünftel ihre Vorbereitung zur Auswanderung abgeschlossen, neue Berufe und Sprachen gelernt – etwa weitere 50 000 könnten also auswandern. Doch wenn die Verfolgung weitergeht, könnte eine größere Anzahl Menschen aussichtsreicher um ihre Existenz kämpfen als eine kleinere, der die unter 45-jährigen Männer fehlen.

Die Gestapo ist unter Heinrich Himmler im Februar 1936 zur obersten Polizeibehörde des Reichs geworden. Himmler verbietet Besprechungen zwischen Juden und Beamten, außer wenn die Initiative dazu von der Regierung ausgeht. Max Warburg bittet seinen Bruder Felix, einen Mittelsmann zu schicken. Felix schickt David Glick, einen Rechtsanwalt aus Pittsburgh, der Deutsch spricht, Max instruiert ihn in London, ihre Verbindung muss geheim bleiben. In Berlin zieht Glick ins Hotel Esplanade.

In Hamburg bietet Erich Warburg dem amerikanischen Generalkonsul, der sein Büro am Alsterdamm hat, zu einem günstigen Mietpreis Räume im zweiten Stock der Bank an. Der Konsul zieht um und lässt das schützende Wappen der amerikanischen Regierung über dem Eingang in der Ferdinandstraße anbringen.

Die Reichsbank stellt vom 1. April 1936 an überhaupt keine Devisen mehr für das Vorzeigegeld bereit, und Paltreu und Haavara müssen für jeden Palästinaauswanderer einen zusätzlichen Transfer für tausend Pfund Vorzeigegeld zustande bringen. Bis zum Eingang der Devisen vergeht jetzt fast ein Jahr.

Mitte April töten Araber in Palästina zwei Juden. Die Folge: Generalstreik, Sabotageakte, Bombenanschläge. Die britische Mandatsmacht setzt die Zahl der Einwanderungszertifikate weiter herab.

3.
Der Hilfsverein unterbreitet dem neuen Council for German Jewry und anderen Institutionen in London einen Plan, wie jährlich 12 000 Juden außerhalb Palästinas eine Heimat finden können. Max Warburg und Otto Hirsch fahren im Mai nach London. Warburg braucht für diesen Plan eine Million Pfund. Dann geschieht das Wunder. Warburg beschreibt es später so: „Lord Burstead (sic) lud alle christlichen englischen Bankiers zusammen, und sie stimmten zu. Lord Burstead (sic) brachte mich zur Bank von England ... Montagu Norman kam mir entgegen und führte mich hinein ... Er war mit allem einverstanden, eine Million Pfund Anleihe wurde für den Zweck gestattet."
Aber Sir Montagu Norman, der Gouverneur der Bank von England, will zuerst die Zustimmung von Hitler haben. Der Vorschlag des englischen Bankenkonsortiums geht mit Datum vom 24. August 1936 an den Reichsbankpräsidenten und Reichswirtschaftsminister.

Reichsinnenminister Frick wünscht eine Chefbesprechung über die Regelung der wirtschaftlichen Stellung der Juden. Man müsse der Gefahr vorbeugen, dass sie in Deutschland neue Positionen gewinnen. Sein Staatssekretär Dr. Wilhelm Stuckart lädt Kollegen aus anderen Ministerien zu einem vorbereitenden Gespräch am 29. September 1936 ein. Wie von jeder Sitzung wird auch von dieser ein Protokoll angefertigt:
Ministerialdirektor Sommer, Abteilungsleiter beim Stellvertreter des Führers: „Vom Standpunkt der NSDAP aus könne entsprechend dem Parteiprogramm die Judenfrage erst dann als gelöst angesehen werden, wenn es in Deutschland keinen Juden mehr gibt." Aber die restlose Auswanderung könne nur in Etappen erreicht werden.
Staatssekretär Dr. Posse, Reichswirtschaftsministerium, „erklärt, man solle den Juden bis zur Ermöglichung der Auswanderung eine Betätigungsmöglichkeit in Deutschland lassen und nicht den Weg beschreiten, die Juden der Armenunterstützung zuzuweisen. Englische Banken hätten am 24. August 1936 dem Wirtschaftsministerium einen Plan unterbreitet, der darauf hingeht, mit Hilfe ausländischen Kapitals den Juden die Auswanderung aus Deutschland zu ermöglichen." Aber nur diejenigen

Juden könnten von einem anderem Land aufgenommen werden, die Kapital oder irgendeine Vorbildung besitzen. Man werde Juden mindestens gestatten müssen, die notwendigen Schulen einzurichten. Man müsse einige Selbstverwaltungseinrichtungen gestatten und Möglichkeit zu einer Ausbildung in der Landwirtschaft.

Staatssekretär Dr. Stuckart fasst zusammen: Schulen und sonstige Einrichtungen, die der Vorbereitung der Auswanderung dienen, sollen geduldet werden. Jedoch muss sichergestellt werden, dass die Auswanderung auch tatsächlich erfolgt. Entsprechend dem Parteiprogramm müssen alle Juden Deutschland verlassen.

In der Reichsbank hält man das für eine sinnlose Utopie und warnt vor einer „verschärften Politik gegen das Judentum", da „eine Massenauswanderung ohne Mitnahme erheblicher Kapitalien nicht möglich" sei.

Max Warburg hat eine Anleihe von einer Million Pfund zustande gebracht und kann die geordnete Auswanderung der Juden finanzieren. Alle beteiligten Stellen haben ihre Zustimmung signalisiert. Aber der Plan scheitert. Schacht lehnt ab.

Niemand weiß bis heute, mit welcher Begründung Schacht ablehnte. Die Gründe sollen in seinem Brief vom 23. Dezember 1936 an den Bevollmächtigten der Bankengruppe, Dr. Robert Kempner, stehen. Diesen Brief selbst hat noch niemand in den Archiven wiedergefunden.

Warburgs großer Plan ist in allen seinen Versionen an den Machtkämpfen der Nationalsozialisten untereinander und daran gescheitert, dass jüdische Organisationen in den USA eine Auswanderung nur über Spenden finanzieren wollen. Doch das Spendenaufkommen geht zurück, in der ersten Hälfte 1937 kann kaum ein Drittel der Juden, die Deutschland verlassen, mit Geldern aus dem Ausland unterstützt werden.

„liquidieren, ohne selbst dabei zu verwahrlosen"

1.

Die Warteräume der 18 Beratungsstellen des Hilfsvereins sind immer überfüllt. Der Hilfsverein beschafft Einwanderungspapiere, verhandelt mit Beamten, finanziert Auswanderungen, bestellt Schiffspassagen, regelt den Transport von Haushalten, überwacht die Reisen. Er veranstaltet Vortragsabende über die Auswanderung nach Südamerika, Südafrika, Australien, Asien und die Chancen, dort seinen Lebensunterhalt zu verdienen. Sein Netz ist über die ganze Welt gespannt, vierhundert Korrespondenten an vierhundert Orten berichten über die Arbeitsmarktlage je nach Alter und Beruf, über Unterkünfte und Mietpreise, und der Verein schickt Abgesandte auf Erkundungsreisen in neue mögliche Einwanderungsländer. Er gibt ein Korrespondenzblatt heraus und bietet Sprachkurse an. Mit regelmäßigen Fragebogenaktionen bei Tausenden von Auswanderern in Übersee sammelt er die Erfahrungen aus Buenos Aires, Asunción in Paraguay, Perth in Westaustralien, Japan.

Die Suche nach Auswanderungsmöglichkeiten wird von Jahr zu Jahr schwieriger, die meisten Staaten wollen überhaupt keine Juden mehr und vor allem keine armen Juden aufnehmen. Im Januar 1937 schlägt der französische Kolonialminister vor, die deutschen Juden nach Madagaskar zu schicken und auf die alten französischen Strafgefangeneninseln, nach Neukaledonien, auf die Neuen Hebriden im Pazifik, nach Französisch-Guayana. Der Hilfsverein ist vom Klima und den Bergwäldern dort nicht angetan, er neigt zu Costa Rica, hat aber kein Geld mehr für eine Erkundungsreise dorthin.

Der Hilfsverein fördert auch die Auswanderung von Kindern im Alter von sechs bis 15 Jahren ohne Begleitung der Eltern in die Vereinigten Staaten. 1937 steigt die Zahl der insgesamt nach den USA gebrachten Kinder auf 370, mehr lassen die USA nicht zu. Ein Jahr später kann der Verein nur noch 88 Kinder in Familien unterbringen. Häufig erfährt der Verein im Voraus, wo und wann Einwanderungsgesetze verschärft werden. So gelingt es ihm gemeinsam mit der Reichsvertretung, den gecharterten Dampfer STUTTGART mit 540 Flüchtlingen an Bord fünf Tage vor Inkrafttreten neuer Einwanderungsbeschränkungen in Kapstadt einlaufen zu lassen.

Max Warburg wird vorgeworfen, er leite eine ineffiziente und inkompetente Organisation – im März 1937 bei einer Tagung der Jewish Colonization Association in London. Er antwortet, dass an dieser Kritik etwas Wahres sei: Der Hilfsverein sei, wie alle anderen jüdischen Organisationen in Deutschland, schlicht und einfach überfordert. Die Zunahme antijüdischer Maßnahmen verwandele die Arbeit des Hilfsvereins in ein Notprogramm. Dennoch geben er und seine Mitarbeiter das Prinzip geplanter Auswanderung nicht auf.

Die Einzahlungen auf die Paltreu-Konten bei M.M.Warburg & Co. addieren sich manchmal auf sechzig, siebzig Millionen Reichsmark. Die Einzahler warten nun länger als ein Jahr auf ihre Auswanderung, denn nach Palästina dürfen inzwischen sechzig Prozent der bis 1935 noch genehmigten Exportwaren nicht mehr ausgeführt werden. Für ihre Einzahlungen bekommen sie immer geringere Beträge in Pfund ausgezahlt. 1937 kosten tausend Palästina-Pfund – oder englische Pfund – 20 000 Reichsmark, ein Jahr später 40 000 Reichsmark.

Über ein Drittel der Juden ist nun ausgewandert. Die meisten sind zwischen zwanzig und 45 Jahre alt – über sechzig sind keine sechs Prozent –, und es sind bedeutend mehr Männer unter ihnen als Frauen. Palästina hat anfangs überhaupt keine Zertifikate für Mädchen und Frauen ausgestellt und nach heftigen Protesten des Jüdischen Frauenbundes auch im ersten Halbjahr 1934 nur knapp zehn Prozent. Der Hilfsverein findet kaum noch ein Land für Leute mittleren Alters oder gar für Leute über sechzig. Aber auch jüdische Facharbeiter ins Ausland zu vermitteln ist nun schwer, denn Chile und Peru nehmen seit 1936 keine Einwanderer mehr auf, und Südafrika lässt nur gelernte Handwerker ins Land.

Max Warburg versucht beharrlich, die bisherigen Bedingungen für die Auswanderung zu erhalten, vielleicht sogar zu verbessern. Ohne Runderlasse der Reichsstelle für Devisenbewirtschaftung geht gar nichts, und so bemüht er sich, dass es Runderlasse in seinem Sinne gibt. Der Runderlass 153/1936 und der Runderlass Nr. 73/1937 ermöglichen ihm im Mai 1937, die Allgemeine Treuhandstelle für die jüdische Auswanderung GmbH zu gründen – abgekürzt: Altreu, Adresse Potsdamer Straße 72. Die Altreu darf den Vermögenstransfer auch in andere Länder als nach Palästina nun doch endlich durchführen, kann aber für eingezahlte Reichsmarkbeträge und die Warenexporte bedeutend weniger Devisen vermitteln: Beim Haavara-Transfer verliert ein Auswanderer 25 Prozent seines Vermögens, beim Altreu-Transfer 1937, wenn er überhaupt genehmigt wird,

Der Hilfsverein der Juden in Deutschland gibt Informationsbroschüren heraus und berät Auswanderungswillige. Hier eine Broschüre von 1935.

78 Prozent, später noch mehr. Von allen Auswanderern kassiert das Reich ab, streicht jährlich mehrere hundert Millionen Reichsmark durch Steuern, Gebühren, Abgaben ein, diktiert immer schlechtere Wechselkurse. Doch auch Kolumbien, Paraguay, Uruguay, Australien verlangen bei der Einreise ein Vorzeigegeld in Devisen. Die Altreu bietet eine Chance, überhaupt auszuwandern.

Jeden Monat gibt es eine Fülle von neuen Bestimmungen, und bei M. M. Warburg & Co. in Hamburg sitzen acht Juristen, die nur damit beschäftigt sind, diese Bestimmungen zu verstehen und in die Alltagspraxis zu übersetzen und Arbeitsberichte für die Reichsministerien zu schreiben.

Viele jüdische Firmen und Familien bitten weiter direkt in der Bank um Rat und Hilfe, und Max Warburg und seine Mitarbeiter helfen, Hunderte von Firmen zu verkaufen und Existenzen in einem neuen Land zu begründen. Die Auswandererabteilung bei M. M. Warburg & Co., die Altreu, die Paltreu und die Reichsvertretung suchen und ersinnen Transferprojekte, vermitteln Tauschgeschäfte, Arbeitsplätze, Ankäufe.

Bild oben: Der Hilfsverein bietet Sprachkurse an und bestellt Schiffspassagen. Seine Korrespondenten berichten aus zahlreichen Ländern über die Arbeitsmarktlage je nach Alter und Beruf, über Unterkünfte, Mietpreise. Doch die meisten Staaten wollen keine Juden mehr und vor allem keine armen Juden aufnehmen.

Bild unten: Jüdische Auswanderer gehen 1937 in Hamburg an Bord.

Ein Transferprojekt ist der Bau eines Kühlhauses in Rio de Janeiro, mit Lindes Eismaschinen. Dieselmotoren gehen nach Lettland, eine Brauerei, eine Sulphat-Cellulose-Fabrik, ein Schwimmdock, die Brücke für den Zentralbahnhof in Riga. Warburgs Mitarbeiter beschäftigen sich mit der Gründung einer Schuhfabrik in Ägypten, einer Spinnerei und Weberei in Persien, mit dem Bau eines Wasserkraftwerks in Albanien, der sich allerdings zerschlägt. Jemand, der in Deutschland sein Haus verkauft hat, kauft dafür Stahldrahtseile für eine Firma in Seattle und ein anderer spezielle Elektromotoren. Es gibt auch die Kombination von Transfer und Kauf. Beim Bau eines Packpapierwerks in Kaschmir geht es darum, dass Auswanderer Anteile erwerben und nach Kaschmir mitnehmen können.

Häuser und Grundstücke zum Tausch gegen Objekte in Deutschland bieten Leute an, die seit Langem in Kanada leben und nun nach Deutschland zurückkehren wollen, ebenso Rückwanderer aus Nicaragua, Uruguay, Paraguay – eine Familie, die dort 17 Jahre in einer einsamen Gegend Yerba-Sträucher für das Tee-Getränk Mate anbaute und nun in Deutschland geerbt hat, bietet ihre Pflanzung an. Grundstücke in Brasilien gegen Grundstücke in Berlin werden angeboten, eine Mühle in Chile, zwei Kaffeefarmen in Venezuela, eine Kaffeefarm in Angola, eine Sisalfarm in Angola, in Sydney ein Delikatess-Geschäft, eine Schneiderwerkstatt in Tarunda bei Adelaide.

Arbeitsplätze im Ausland sind meist noch spezieller. In Neuseeland wird ein Konservenfachmann gesucht, in Panama ein Ölfachmann – dahinter verbirgt sich der Wunsch nach jemandem, der Öl aus Kokosnüssen presst. Eine Fliesen- und Emailwarenfabrik in Venezuela sucht Leute. Umgekehrt suchen deutsche Chemiker Arbeit, ein Mann vom Hochofenwerk Lübeck bewirbt sich als Metallfachmann in Australien.

Kaufangebote gibt es reichlich: Farmen in Argentinien für Viehzucht oder Weizen, die in Konkurs gegangen sind, ein Hotel in einer verlorenen Provinzstadt, Grundstücke in Brasilien – Max Warburg sitzt im Aufsichtsrat der Jüdische Landarbeit AG, die über die Parana Plantations Ltd. in London den Kauf von Kaffeeplantagen in Brasilien vermittelt. Über den Kauf der Pension Viennoise in Kairo für eine Frau und ihre Tochter gibt es einen

jahrelangen Briefwechsel, und als es so weit zu sein scheint, zerschlägt der Kauf sich, weil Ägypten eine Visa-Sperre für Juden erlassen hat.
Max Warburg geht persönlich auch kleinsten Chancen nach, und wenn seine Tochter Renate in Indien gerüchteweise gehört hat, dass jemand einen Angestellten sucht, prüft er das. Er prüft, was an die Bank herangetragen wird, gibt seinen Mitarbeitern Direktiven und legt besonderen Wert auf Persönlichkeit und Benehmen der Leute, die Projekte vorschlagen.
Erich Warburg nennt seinen Vater einen „Freund hingebender Treue". Der Sohn weiß von vielen Menschen, die schwere Schicksalsschläge nur heil überstanden, weil sein Vater ihnen half und sich in ihr Schicksal vertiefte, als wäre es das eigene.

Seinen siebzigsten Geburtstag am 5. Juni 1937 feiert Max Warburg in Karlsbad, wohin er wie gewöhnlich mit Alice zur Kur fährt. Am 2. Juni sind sie in Berlin im Hotel Esplanade, in dem David Glick wohnt, Warburgs Mittelsmann, von dem nur Felix weiß. Am nächsten Nachmittag treffen sie mit Gisela im Park Hotel in Karlsbad ein. Anita kommt über Österreich, Erich aus Paris und Nina aus New York, auch Dora, Alices Schwester, und Renate sind da. Sie sehen Filme aus Indien, die Renate mitgebracht hat, das Wetter ist herrlich, „Blumenfülle" notiert Alice in ihrem Kalender.
Die jüdische Presse feiert Max Warburg, der seit 1936 auch stellvertretender Vorsitzender der Reichsvertretung ist. Doch dann bringt sein Mitarbeiter Arthur Prinz ihm Hiobsbotschaften über die Finanzlage des Hilfsvereins nach Karlsbad.
Warburg bricht die Kur sofort ab, muss in Berlin aber zuerst Leo Baecks Vorsitz in der Reichsvertretung verteidigen. Interne Kämpfe erschüttern sie, es gibt Probleme, Nachfolger zu finden, wenn Vorstandsmitglieder und Mitarbeiter auswandern. Jetzt verlangt der Berliner Gemeindevorsitzende die Absetzung Baecks. In langen Verhandlungen unterstützt Warburg die Arbeit Leo Baecks und Otto Hirschs, eint die Versammlung wieder. Er erfülle die Anwesenden mit einem neuen Geist jüdischer Einheit, heißt es dankbar.
Zur Rettung des Hilfsvereins schickt er eine dringende Bitte um 250 000 Dollar an den Council for German Jewry in London.

Er setzt nun auch ohne Kredit aus London und New York die Emigration von Menschen durch, deren Ersparnisse für ein Vorzeigegeld nicht mehr reichen. Im Rahmen der Altreu wird – wieder einmal aufgrund eines Runderlasses des Reichswirtschaftsministeriums – der Altreu-Fonds im Herbst 1937 eingerichtet: ein Fonds, in dem ein prozentualer Anteil der Einzahlungen von Auswanderern gesammelt und zum Kauf von Devisen für Arme verwendet wird: Ein Kapitalist soll zwei Arme mitnehmen.

Grauen und Verzweiflung behält Max Warburg für sich. „Mich hielt nur das Gefühl aufrecht, ich müsse meine Pflichten gegenüber den jüdischen Mitbürgern erfüllen, ich müsse ihnen darin beistehen, ihre Auswanderung in würdiger Form durchzuführen“, berichtet er später.

Nach außen gibt er Kraft weiter, Zuversicht und die Hoffnung, die alle brauchen – die einen, um auszuwandern, die anderen, um ihnen zu helfen, unter Aufsicht der Gestapo und oft im Geheimen.

2.

Lola Hahn, Warburgs Tochter, arbeitet im Zentralausschuß mit. Der Ausschuss hat Fürsorgerinnen durch Deutschland geschickt. In den kleineren Gemeinden ist die Jugend ausgewandert, es gibt nur noch Alte und Schwache.

Sie arbeitet auch in der Zionistischen Vereinigung für Deutschland und hat die Alijah mitbegründet, die Hilfsorganisation für Kinder und Jugendliche, deren Eltern im Ausland keine berufliche Zukunft für sich sehen. *Alijah* ist ein hebräisches Wort für Aufstieg und steht für die Rückkehr ins Land Israel. Die Alijah gibt beschäftigungslosen Kindern und Jugendlichen – staatliche Schulen, Universitäten, Lehrstellen sind ihnen verschlossen – eine Ausbildung und bereitet sie auf das Leben in Palästina vor. Für Jugendliche zwischen 15 und 17 Jahren hat sie ein gesondertes Kontingent von Einwanderungserlaubnissen.

Ingrid, Fritz Warburgs Tochter, arbeitet seit Beginn ihrer Promotion in Hamburg für den Hechaluz, die Organisation, die Jugendliche praktisch auf das Leben in den Kibuzzim vorbereitet, den Gemeinschaften, die Wüsten und Sümpfe urbar machen und das Land bestellen. In ganz Deutschland lernen Gruppen von Jugendlichen in Heimen Hebräisch und Landwirtschaft. Die Heime liegen auf Gütern und Bauernhöfen in Schlesien, Thüringen, Niedersachsen, Westfalen. Viele Jugendliche nutzen das Berufs- und Fortbildungsangebot der Reichsvertretung. Auf dem Kösterberg bildet Fräulein Hoffa Jugendliche in der Gärtnerei aus. Andere lernen Handwerke, Hauswirtschaft, Krankenpflege, Seemannschaft bei der Fairplay Schleppdampfschiffs-Reederei von Lucy Borchardt im Hamburger Hafen. Nach ein- bis zweijähriger Ausbildung siedelt eine Gruppe nach Palästina über. Ingrids Aufgabe ist es, organisatorische und finanzielle Probleme für die Jugendlichen zu lösen.

Sie selbst denkt niemals an Auswanderung. Sie ist Deutsche. Ihre Cousine Gisela und sie hatten in Oxford einen Traum: „Eine große Völkergemeinschaft, ein Miteinander in Frieden und Toleranz. Die Idee, nur unter Juden zu leben, erschien mir ebenso unerträglich wie jede Form der kulturellen, religiösen und nationalen Absonderung." Sie will keinen neuen Nationalstaat aufbauen, sondern eine neue Gesellschaft, eine neue Welt, in der Nation, Rasse, Religion die Menschen nicht mehr trennen.

Wilfrid Israel, Lolas und Ingrids eleganter und verschwiegener Freund, ist Mitbegründer der Alijah und kümmert sich um Waisenhäuser und Kinderdörfer in Palästina, reist für den Hilfsverein, in dessen Vorstand er jetzt ist, nach Polen, Litauen, Italien, in die Schweiz, erkundet Ostasien und die UdSSR. Zweimal war er in SA-Haft. Er ist ein Freund von Adam von Trott zu Solz, der ebenfalls ein Freund von Ingrid und Erich Warburg ist. Auch Gisela, die jüngste Tochter von Max und Alice Warburg, gehört in diesen Kreis.

Gisela arbeitet im Büro der Alijah in Berlin und wählt Jugendliche aus, die für Palästina ausgebildet werden. Nach ihrem Sommer in Oxford war sie zwei Jahre lang bei ihrem Vater in der Bank in Hamburg. Sie hat seine gute Laune und seinen Gleichmut in schwierigen Lagen, ist eine begeisterte Seglerin, segelt jeden Sommer mit Erich auf dem alten Zollkutter in Skandinavien. Die Töchter ähneln ihrem Vater, den sie sehr lieben, ihr Verhältnis untereinander und zu Erich ist eng. Anita, die Textilien und Keramik entwirft, ist Anlaufstelle für Flüchtlinge in London.

Max Warburg fördert nach dem Vorbild der Alijah die Gruppenauswanderung Jugendlicher nach Argentinien und Brasilien. Die Reichsvertretung, der Hilfsverein, der Frauenbund und andere Organisationen gründen Anfang 1936 eine Auswandererschule. Damit, sagt Max Warburg, stehe man erst am Anfang, denn es gebe „viele Tausende junger Menschen, die auswanderungsfreudig seien und die man für die Auswanderung vorbereiten müsse". Die Suche nach einem geeigneten Ort für die Schule ist jedoch schwierig, man findet schließlich das niederschlesische Gut Groß-Breesen. Die erste Gruppe verlässt Deutschland Ende 1937 und reist nach Argentinien. Den Leuten ergeht es dort nicht gut, sie warnen in ihren Briefen nach Groß-Breesen vor Illusionen, die Vorbereitung sei zu knapp gewesen.

Erich Warburg in Hamburg hilft jüdischen Bankkunden, Freunden und bislang Unbekannten, die man an ihn verweist. Seine Cousine Bettina, Tochter von Paul Warburg und jetzt Ärztin in New York, stellt ihm einen „rotierenden" Fonds von 50 000 Dollar zur Verfügung, und Erich schließt mit allen, die in die USA wollen und dort 3000 Dollar vorzeigen müssen, ein Gentleman's Agreement: Sofort nach der Einwanderung überweisen sie die 3000 Dollar zurück, um dem nächsten die Rettung zu ermöglichen. Auf diese Weise entkommt eine große Anzahl von Flüchtlingen.

Erich Warburg sagt Flüchtlinge zu den Verfolgten und Vertriebenen. Sein Vater hält an dem Begriff Auswanderer fest. Vater und Sohn stehen sich jetzt sehr nahe, Erich ist der Vertraute seines Vaters, unterstützt ihn, obwohl er selbst nicht optimistisch ist.

3.

Max Warburg weiß, dass er die Bank verlieren wird. Noch ist sie Mitglied im Reichsanleihekonsortium. Aber in Hamburg verstärken die Behörden den Druck auf ihn, lokale Parteistellen, Gewerbeamt, Handelskammer, Finanz-, Verwaltungs- und Justizbehörden, SS und Gestapo arbeiten zusammen, schikanieren, drohen längst, ehe Anweisungen von Ministerien oder der Partei aus Berlin kommen.

Auch Max Warburgs geheimer Bote Wilfrid Israel bereitet sich im Frühjahr 1937 auf den Verlust des Kaufhauses N. Israel –

Gründungsjahr 1815 – vor. Er lässt einen Freund in Palästina in sein Inneres sehen: „Aus eigener Kraft den Sinn von fünf Generationen zu liquidieren, ohne selbst dabei zu verwahrlosen, ist keineswegs leicht.“

Herausragende Großkreditkunden haben der Warburg-Bank gekündigt, weil der nationalsozialistische Staat aufrüstet und sie sich um seine Aufträge bemühen. Die Vereinigten Stahlwerke AG, die Daimler Benz AG sind schon seit zwei Jahren verloren. Nur die Gutehoffnungshütte AG unter ihrem Direktor Paul Reusch hält Max Warburg unbeirrt die Treue. Ende 1937 gehören die Warburg-Teilhaber keinem Aufsichtsrat mehr an. Max Warburg hat aber erreicht, dass der Generalbevollmächtigte Rudolf Brinckmann in eine Reihe von Aufsichtsräten gewählt wurde, einige übernimmt Kurt Sieveking.

Der Christ Kurt Sieveking hat seine Anwaltspraxis 1936 aufgegeben und ist als Syndikus in die Bank eingetreten, um in Hamburg ein Zeichen der Solidarität zu setzen. Der Präsident der Hamburger Anwaltskammer protestierte scharf beim Reichsjustizministerium: Der Wechsel in eine jüdische Bank verstoße gegen den Standeskodex einer nationalsozialistischen Anwaltskammer. Das Reichsjustizministerium konnte nichts finden, was gegen Sievekings Verhalten sprach, und reichte die Beschwerde an das Reichswirtschaftsministerium weiter, das in Sievekings Verhalten ebenfalls keinen gesetzlichen Verstoß sah.

Der Umfang der Bankgeschäfte verringert sich, aber die Zahl der Kunden steigt: Jüdische Kunden kommen hinzu, die andere Banken schon am Eingang mit großen Schildern abweisen. Die Warburg-Bank verwaltet immer mehr Kapital von Auswanderern. Ab 1937 sinkt die Zahl der Kunden durch Auswanderung. Auch die Zahl der jüdischen Mitarbeiter nimmt langsam ab.

Es ist still in der Bank geworden. Max Warburg: „Die Geschäftstage spielten sich monoton ab. Eine Auslandskorrespondenz gab es kaum noch infolge der Zensur, aber auch die deutsche Korrespondenz wurde dürftig, denn Briefe, die man an ein jüdisches Haus richtete, waren kompromittierend. Nachdem die magere Post gelesen war, fand eine Aussprache der Inhaber und der leitenden Beamten statt. Es waren keine neuen Geschäfte, über die man sich zu unterhalten hatte, sondern meistens Abwicklungen von Verbindungen, die sich entweder ganz von uns lösten oder die Verbindung nur nominell bestehen ließen."

4.

Juden dürfen bald keine Theater mehr besuchen, sich nicht auf Parkbänke setzen, keine Haustiere mehr halten. Besitzer von Gaststätten, Geschäften, Friseursalons, Kinos erlassen nach Gutdünken ihre eigenen Verbote. An den Ortseingängen zahlreicher Städte drohen Tafeln: „Juden betreten diese Stadt auf eigene Gefahr."

Max Warburg meint immer noch, er habe nicht das Recht, seine einflussreiche Stellung freiwillig aufzugeben, solange er für andere sorgen kann. Reiche Juden hätten eine besondere Verpflichtung, in Deutschland zu bleiben und den Nazis zu widerstehen. Seine äußere Einsamkeit nimmt zu. Er liest viel, wozu er in seinem arbeitsreichen Leben bislang wenig kam, ein großer Tisch mit Bücherstapeln steht neben seinem Schreibtisch auf dem Kösterberg. „Sehen Sie", pflegt er mit seinem unwiderstehlichen Lächeln einem Besucher zu sagen, „das ist ein Teil der Bücher, die ich vor meinem Tode noch intus haben muß." Die meisten dieser Bücher haben Bezug auf die Neuordnung der Welt, die sich aus diesem Übergang – so empfindet er die Gegenwart – entwickeln wird.

Alice notiert in ihrem Taschenkalender Wortsymbole farbiger Ereignisse bei Besuchen in Paris, London, New York und zunehmender wachsender Einsamkeit, düsterer Beklemmung zu Hause in Hamburg. In Paris bummelt sie mit Gisela durch die Stadt, in London besucht sie Ausstellungen, Theater, sieht im Kino einen Charlie-Chaplin-Film, in New York ist sie mit Freunden in Restaurants verabredet. Auf Reisen wird ihr Kalender voll, es sind bunte Tage, strahlende Tage. Zu Hause in Hamburg ist ihr Leben einförmig. 1935 sieht sie noch Freundinnen und Bekannte, Frau Schinckel, Münchmeyers, Frau Ballin, spielt Bridge mit Damen – Erich muss schon manchmal als vierter Spieler aushelfen –, besucht mit Max Cornelius von Berenberg-Gossler in Wohldorf oder John von Berenberg-Gossler. Aber in den folgenden Jahren begegnet sie immer weniger Menschen, zieht sich oft wochenlang in sich zurück, sitzt

Max Warburg mit seiner Tochter Lola Hahn-Warburg. Sie arbeitet in Organisationen, die Kinder und Jugendliche auf ein Leben ohne ihre Eltern in Palästina vorbereiten.

allein in der Ecke eines Zimmers mit italienischen Möbeln und grünen Atlasvorhängen und lebt erst wieder auf, wenn sie Max auf seiner nächsten Reise begleitet.
Sooft es geht, fährt sie mit ihm nach Berlin, um Lola und die Enkelkinder in Wannsee und Gisela in der Stadt zu besuchen. Sie nehmen meist den Frühzug und kommen abends zurück, und wenn sie in Berlin übernachten, dann immer im Esplanade. Wenn Max zu jüdischen Gemeinden nach Leipzig, Frankfurt, Essen reist, bleibt Alice abends allein zu Hause oder Erich lädt sie zu sich ein, er hat noch Gäste.
Max hat in Hamburg jetzt viel Zeit, sie spielt sogar Golf mit ihm. Aber am Sonnabend, dem 19. Dezember 1936, notiert sie: „Verbot f. Nichtarier auf deutschen Golfplätzen zu spielen". Max lässt ein paar Löcher im Park auf dem Kösterberg anlegen, und so spielen sie einsam für sich. Sie malt viel und zeichnet. Ein besonderes Ereignis im Notizbuch: Sie geht mit Enkelin Benita und Tochter Gisela in Hagenbecks Tierpark.
Am 18. Oktober 1937 kommt ein Anruf von Erich aus New York, Felix hat einen Herzanfall gehabt. Zwei Tage später stirbt

er. Alice, die Felix schon so lange kennt, meint, die sorglose Heiterkeit seines Lebens und Temperaments habe einer bekümmerten Resignation Platz gemacht. „Vater war auf das Ende vorbereitet und Deine telefonischen Nachrichten haben mit dazu beigetragen. Er ist traurig aber ruhig“, schreibt sie Erich. „Es war eine schöne Fügung, daß Du uns vertreten konntest. Nun ist es abzusehen bis Du wieder bei uns bist. Leider gingen in diesen Tagen keine Dampfer ...“
Jetzt sieht sie fast nur noch Familienmitglieder. Freundinnen sind ausgewandert oder gestorben. Sie lebt isoliert und schreibt oft nichts. Im November aber gibt es ein besonderes Ereignis: ein Abend im Kulturbund, am 22., *Das große Los* von Scholem Alejchem.

Kurt Singer, der hinausgeworfene stellvertretende Direktor der Städtischen Oper Berlin, hatte die Idee zum Kulturbund deutscher Juden, als sich ihre Isolierung abzeichnete, als die Leere des Alleinseins wie ein Gespenst vor ihm auftauchte. Er wollte die Finsternis tatenlosen Hindämmerns erhellen und erwärmen und Orte schaffen, an denen jüdische Schauspieler spielen und jüdische Besucher zuschauen können. Inzwischen gibt es 112 Organisationen in hundert Städten mit mehr als 180 000 Mitgliedern. Einer der wichtigsten privaten Förderer im Hamburger Kulturbund ist Max Warburg.
Schwerpunkt ist das Schauspiel, es gibt auch Konzerte, Bunte Abende, Kunstausstellungen, Vorträge, Kabarett. Alle Werke nichtjüdischer deutscher Autoren sind seit 1936 für Juden verboten – Schiller ist schon seit 1934 verboten, Shakespeare ist erlaubt, aber Hamlets Monolog *Sein oder nicht sein* ist verboten. Richard Wagner ist verboten. Beethoven wird 1937 verboten, Mozart 1938 und Händel auch.
Die Veranstaltungen finden zunächst im Conventgarten, Kaiser-Wilhelm-Straße, und im Curiohaus statt, das aber für Juden verboten wird ebenso wie die Musikhalle. Ein Vertreter der Gestapo bietet der Jüdischen Gemeinde das Haus Hartungstraße 9/11 an: „Ich möchte die Juden von der Straße haben und keinen Juden im Kino sehen und keinen Juden im Lokal sehen. Machen Sie hier ein Lokal und ein Theater und was Sie wollen.“

Es ist ein erzwungener Kauf, und man kann ihn nicht bezahlen. Der Vorstand der Gemeinde wendet sich mit der Bitte um Rat und Unterstützung schriftlich an Max Warburg, so wie er sich mit seinen zahlreichen Schwierigkeiten und Sorgen an Fritz oder Max Warburg wendet. Unter der Leitung von Max Warburg kauft ein Konsortium, das ausgewanderte Hamburger Juden finanziell unterstützen, das Haus Anfang 1937. Max und Fritz Warburg zeichnen selbst große Summen. Das Haus wird umgebaut, bekommt ein Theater für fünfhundert Zuschauer, einen Vortragssaal, ein Restaurant, eine Kegelbahn. Am 9. Januar 1938 wird es feierlich eingeweiht.

Der Tag beginnt mit dem „Lernen“ : Zehn Schüler und zehn Männer – unter ihnen Max Warburg – versammeln sich zur Rezitation von Passagen aus dem Talmud und zu einem Gebet. Danach bringt Warburg am Eingangsportal die Mesusa an: eine Kapsel mit einem Blatt Pergament, auf dem die Abschnitte 5. Buch Mose, Kapitel 6, 4–9 und Kapitel 11, 13–21 niedergeschrieben sind. Die Kapsel wird am rechten Türpfosten jüdischer Häuser angeschlagen und beim Ein- und Austritt berührt. Um elf Uhr ist die offizielle Eröffnungsfeier im Theatersaal mit Chor und Reden. Max Warburg sagt: „Wir sind verantwortlich für die Geister und Gemüter der Menschen, die nicht zertreten werden dürfen in den Nöten und Sorgen des Alltags, die nicht zermalmt werden dürfen von dem Kleinkrieg des Lebens, die nicht verloren gehen dürfen in trüber Luft und in unruhigem Treiben.“

Abends gibt es *Romeo und Julia* von Shakespeare.

Vom Tag der Eröffnung an sind Theater und Vortragssaal ständig belegt, ist das Restaurant immer überfüllt, nachmittags und abends mit Bridge- und Skatpartien. Die Franz-Rosenzweig-Gedächtnis-Stiftung richtet sich mit Arbeitsgemeinschaften und Veranstaltungsreihen im Haus ein, Warburg gehört ihr an, die Kaiser-Wilhelm-Gesellschaft, in der er seit 1912 Mitglied ist, hat ihn 1937 ausgeschlossen.

5.

Max Warburg kämpft weiter für seinen Plan, eine Massenauswanderung über einen Auslandskredit zu finanzieren. Reichswirtschaftsminister Schacht hat ihn Ende 1936 abgelehnt, und

Anfang 1937 spricht Warburg mit Reichsinnenminister Frick, der sich aber ebenfalls ablehnend verhält. Herbert Göring, ein Vetter Hermann Görings, vermittelt Warburg ein Gespräch mit Fricks Staatssekretär Dr. Wilhelm Stuckart, Parteimitglied seit 1922, SS-Standartenführer und Jurist. Stuckart ist als Mitautor eines Kommentars zu den Nürnberger Gesetzen für alle Richter maßgebend geworden, die in Prozessen über ‚Rassenschande' urteilen. Er reserviert für Warburg zwei Stunden Zeit, Termin: Montag, 9. August 1937, um elf Uhr im Reichs- und Preußischen Ministerium des Innern, Königsplatz 6. Max Warburg nimmt den Frühzug, der um zehn Uhr in Berlin ankommt.

Stuckart hört ihm aufmerksam zu. Warburg fordert eine richtige Ausbildung für Auswanderer auch in nichtjüdischen Betrieben und eine ausreichende finanzielle Ausstattung der Auswanderer, weil die Länder jüdische Auswanderer sonst nicht hereinlassen. Die Vermögensfreigrenze bei der Reichsfluchtsteuer solle angehoben und mit einem Teil der Steuer die Auswanderung ärmerer Juden finanziert werden. Weiter fordert er eine Existenzsicherung für alle, die in Deutschland bleiben wollen. Wenn die Auswanderung geplant, wirtschaftlich abgesichert und in Ruhe abläuft, werde ein englisches Vorschuss-Syndikat sie mit 1,5 Millionen Pfund fördern. Er lehne jede Form der Zwangsauswanderung ab, die Auswanderung müsse in Ruhe ablaufen, nichts sei gefährlicher als Panik. Stuckart bittet ihn, seinen Vortrag schriftlich zusammenzufassen und ihm zuzuschicken.

Gleich nach der Besprechung schreibt Warburg einem alten Bekannten, das Treffen sei „insofern befriedigend" verlaufen „als ich alles, was ich zu sagen hatte, sagen konnte und auch das Gefühl habe, daß man mich richtig verstanden hat. Ob aus all dem praktische Folgen zu ziehen sind, vermag ich allerdings nicht zu beurteilen. Auf jeden Fall fühle ich mich erleichtert."

Die SS interessiert sich für das Haavara-Abkommen. Im Januar 1937 ist sie noch dafür. Aber im Frühjahr organisiert Reinhard Heydrich den Sicherheitsdienst des Reichsführers SS neu, weil er sich eine zentrale Rolle in der Judenpolitik erobern will, und Ende September genehmigt er dem neuen Leiter des für Juden zuständigen Referats II. 112 Herbert Hagen und dessen Mitarbeiter Adolf Eichmann nach einer Besprechung im Auswärtigen Amt eine Dienstreise nach Palästina.

In dieser Besprechung hat Walter Döhle, der nationalsozialistische Generalkonsul in Jerusalem, Angriffe gegen das Transfersystem vorgetragen: Haavara bringe Deutschland keine Devisen und diene nur zum Aufbau eines jüdischen Staates, und gleichzeitig würden die deutschen Siedler in Palästina – die Templer – ohne Hilfe gelassen. Die Templer sind eine pietistische religiöse Gemeinschaft, die 1868 aus Schwaben gekommen ist, um das Reich Gottes in Palästina aufzurichten. Dabei stören die Juden sie. Jeder dritte Erwachsene der 2500 Templer gehört der NSDAP an, die in Tel Aviv eine Parteizeitung herausgibt. Die Templer wollen mehr Jaffa-Orangen nach Deutschland liefern als bisher, jüdische und arabische Ablader – die Transporteure von den Plantagen zu den Schiffen – aus dem Handel ausschalten und ebenso die Haavara mit ihrem Verkaufsmonopol auf deutsche Waren.

Auch Herbert Hagen und Adolf Eichmann sind nach ihrer Rückkehr aus Palästina gegen das Haavara-Abkommen: Man könne die Juden einfach ausweisen und sie loswerden, ohne ihr Geld in Devisen transferieren zu müssen. Hagen und Eichmann sind Technokraten, jung – Hagen ist 24, Eichmann 31 –, gefühllos, dumm: Für sie geht es um die Reinhaltung der germanischen Rasse von verdorbenem jüdischen Erbgut. Sie pochen auch in Geschäften auf Rassentrennung wie Timotheus Wurst, Konsul und Templer in Jaffa. Hagen und Eichmann unterstützen die Vertreter der NSDAP in Palästina, als sie in einem Gespräch im Reichswirtschaftsministerium, an dem Warburg-Leute von der Paltreu teilnehmen, verlangen, das Haavara-Verfahren abzuschaffen. Normale Exportgeschäfte würden Deutschland auch Devisen bringen. Die Beamten können das abwehren, müssen aber eine Beteiligung der Tempelbank an den Haavara-Exporten zulassen, was die Deviseneinnahmen der Paltreu gefährlich vermindert.

Max Warburg fürchtet, dass die Beamten der Devisenbewirtschaftungsstelle den Druck des SS-Referats mit Hagen und Eichmann nicht mehr lange aushalten können. Hitler entlässt Hjalmar Schacht im November 1937 als Reichswirtschaftsminister, Schacht bleibt aber Reichsbankpräsident. Doch jetzt sind andere Personengruppen mit der Vertreibung befasst, zu denen Warburg keine erprobten oder gar keine Verbindungen hat.

Ende November schickt er zwei weitere Denkschriften an Stuckart und bittet erneut um eine Unterredung. Aber auch die Kompetenzen des Innenministeriums sind nun ausgehöhlt. Stuckart antwortet Anfang Januar, die Einzelfragen, die im August 1937 besprochen wurden, seien noch in Bearbeitung, und nennt keinen Termin.

Die Zahl der Auswanderer nimmt ab. Von 1933 bis 1937 sind insgesamt 201 400 ausgewandert, 1937 schaffen es nur 23 500. Immer mehr Menschen sind auf Spenden angewiesen, aber die Spender im Ausland sind erschöpft.

Max Warburg bittet die deutschen Juden um Geld. „Möge Ihre Hoffnung, in diesem Jahre eine neue Zukunft begründen zu können, in Erfüllung gehen!“, sagt er in seinem Neujahrsgruß. „Mögen Sie aber auch immer dessen eingedenk sein, daß eine beschleunigte, verstärkte und geregelte Auswanderung nur dann möglich ist, wenn der Hilfsverein durch Gaben und Opfer jedes noch Leistungsfähigen in die Lage versetzt wird, die ihm gestellten Aufgaben zu einem glücklichen Ende zu führen.“

Im Reichswirtschaftsministerium und im Auswärtigen Amt wehren Beamte sich weiter gegen Hagen und Eichmann vom SS-Judenreferat, das die Juden enteignen und ausweisen will. Die Beamten sagen, die Auswanderung nach Haavara sei die bequemste und billigste Art, Juden loszuwerden, der Führer wünsche, dass sie die Auswanderung fördern. Aber niemand weiß, ob Hitler das wirklich noch will, es gibt keine schriftlichen Anweisungen.

Doch Anfang 1938 kommt Nachricht aus der Mitte der Partei. Alfred Rosenberg, der Leiter des Außenpolitischen Amtes der NSDAP, erklärt im Auswärtigen Amt, Hitler habe seine Entscheidung, die Auswanderung nach Palästina und den Vermögenstransfer nach dem Haavara-Abkommen zu unterstützen, noch einmal mündlich bekräftigt.

„the very, very last chance"

1.

Max Warburgs Festung fällt im Januar 1938. Schacht hat ihn vorgewarnt. Jetzt bittet er ihn zu sich: „Es tut mir leid, Herr Warburg, aber ich kann Ihre Firma nicht mehr im Konsortium halten." Die Mitgliedschaft der Bank im Reichsanleihekonsortium ist unerwünscht. Warburg sagt: „Dann werden wir die Firma liquidieren müssen."

Aber wenn er die Bank auflöst, ist sie für immer verloren. Es gibt einen Ausweg: die „Arisierung" – eine nichtjüdische Gruppe soll die Bank führen.

Warburg versucht, jede Möglichkeit offenzuhalten, die Bank wiederzubekommen, wenn die Nationalsozialisten die Macht verlieren. Ende Januar 1938 beginnen die Verhandlungen mit der Reichsbank, dem Reichskommissar für Kreditwesen, dem Fachreferat der Hauptabteilung Geld- und Kreditwesen des Reichswirtschaftsministeriums, der Reichsstelle für Devisenbewirtschaftung, dem Außenwirtschaftsressort, dem Gauwirtschaftsberater Carl Otte und dem Reichsstatthalter Karl Kaufmann in Hamburg. Sie ziehen sich über Monate hin. Max Warburg wandelt die Bank in eine Kommanditgesellschaft um. Persönlich haftende Gesellschafter werden zwei Männer seiner Wahl, Rudolf Brinckmann und Paul Wirtz, ein Kaufmann aus dem Salpetergeschäft, der nach mehrjährigen Aufenthalten in England und Chile 1936 nach Hamburg zurückgekehrt ist. Keiner von ihnen hat das Geld, um in eine Bank eintreten zu können, aber auch das regelt Max Warburg. Als weitere Kommanditisten sucht er Firmen und Persönlichkeiten, die sich aufgrund alterprobter Geschäftsverbindungen zu einer Kapitaleinlage entschließen, wählt große Banken und Industriebetriebe, die die Hitlerzeit überstehen müssten.

M. M. Warburg & Co. haben nun eine reiche Erfahrung mit Arisierungen. Um das Hochofenwerk Lübeck der Familie Hahn kommt es zu einer regelrechten „Arisierungsschlacht". Der Großindustrielle Friedrich Flick kauft die Anteile der Hahns und der Warburg-Bank im Januar 1938 mit fünfzigprozentigem Notverkaufsnachlass, die übrigen gehen an die Firma Mannesmann. Flick profitiert rücksichtslos von Arisierungen, will die Familie Hahn daran hindern, einen Teil ihrer Aktien vor dem Verkauf ins Ausland zu transferieren, und droht mit den Behörden. Aber die Warburg-Bank setzt durch, dass die Zahlung in Devisen in London erfolgt. Rudolf und Lola bekommen eine Grundlage für ein neues Leben.

Max Warburg fallen auch sehr listenreiche Lösungen ein. Lucy Borchardt wendet sich Anfang 1938 an ihn, sie führt die Fairplay Schleppdampfschiffs-Reederei, die ihr verstorbener Mann Richard 1905 gegründet hat. Der Firma gehören 15 Schlepper im Hamburger Hafen, zwei Hochseeschlepper in Cuxhaven und ein Frachtschiff, das im Mittelmeer fährt. Die Hamburger Devisenstelle und die Handelskammer schikanieren die Fairplay, und die Konkurrenzfirma Bugsier-, Reederei- und Bergungs-AG hat sie bei der Reichsverkehrsgruppe Seefahrt als „nichtarische Firma" denunziert. Max Warburg rät Lucy Borchardt, ihr Unternehmen so schnell wie möglich zu verkaufen. Eine niederländische Firma bietet ihr zwei Millionen Reichsmark, aber Lucy Borchardt könnte nur einen Bruchteil davon ins Ausland transferieren. Nun schlägt sie dem Gauwirtschaftsberater und dem Reichsstatthalter vor, einen Großteil der Reederei in eine Stiftung umzuwandeln, die Reichsstatthalter Kaufmann kontrolliert. Im Gegenzug soll Lucy Borchardt die Erlaubnis erteilt werden, vier ihrer Schiffe nach Palästina zu überführen: die Schleppdampfer FAIRPLAY X, XIV und IV sowie den Frachtdampfer LUCY BORCHARDT. Und so geschieht es. Kaufmann ist höchst geschmeichelt, jetzt wird er selbst Reeder.

Hitler zieht im März 1938 im Triumph in Wien ein – wenige Tage nachdem Max und Alice Warburg sich in Berlin die Ausstellung *Entartete Kunst* angesehen haben, mit der Joseph Goebbels den Deutschen die kranke, jüdisch-bolschewistische Kunst vorführen will: Beckmann, Kirchner, Nolde, Schmidt-Rottluff, Klee, Spitzenmaler der klassischen Moderne, Kandinsky, Macke, Marc, von dem Aby Warburg 1913 ein kleines Bild gekauft hat, *Stute mit Fohlen*, Kokoschka, dessen Landschaften Alice so sehr schätzt, sie hat mit Abys Unterstützung ein Bild von ihm gekauft. Die Ausstellung hat drei Millionen Besucher. In Wien plündern SS-Leute den Wohnsitz von

Rothschilds und verschleppen zahlreiche Juden in die Konzentrationslager Dachau und Buchenwald. Täglich begehen in Wien zweihundert Juden Selbstmord. Einer von Max Warburgs Wiener Vettern, Richard Rosenbacher, nimmt sich durch einen Sprung aus dem dritten Stock das Leben.
Nach seiner Rückkehr aus Österreich kommt Hitler nach Hamburg und spricht zu einer großen begeisterten Menschenmenge vor dem Rathaus. Er tauft ein Schiff auf den Namen ROBERT LEY und ehrt damit einen alten Feind von Max Warburg bei der I.G. Farben.

Die Teilhaber von M.M.Warburg & Co. verkaufen die Bank für 11,6 Millionen Reichsmark – unter Wert auf Druck von Reichsstatthalter Kaufmann. Der good-will wird überhaupt nicht berücksichtigt. Max Warburg: „Der good-will einer Firma ist mehr wert als das Kapital. Die Verbindungen, die Prinzipien, das geschulte Personal, alles zusammen machen das Leben und den Wert der Firma aus." Der auszuzahlende Betrag vermindert sich auf 6,4 Millionen, weil Warburg & Co. in Amsterdam und der Immobilienbesitz in Hamburg auf den Kaufpreis angerechnet werden. Von diesen 6,4 Millionen bleiben drei Millionen als stille Einlage im Unternehmen. Der Verkaufserlös beträgt 3,4 Millionen Reichsmark (RM), doch Steuern und Abgaben, die Max, Fritz und Erich Warburg und Ernst Spiegelberg zahlen müssen, sind höher als der Erlös: 850 000 RM Reichsfluchtsteuer, 1 000 000 für die Genehmigung der Arisierung, 1 221 000 RM Judenvermögensabgabe, 450 000 RM Auswanderungsabgabe. Die Amtsstellen verlangen, dass die Bank weiter M.M.Warburg & Co. heißt. Die dreißig jüdischen Angestellten dürfen ihren Arbeitsplatz vorläufig behalten.
Der Tag der Übergabe der Bank ist der 30. Mai 1938. Zweihundert Angestellte versammeln sich im dunkel getäfelten Casino. Max Warburg hat die weiße Nelke vergessen, die er im Knopfloch zu tragen pflegt, und seine Tochter Gisela läuft und holt ihm eine.
Er dankt allen für ihre Treue und Anhänglichkeit und tröstet sie, der Abschied sei kein Abschluss, sondern eine Wandlung: „Wir wünschen Ihrer Arbeit Erfolg, zum Segen der Hansestadt Hamburg und zum Segen Deutschlands." Er drückt jedem

Einzelnen die Hand, alle schluchzen, es kommt ihm vor, als ob er das Beileid vor seinem eigenen Sarg entgegennimmt.

2.

Max Warburg will in Deutschland bleiben und gemeinsam mit seinem Bruder Fritz weiter den Verfolgten helfen. Die Übergabe der Bank unterbricht seine Bettelreisen nach London für den Hilfsverein, die Reichsvertretung und nun auch für die österreichischen Juden nicht, die Brüder haben mit den Behörden eine Reise- und Rückkehrerlaubnis ausgehandelt. Als Max Warburg Ende Mai in Stuttgart spricht, überwacht ein Mann vom Sicherheitsdienst des Reichsführers SS die Versammlung und meldet: „Er sagte voraus, daß die Hauptauswanderung der überhaupt noch auswanderungsfähigen Juden in den nächsten drei Jahren vor sich gehen werde, und forderte, daß von den Juden nicht nur Spenden geleistet, sondern Teile des Vermögens an den Hilfsverein überstellt würden zur Förderung dieser Möglichkeiten. An neuen Einwanderungsländern für die Juden nannte er die Philippinen und British-Guayana; wahrscheinlich käme auch Kenya in Frage."

In Hamburg richten die Brüder ein Sekretariat ein, Alsterterrasse 1, von dem aus sie helfen wie bislang in der Ferdinandstraße. Alle Geldbewegungen laufen weiter über Konten der Auswanderungswilligen bei M. M. Warburg & Co., wo über zwanzig Millionen Reichsmark von ihnen liegen. Max Warburgs Freund Robert Solmitz, Seniorchef des Bankhauses Solmitz & Co., unterstützt ihn im Sekretariat. Die Banken Solmitz und J. Goldschmidt Sohn übertragen am 1. Juli 1938 ihre Kundengeschäfte auf M. M. Warburg & Co.

Ende August 1938 reist Max Warburg mit Frau und Tochter Gisela über London in die USA, wo er den Vergabeausschuss um zusätzliche Gelder bitten will. Er selbst möchte im Spätherbst wieder in Hamburg sein, aber seine Kinder emigrieren jetzt. Erich plant für September seine Emigration nach New York, Lola ihre mit Mann und Kindern nach England. Nur Gisela, die in Berlin Geld für Ausreisegenehmigungen verteilt, will in Deutschland bleiben, solange es dort noch hilfsbedürftige Juden gibt. Die Polizei hatte ihr den Pass abgenommen, aber ihr Vater erklärte den Hamburger Behörden, sie wolle im Ausland Geld für die Auswanderung von Juden auftreiben, und hat ihr einen neuen besorgt. „Ich war die einzige deutsche Jüdin, die weinte, als sie ihren Paß bekam, weil ich nicht fortwollte", erzählt sie später.

In London spricht Max Warburg mit Bankiers und mit Lord Winterton im Foreign Office. Die Lage der deutschen Juden ist verzweifelt, und der Transfer nach Palästina ist quälend langsam. Er stellt eine neue Variante seines Plans vor, die Auswanderung verarmter Juden auch in andere Länder selbst zu finanzieren: Sie zahlen in einen jüdischen Konzern ein, der Maschinen in das Land exportiert, in das sie auswandern, und dort verkauft. Jüdische Banken im Ausland könnten einen solchen Konzern finanzieren. Winterton interessiert das nicht, er sagt, Großbritannien sei kein Einwanderungsland.

Max Warburg spricht auch mit George Rublee und Myron Taylor, den Abgesandten Präsident Roosevelts im neuen Evian-Komitee für politische Flüchtlinge, dem Intergovernmental Committee on Political Refugees mit Sitz in London. Der amerikanische Präsident hatte auf Druck amerikanischer Publizisten und Kongressabgeordneter für Juli 1938 zu einer internationalen Flüchtlingskonferenz nach Evian eingeladen, allerdings in die Einladung geschrieben, er erwarte nicht, dass irgendein Land seine Einwanderungsbestimmungen ändere. Trotzdem waren 39 jüdische Hilfsorganisationen voller Hoffnung an den Genfer See gefahren, Otto Hirsch und Siegfried Moses von der Reichsvertretung führten die deutsch-jüdische Delegation an. Jede Organisation bekam zehn Minuten Redezeit – es wurde ein Chaos ohne Ergebnisse. Niemand will verarmte Juden haben, 31 Staaten lehnen ihre Aufnahme ab. Nur die Dominikanische Republik ist bereit, eine größere Anzahl von ihnen aufzunehmen. Die meisten Länder wollen nur einige Flüchtlinge mit Kapital nehmen. Selbst in Kenia, Uganda, Nigeria und dem Sudan muss ein Einwanderer ein Kapital von 1500 Pfund nachweisen, das sind 18 000 Goldmark. Peru, Ecuador, Venezuela verlangen noch 1500 Goldmark, Uruguay 5000. Aber die Konferenz beschloss, mit Deutschland zu verhandeln, und überging dabei, dass die Nationalsozialisten den Juden keine Devisen für die Einwanderungsländer geben, weil sie keine haben.

Doch Max Warburg nutzt jede noch so kleine Chance. Er sagt George Rublee und Myron Taylor, die deutsche Regierung würde im Gegenzug für erhöhte Ausfuhren eine Massenauswanderung gestatten. Er habe kürzlich im Auswärtigen Amt in Berlin vorgesprochen und einen Plan zur Auswanderung von 50 000 Personen im Jahr vorgelegt. Mehr als 50 000 jährlich würden die Einwanderungsländer erschrecken. Rublee und Taylor versprechen, dem State Department einen Transferplan vorzulegen. Allein bei den amerikanischen Konsulaten in Deutschland sind 125 000 Bewerber für ein Visum registriert.

Als Max und Alice Warburg in New York eintreffen, ist Erich noch nicht da. Er ist nach einem traurigen Abschied von der Arche auf dem Kösterberg, von seinen Angestellten und seinem Neufundländer nach Stockholm geflogen, um sich auch von Onkel Fritz und Tante Anna zu verabschieden, die nun dort leben, und musste sich plötzlich den Blinddarm operieren lassen. Aber am 20. September kommt er in New York an und wird zehn Tage später amerikanischer Staatsbürger. Anfangs wohnt er auch bei Frieda in ihrem riesigen neugotischen Haus 1109 Fifth Avenue, bezieht bald aber eine winzige Wohnung im Haus 121 East 52nd Street.

In Deutschland verleumdet das Hetzblatt *Der Stürmer* die Warburgs, behauptet, Paul habe die amerikanische Zentralbank im Interesse der jüdischen Rasse mit dem Ziel geschaffen, Krieg gegen Deutschland zu führen, Max habe an der Spitze des Kriegsstabes gestanden und Felix als Mittelsmann die gefährlichste Rolle der drei Brüder gespielt.

Ein Telegramm aus Hamburg von Kurt Sieveking warnt Max Warburg am 10. November vor der Rückkehr nach Deutschland. Er müsse mit seiner Verhaftung rechnen.

Goebbels hat ein Attentat auf einen deutschen Botschaftssekretär in Paris zum Anlass genommen, die Juden in ganz Deutschland überfallen zu lassen. In der Nacht vom 9. auf den 10. November legen Krawallmacher in der Synagoge am Bornplatz Feuer, die Kinder, die zum Morgengebet kommen, hören das Zerbersten der großen Glasscheiben und sehen den Schein der Flammen. Sie sehen, wie die Männer die Rollen mit der Heiligen Schrift herausholen und auf sie urinieren.

In Berlin zerschlagen sie die Büros des Palästina-Amtes in der Meinekestraße. Als die Synagoge in der Fasanenstraße brennt, steht die Feuerwehr tatenlos dabei und Zuschauer johlen. Otto Hirsch läuft in die Reichsvertretung in der Kantstraße, überall splittert Glas. Im Büro klingelt das Telefon unablässig, aus ganz Deutschland kommen die Anrufe, in allen Städten brennen Synagogen, brechen Nazi-Banden in Gebäude ein, zertrümmern die Möbel und nehmen die Männer mit.

Otto Hirsch und Leo Baeck laufen von einer Regierungsbehörde zur anderen und suchen jemanden, der den Terror verbietet. Hirsch wird verhaftet, Tage später bekommt Leo Baeck ihn wieder frei. 20 000 bis 30 000 Männer sind mitgenommen worden.

In New York kommt am 11. ein weiteres Telegramm aus Hamburg an, diesmal von Ernst Spiegelberg: Die Gestapo hat Fritz Warburg verhaftet. Er war einige Tage zuvor aus Stockholm gekommen, um mit den Behörden, die die Patienten im Israelitischen Krankenhaus binnen einer Woche fortschaffen wollten, über eine Fristverlängerung zu verhandeln. Kurz vor dem Rückflug, er war schon am Flughafen, ist er festgenommen worden.

Die Gestapo verhaftet in den ersten Tagen nach dem Pogrom mindestens 879 Hamburger Juden und bringt sie in das Polizeigefängnis Fuhlsbüttel. Dort schreien die Wächter „Judenschweine" und schlagen die meisten zusammen, bis sie bluten. Fritz Warburg steht zehn Stunden lang in einer Zelle voller Inhaftierter, dann wird er bewusstlos.

Alice Warburg geht allein in die Synagoge in der 55. Straße und hört dem Orgelspiel zu. In den nächsten Tagen läuft sie viel, geht auch mit Max und Gisela am Hudson spazieren. Am 25. November trifft Hans Mayer aus Paris ein, wo er eine Niederlassung der Warburg-Bank leitet, und bei einem Dinner zu viert hören sie seinen ausführlichen Bericht.

In Hamburg hat Gauwirtschaftsberater Carl Otte M. M. Warburg & Co. gezwungen, die jüdischen Angestellten und Lehrlinge zu entlassen. Otte hat schon im September erklärt, dass die Beteiligung der Warburgs an ihrer ehemaligen Bank nicht mehr geduldet werden könne, und Max und Fritz haben 500 000 Reichsmark ihrer stillen Einlage zurückgezogen und ihre weiteren Anteile in Höhe von 2,5 Millionen in ein einfaches Guthaben umwandeln lassen, von dem die Nazis jetzt zwanzig Prozent als Sühne für die Schäden der Pogromnacht fordern. Für den Pariser Mord verlangen sie eine Milliarde Reichsmark von den Juden. Jede selbstständige wirtschaftliche Tätigkeit ist verboten, alle jüdischen Betriebe sind geschlossen.

Das Büro der Jugend Alijah wird noch im November nach London verlegt, wo Lola Hahn-Warburg und Eva Michaelis-Stern es nun leiten. In Schweden übernimmt Eva, die Tochter von Fritz, die mit allen Kindern ihres jüdischen Kindergartens von Hamburg nach Stockholm ausgewandert ist, ein Alijah-Büro und in Amerika Gisela Warburg eines.

Die Juden in Deutschland stürmen zu den Konsulaten und in die Beratungsstellen der Hilfsorganisationen – in der Nacht, in der sämtliche jüdische Büros in Berlin geplündert wurden, sind die Büros der Paltreu und der Altreu verschont geblieben. In diesen Tagen des Massenansturms verschärfen viele Länder die Bestimmungen für Einwanderer noch. Die Hilfsorganisationen fürchten, die Leute statt in die Errettung in ihren Untergang zu schicken, und widersetzen sich beharrlich dem Druck der Nazis, sie auf seeuntauglichen sogenannten Judenschiffen ins Ungewisse zu transportieren. Die Engländer schließen die Einwanderung nach Palästina für ein halbes Jahr, um die Landung solcher Schiffe zu unterbinden.

Lola Hahn-Warburg geht Ende November mit einer Delegation, die Chaim Weizmann leitet, ins britische Innenministerium und berichtet dort über die Leiden der Kinder verfolgter Juden. Noch am selben Abend teilt der Innenminister dem Unterhaus mit, die Regierung werde diese Kinder ohne Pässe ins Land lassen.

Der erste Kindertransport kommt am frühen Morgen des 2. Dezember 1938 in Harwich an. Das Schiff ist überfüllt. Die Hälfte der Kinder stammt aus einem Waisenhaus in Berlin, das die SS am 9. November abgebrannt hat, die andere aus Hamburg.

Den ganzen Dezember über kommen Kinder. Es gibt zwei Routen nach England: die schnellere über Hoek van Holland, die andere über Hamburg, wo die Kinder auf Überseedampfer gebracht werden, die auf ihrer Reise nach Amerika in Southampton Station machen. Die Kinder kommen mit Zügen aus ganz Deutschland und Österreich in die Häfen, auf allen Bahn-

Kofferaufkleber: Hanni Friedler aus Magdeburg konnte 1938 mit einem Kindertransport des Hilfsvereins nach England entkommen.

höfen steigen Kinder zu. Die Kinder in den Zügen nach Holland nähern sich der Grenzstation mit beklemmender Angst vor uniformierten Beamten, und wenn ihr Zug sachte wieder anfährt und schneller wird, spüren sie eine ungeheure Befreiung. Holland nimmt 1700 Kinder, Belgien mehrere hundert, England 9000. Die Gruppenleiter und die wenigen begleitenden Eltern müssen zurück nach Deutschland.

Die Alijah will nicht, dass die Kinder in Pflegefamilien kommen, sie kauft und pachtet Farmen, aber deren Kapazität reicht nicht aus, und so lädt man interessierte Pflegefamilien ein. „Es ging zu wie auf dem Viehmarkt", erzählt Gisela später. „Blonde und blauäugige galten als niedlich und fanden ein Zuhause, nicht aber, wer jüdisch aussah."

Ende Dezember 1938 lockern einige Länder ihre Einwanderungsbeschränkungen wieder. 49 000 Juden wandern 1938 aus, 68 000 folgen 1939. Die meisten haben kein Geld mehr, wenn sie im neuen Land ankommen.
Erich Warburg bringt seine Eltern nach Toronto. Es gelingt ihm innerhalb von zwei Tagen, sie mit Hilfe einer Vorzugsquote für Eltern amerikanischer Staatsbürger als Einwanderer in die USA zurückzubringen.
Max Warburgs amerikanischen Verwandten ist es immer noch völlig unbegreiflich, wieso er bis zuletzt in Deutschland geblieben ist.
Alice malt. Dunkle Tage folgen, zu dunkel, um zu malen. Abend für Abend sitzen Max, Alice und Erich am Radio und hören die Berichte aus Europa.

3.
Hitler gibt drei Tage nach der Pogromnacht die Weisung an Hermann Göring, in England über die Auswanderung der Juden zu verhandeln. Reichsbankpräsident Schacht reist im Dezember nach London und legt George Rublee vom Intergovernmental Committee on Political Refugees, das 32 Staaten in Evian gegründet haben, einen Vorschlag zur Finanzierung der Auswanderung von 400 000 Juden vor – den Warburg-Plan in größtmöglicher Dimension. Schachts Variante sieht vor, die Auswanderung mit 25 Prozent des beschlagnahmten jüdischen Vermögens zu finanzieren. Zur Vorfinanzierung der Devisen für das Vorzeigegeld müsste das Komitee eine ausländische Anleihe bereitstellen. Zugleich übermittelt Schacht die Zusage, dass die zurückbleibenden Juden in Ruhe leben könnten.
Ernst von Weizsäcker, Staatssekretär im Auswärtigen Amt, vergewissert sich am 4. Januar 1939, ob Hitlers Verhandlungsangebot ernst gemeint ist: Er fragt Schacht, wer ihn zu den Rublee-Besprechungen autorisiert habe. Schacht sagt, er habe dem Führer vorgestern, am 2. Januar, Vortrag gehalten. Der Führer sei mit den Besprechungen in London einverstanden und habe ihn mit ihrer Fortsetzung beauftragt.
Hitler will den Terror erst beenden, wenn er die Gewähr hat, dass die Juden im Ausland aufgenommen werden. Das lässt er Rublee übermitteln. Im Reichstag spricht er am 30. Januar

sowohl von der Möglichkeit einer „Einigung“ über „dieses Problem“, wie auch von der „Vernichtung der jüdischen Rasse in Europa“.
Die britische und die amerikanische Regierung lehnen den Plan ab. Die Boykottbewegung wirft Schacht vor, er wolle nur an das Geld der Juden im Ausland herankommen. Sie behauptet, die Anleihe solle zumindest teilweise nach Deutschland fließen, und spricht von Lösegeld. Rublee stellt das richtig, aber Dr. Joseph Tenenbaum, der Vorsitzende des Joint Boycott Council in New York, weigert sich zu begreifen, dass es sich bei der Anleihe um die Devisen für die Einwanderungsländer handelt.
Göring sorgt dafür, dass die Verhandlungen auch weitergehen, nachdem Hitler am 20. Januar Schacht als Reichsbankpräsidenten entlassen hat. George Rublee verhandelt nun in Berlin mit Ministerialdirektor Helmuth Wohlthat. Rublee und Wohlthat vereinbaren im Februar die Auswanderung nach der Schacht-Variante des Warburg-Plans. Zuerst sollen die Juden im Alter bis zu 45 Jahren auswandern, die im Ausland noch arbeiten können, das sind 150 000 Personen und ihre Angehörigen. 25 Prozent ihres Vermögens werden in einen Treuhandfonds eingebracht und nach und nach transferiert, 75 Prozent des Vermögens stehen Deutschland zur Verfügung, sofern das Geld nicht zum Unterhalt der alten Juden bis zu ihrem Aussterben benötigt werde. Rublee will den Regierungen des Evian-Komitees vorschlagen, das Vorzeigegeld aufzubringen.
Das Evian-Komitee tagt am 13. Februar 1939 in London. Aber die britischen Juden sind nicht bereit, Rublee zu unterstützen. Mylon Taylor gelingt es, amerikanische Zionisten und Nichtzionisten zur Beteiligung an einer Gesellschaft mit einem Grundkapital von einer Million Dollar zu bewegen, doch die Spender knüpfen ihre Zustimmung an zahlreiche Vorbehalte. Rublee tritt zurück.

Max und Alice verbringen ihren vierzigsten Hochzeitstag am 1. März 1939 in London und bleiben bis Mai. Rudolf Brinckmann aus Hamburg besucht sie, Gisela ist in London, Anita, Lola und Erich sind da, die Enkel, Renate kommt aus Indien, sie sehen Freunde und Verwandte, auch Dora und Hoffi sind ausgewandert – Fräulein Hoffa, die Obergärtnerin vom Köster-

berg, ist ‚Halbjüdin' –, sehen Gertrud Bing, treffen Norman Bentwich, den stellvertretenden Hochkommissar des Völkerbunds, und seine Frau.
Am 12. März ruft Fritz aus dem Gefängnis Fuhlsbüttel an. Er wird nur entlassen, wenn er sofort danach emigriert, hat aber keinen Pass, mit dem er das könnte. Alle Männer, die die Gestapo beim Novemberpogrom 1938 verhaftet hat, kommen nur aus den Gefängnissen und Konzentrationslagern frei, wenn sie nachweisen, dass sie Deutschland innerhalb von zwei Wochen verlassen können.
John von Berenberg-Gossler ist es schließlich zu verdanken, dass Fritz Warburg eine Genehmigung zur Ausreise erhält. Berenberg-Gossler muss dafür nach Berlin fahren und mit Gruppenführer Wolff von der Gestapo sprechen, dem Adjutanten Himmlers, wobei Berenberg-Gossler den Eindruck gewinnt, dass man mit Fritz Warburg einen prominenten Juden als Geisel für den Fall ausländischer Verwicklungen festhalten will. Fritz Warburg bekommt die Ausreisegenehmigung unter der Auflage, dass er hundert Juden, vor allem Kinder, auf seine Kosten nach Schweden mitnimmt.
Er bekommt seinen Pass am 6. Mai von der Gestapo und fährt vier Tage später mit seiner Frau Anna nach Stockholm in den Strandvägen 41. Er bleibt in Kontakt mit vielen seiner Mitgefangenen, schickt ihnen Lebensmittelpakete und Briefe, fühlt sich nichtjüdischen und jüdischen Verfolgten gleichermaßen verbunden.
Sein Bruder Max und dessen Frau Alice landen am 8. Mai wieder in New York.

In New York bemüht Max Warburg sich weiter, Leute aus Deutschland herauszuholen und die Verhandlungen über seinen Plan zu beeinflussen. Die amerikanischen Hilfsorganisationen beraten darüber, ob sie auf die Vorschläge der Nationalsozialisten eingehen sollen, ob sie dazu eine Stiftung gründen, ob sie die Beiträge erhöhen sollen.
In Berlin schickt die politische Polizei Wilfrid Israel und Paul Eppstein nach London zum Evian-Komitee. Sie sollen fragen, wie viele Personen jetzt in welche Länder auswandern könnten. Wenn sie keine Erklärung zurückbrächten, sehe sich die Polizei

außerstande, eine neue Welle von Verfolgung zu verhindern. Die Vertreter des Evian-Komitees antworten, weder das Komitee noch die Vertreter der Regierungen in diesem Komitee könnten sich einer Erpressung beugen. Israel und Eppstein verlassen die Besprechung unter Tränen.

„Aus fast allen Ländern der Erde, die überhaupt für eine Einwanderung in Frage kommen, werden Einwanderungsbeschränkungen gemeldet, die sich oft sogar eindeutig gegen die jüdische Einwanderung richten", meldet der Sicherheitsdienst der SS. Reedereien fürchten Landungsverbote und lassen sich vor der Hinfahrt auch die Rückfahrt bezahlen. Der Hapag-Dampfer ST. LOUIS erreicht mit 937 Passagieren Havanna am 27. Mai, doch die Einwanderungsbestimmungen haben sich während der Überfahrt geändert, und die Passagiere dürfen nicht an Land. Sechs Tage liegt das Schiff vor Anker, dann droht der kubanische Präsident Kapitän Gustav Schröder mit der Flotte, und die ST. LOUIS muss auslaufen. Sie geht nach Florida, die Passagiere sehen Miami, aber ein Kutter der US Coast Guard begleitet die ST. LOUIS, keiner kann das Schiff verlassen. Kapitän Schröder läuft nach Europa zurück, langsam, damit Zeit für Verhandlungen ist. Die Flüchtlinge können in Antwerpen an Land und dürfen in Belgien, England, den Niederlanden und Frankreich bleiben.

In New York treffen sich am Sonnabend, dem 17. Juni 1939 dreißig von Rabbi Stephen Wise ausgewählte Personen aus dem Joint Distribution Committee – Max Warburg gehört dazu – nachmittags um drei Uhr im Felix M. Warburg Room im Federation Building. Sie diskutieren darüber, ob man den Boykott der deutschen Waren höher als das Schicksal der deutschen, österreichischen und tschechoslowakischen Juden bewerten dürfe.

Rabbi Wise bezweifelt, dass die Anwesenden die Verantwortung für eine Entscheidung übernehmen können, da sie sich als Gruppe einfach getroffen haben und nicht vom amerikanischen Judentum ernannt worden sind. Tenenbaum, der unermüdliche Boykottbefürworter, ist wie immer gegen alles und sagt, der Plan sei aufgetaucht, als die deutschen Exporte zurückgingen, und erwecke den Anschein, als wolle man eine Art Handel mit den Juden machen.

Jetzt greift Max Warburg ein und spricht von der letzten, der allerletzten Chance der deutschen Juden – the very, very last chance: „Dieser Plan hat nichts mit Export zu tun. Vor fünf Jahren haben Dr. Schacht und ich diesen Plan entworfen. Es ging um eine ganz andere Frage; deshalb bedauere ich sehr, dass dieser Plan zum Anlass dieser Diskussion genommen wird. Soweit es um das Exportgeschäft geht", hier verbessert Warburg sich, „soweit es um das Transfergeschäft geht, lautet die Frage heute einfach: Sind die Juden bereit, die Verantwortung zu übernehmen, daß die letzte Chance, die es für eine organisierte Auswanderung noch gibt, nicht genutzt wird." Sollen denn alle Grausamkeiten weitergehen: „Kann ein Jude die Verantwortung tragen, die letzte, die allerletzte Chance nicht zu ergreifen, die uns durch den Schacht-Rublee-Plan und durch den amerikanischen Präsidenten gegeben ist!"

Die Herren nehmen einen Antrag an, dass der Joint Geld für eine neue Stiftung bereitstellt, obwohl sie noch keine Zusage aus London haben, dort das gleiche zu tun. Aber man hat keine Gebiete zur Ansiedlung einer größeren Anzahl von Vertriebenen, und das Geld wird auch nicht reichen.

Max und Alice haben Heimweh. Sie reisen im Juli 1939 auf der QUEEN MARY nach London, im August sind sie im Grand-Hotel in Vittel, einem französischen Heilbad in den Vogesen. Auch Erich reist nach Europa und segelt seinen Zollkutter nach Finnland, wo er ihn einem Freund übergibt, der ihn nach Dänemark zurücksegeln soll.

Freund und Kutter schaffen es nur bis Schweden, weil in der Ostsee schon Minen gelegt werden. Deutsche Soldaten brechen am Morgen des 1. September in Polen ein. Der Krieg hat begonnen.

Erich fährt von Amsterdam mit dem Auto nach Vittel. Er muss zwei Tage auf seine Eltern einreden, bis er sie mit dem buchstäblich letzten Zug und der letzten Kanalfähre nach England bringen kann und weiter nach Schottland zu Lola und ihrer Familie, nach Elgin. Auch Renate, Anita und Gisela treffen in Elgin ein. Max denkt an die Zeit nach dem Krieg und entwirft Friedensvorschläge, damit Versailles sich nicht wiederholt, und Gisela und Anita übersetzen und tippen für ihn.

Ende September – Erich ist wieder in New York – fahren Max und Alice nach London, sehen Wilfrid Israel, packen, doch dann heißt es am 4. Oktober, die STATENDAM fahre bis auf Weiteres nicht. Die vorige STATENDAM ist im vorigen Weltkrieg von deutschen U-Booten versenkt worden. Erst Ende Oktober können sie Europa verlassen, die See ist rau. Frieda, ihr Sohn Frederick und Erich empfangen sie am 1. November in New York.

„Die Welt wird besser"

Max und Alice Warburg leben in einer Vier-Zimmer-Wohnung in der Park Avenue 300, mitten in Manhattan zwischen 49. und 50. Straße. Möbel, Bilder, Silber, Bücher sind im November 1939 per Schiff aus Hamburg gekommen, Gisela hat Alice beim Einrichten geholfen. Einige Verwandte sehen in Max Warburg einen geschlagenen Krieger, aber er behauptet, er sei nicht entmutigt.

Jeden Tag geht er zur gewohnten Stunde in sein Büro in Erics kleiner Firma E. M. Warburg & Co. im 21. Stock von 52, William Street, *downtown* im alten Haus der Firma Kuhn, Loeb & Co., in der Frederick, der Sohn von Felix und Frieda, jetzt Teilhaber ist. Erics Kunden sind die wenigen Vertriebenen, die mit Kapital aus Deutschland fliehen konnten, das er für sie investiert. Emigrierte Angestellte von M.M.Warburg & Co., die in New York nirgends eine andere Anstellung finden, arbeiten für ihn.

In Max Warburgs Büro steht auf dem Schreibtisch die Fotografie eines Bildes aus seinem Arbeitszimmer auf dem Kösterberg: Moses sieht das Gelobte Land. Das Bild sollte ihn beim Aufstieg der NSDAP daran erinnern, sein Herz nicht zu sehr an die Elbe zu hängen. Auf die Rückseite hat er geschrieben: „Hier bin ich nur zur Miete, Besitz ist eitel, nur die Sehnsucht ist ewig."

Die letzte Kapitalreserve der Warburgs in Europa ist die Tochtergesellschaft in Amsterdam. Sie behauptet sich ohne die

Bild oben: Die Hermannstraße im April 1945. Das Gebäude der Warburg-Bank – rechts hinten, am Beginn der Ferdinandstraße – steht noch.

Bild unten: Der Ballindamm nach den Bombenangriffen. Rechts das Gebäude der Hamburg-Amerika Linie.

Hauptfirma in Hamburg nur mühsam, und als deutsche Truppen Holland besetzen, geht sie verloren. Max und Alice Warburg leben nun vom Geld ihrer Schwägerin Frieda, später bittet er auch andere Verwandte um Zuschüsse.
Er arbeitet in Flüchtlingskomitees mit, die versuchen, Vertriebenen Arbeit zu vermitteln, gründet eine Organisation, die Kindergartenkindern Englisch und Deutsch beibringt, und einen Bund mitteleuropäischer Juden zur Wahrnehmung der Rechte der Juden in Zentraleuropa.
Das „Memorandum“ mit den Friedensvorschlägen, das er kurz nach Kriegsausbruch in Schottland entworfen hat, gibt er Thomas Lamont, einem Teilhaber von J. P. Morgan, den er vor zwanzig Jahren in Versailles kennengelernt hat. Beide Bankiers sind einer Meinung über das, was nach Kriegsende in Europa geschaffen werden muss: ein amerikabeherrschter Bund der Nationen, eine Kombination von privatem Unternehmertum und Staatsökonomie, ein stabiles Weltwährungssystem, mit dem allein eine neue Weltordnung begründet werden könne. Max Warburg hofft auf ein vereintes Europa.
Er muss sich scharfe Kritik von führenden amerikanischen Juden anhören: Er habe eine entschlossene Haltung gegenüber dem Naziregime vermissen lassen. Sie seien entsetzt über sein vertrautes Verhältnis zu Nazigrößen und seine Weigerung, deren Bösartigkeit entschieden die Stirn zu bieten, eine Weigerung, die deutsche Juden teuer zu stehen gekommen sei. Er äußert sich nicht zu diesen Vorwürfen.

Er korrespondiert regelmäßig mit Robert Solmitz, der in Hamburg das Sekretariat Warburg leitet, erst im Haus Alsterterrasse 1 und ab Juli 1939, nach der Auswanderung von Fritz Warburg, in Warburgs Elternhaus Mittelweg 17.
Solmitz berichtet von laufenden Vorgängen, Abrechnungen, Steuerzahlungen, dem Verkauf von Grundstücken – er musste das Grundstück auf dem Kösterberg mit Wohnhaus, Wirtschaftsgebäuden, Garten und dem Freilufttheater 1939 an die Stadt verkaufen. Wohnhaus und Grundstück Neue Rabenstraße 24 verkauft er für 165 000 Reichsmark an die Norddeutsche Affinerie, das Nebenhaus ist jetzt ebenfalls weg, Warburg hatte es dem Chauffeur geschenkt. Solmitz kümmert

sich auch um Effekten im Depot der Warburg-Bank. Die Bank hat Depotgebühren belastet, teilt er Warburg mit. Warburg wusste nicht, dass er dort noch etwas besitzt. Solmitz fragt, wen er unterstützen soll. Auch aus der Ferne hilft Warburg Gemeindemitgliedern, das Sekretariat berät Auswanderer und unterstützt sie finanziell, kümmert sich um karitative Aufgaben und um kulturelle. Warburg ist beruhigt, dass im Waisenhaus alles gut weiterläuft. Er versucht, Oberrabbiner Carlebach und seine Familie aus Deutschland herauszubekommen, niemand will einen älteren deutschen Rabbiner haben: „Sie koennen ihm sagen, dass ich nichts unversucht lasse."

Max Warburg schickt seine Briefe per Luftpost oder als Telegramme. Der Brief von Solmitz mit Datum vom 11. Januar 1941 läuft über Sibirien. Er erzählt darin von Feiern, einer launigen Ansprache von Carlebach. Das Haus Mittelweg 17 wird Oase genannt, ist eine Oase für die letzten Juden in Hamburg.

Die Bibliothek im Erdgeschoss ist ein beliebter Treffpunkt. An manchen Nachmittagen gibt es Klavier- und Violinkonzerte, Vorträge, Lesungen. Wolf Beneckendorf, Schauspieler an den Hamburger Kammerspielen und Nichtjude, hält die Generalproben seiner Lesungen von Goethe- und Rilke-Texten ab. Durch die Bibliothek kommt man in ein großes Büro mit dem Schreibtisch von Solmitz und Arbeitsplätzen für die Buchhalter Heilbut und Tebrich, die Sekretärinnen Alice Ascher und Frau Baruch und den Kassenboten Josephi, in einem kleinen Nebenraum berät Solmitz Auswanderungswillige. Im ersten Stock praktiziert der Arzt Dr. Berthold Hannes in zwei Zimmern, außerdem wohnt und arbeitet dort Max Plaut, der Vorsitzende des Jüdischen Religionsverbandes. Solmitz und seine Frau Hertha wohnen im zweiten Stock. Im Keller der Oase hat Hausmeister Baer mit Frau und drei kleinen Kindern eine Wohnung, außerdem gibt es dort nun einen Luftschutzkeller. Jeden Tag kommen viele Menschen in das Haus, besonders im Winter, denn die Bibliothek ist geheizt, Christian Niemeyer, Syndikus in der ehemaligen Warburg-Bank, sorgt für Kohlen. Die Besucher gehen früh, zu Fuß. Juden haben keine Führerscheine und dürfen keine öffentlichen Verkehrsmittel mehr benutzen. Um acht Uhr abends muss jeder zu Hause sein.

Im Frühjahr 1941 ist alles vorbei: Die NSDAP beschlagnahmt die Oase. Wolf Beneckendorf bringt Herrn und Frau Solmitz an einem Junitag zum Hauptbahnhof. Sie fahren über Frankreich und Spanien nach Portugal.
Max Plaut macht weiter in dem kleinen Haus Böttgerstraße 5, wo er nun wohnt, und Max Warburg sorgt weiter für Geld. Er informiert seinen Bruder Fritz im neutralen Schweden, wen Fräulein Ascher mit dem unterstützen soll, was noch auf dem Bankkonto ist: Zweihundert Reichsmark monatlich bekommen der Oberrabbiner Dr. Joseph Carlebach, Herr Hillel Chassel, Dr. Max Plaut, solange sie in Hamburg sind, dann einmalig fünfhundert Reichsmark zwei Damen aus der früheren Nachbarschaft, eine von ihnen ist die Witwe des Zigarrenfabrikanten Hirsch, außerdem soll die Sekretärin dem Waisenhaus weiter Geld schicken.
Die Gestapo teilt Max Plaut am 17. Oktober 1941 mit, dass für den 25. die „Evakuierung" von über tausend Hamburger Juden bevorstehe, die Deportation. Am 23. Oktober verbietet Himmler die Auswanderung.
Vom 27. Oktober an heißt die Bank Brinckmann, Wirtz & Co. Am 25. November erkennt die Reichsregierung Max und Alice Warburg die deutsche Staatsbürgerschaft ab und zieht ihr restliches Vermögen ein.
Hausmeister Baer und seine Familie, die Bibliothekarin Frau Menken, die Sekretärinnen Fräulein Ascher und Frau Baruch werden deportiert, ebenso Rabbiner Carlebach und seine Familie. In kurzen Abständen folgen Transporte nach Minsk, Riga, Lodz. Über dreihundert Gemeindemitglieder begehen Selbstmord. Laut Kartei der Gemeinde in der Böttgerstraße 5 lebten im Oktober 1941 in Hamburg 7547 Juden, zwei Monate später, am 31. Dezember 1941, zählt man 4051 Juden. Ihr Durchschnittsalter liegt über sechzig Jahre.
Das Haus des Kulturbunds in der Hartungstraße wird eine der beiden Deportations-Sammelstellen, die andere ist die Provinzialloge von Niedersachsen in der Moorweidenstraße. Hunderte von Menschen übernachten im Juli 1942 in der Hartungstraße, am 10. Juli muss der Küchenbetrieb eingestellt werden, einen Tag ehe ein Transport nach Auschwitz abgeht. Der Friseursalon bleibt bis Ende November geöffnet. Im Dezember 1942 ist das Haus geschlossen.

Der Hilfsverein der deutschen Juden hat von 1933 bis 1939 über 90 000 Emigranten beraten und 31 399 finanziell unterstützt, von ihnen gingen 11 411 Personen in europäische Länder, 19 988 nach Übersee.

Die Haavara-Exporte und alle anderen Paltreu-Transferaktionen liefen bis zur Kriegserklärung Englands am 3. September 1939. Transferiert wurden circa 140 Millionen Reichsmark oder ein bis zwei Prozent des Vermögens aller deutschen Juden 1933. Mehr als 52 000 Personen konnten Geld nach Palästina transferieren und dorthin folgen, davon 75 Prozent oder 39 000 über M. M. Warburg & Co.

Über den Altreu-Fonds konnten von Dezember 1937 bis Ende Februar 1939 für 2962 Personen insgesamt 1657 Darlehen bewilligt werden, meist für Handwerker, Kaufleute, Arbeiter, Landwirte, die überwiegend nach Südamerika auswanderten.

Mindestens 2000 Personen oder Familien half die Warburg-Bank direkt.

In New York überredet ein Historiker Max Warburg, seine Lebenserinnerungen zu schreiben, und der Verleger Macmillan gibt ihm einen Vorschuss. Warburg legt sein Buch groß an, schreibt zahlreiche Entwürfe, beschäftigt Bekannte, spannt Mitarbeiter ein, Sekretärinnen. Er erzählt wenig von sich persönlich, arbeitet nach Jahren geordnet an einer deutschen Geschichte der ersten Hälfte des 20. Jahrhunderts, wie er sie miterlebt hat, schafft es, sich aus dem Archiv der Bank in der Ferdinandstraße Korrespondenzen schicken zu lassen. Am Schluss fragt er sich, was man aus dieser Geschichte lernen kann, was er selbst daraus lernen kann.

Eine wichtige Erkenntnis: „Die Niederlage im ersten Weltkrieg hatte eine schwere psychische Erkrankung des sieggewohnten deutschen Volkes zur Folge. Diese Krankheit wurde durch den Mangel an politischer Erziehung und durch die Gewohnheit der Unterordnung noch gefaehrlicher. Sie kam in der Herrschaft des Nationalsozialismus zum Ausdruck. Das mag manches erklären, nicht aber die fanatischen Grausamkeiten der Nationalsozialisten. Never before has there been such systematic brutality. Nie war die Bestialitaet auch gegen die eigene Bevölkerung so organisiert."

Über sich selbst notiert er: „Ich habe keine Reue, bis zum letzt moeglichen Augenblick in Deutschland geblieben zu sein, weil ich vielen habe helfen können, wenn auch die Hoffnung, die Firma der Familie zu erhalten, fehlschlug." Er glaubt nach wie vor: „Die Aufgabe der Juden in allen Ländern ist, dem Judentum treu zu bleiben und gleichzeitig gute Staatsbürger des Landes zu sein, in dem sie leben; ihre Sitten diesem Lande anzupassen."

Am meisten Auskunft über ihn gibt dieser kurze Satz: „Die Welt wird besser, ob man es erlebt ist gleichgueltig."

Er ist unzufrieden mit sich als Schriftsteller, die Arbeit ist zu groß und zu schwer, er hat sich übernommen. Schließlich überreden Jimmy, Gisela und Hans Mayer ihn, das Buchprojekt aufzugeben, und er zahlt den Vorschuss zurück.

Dr. Otto Hirsch stirbt am 19. Juni 1941 im Konzentrationslager Mauthausen. Professor Dr. Cora Berliner wird im Juni 1942 deportiert. Beide wollten sich nicht retten, ehe sie nicht allen Schwächeren geholfen hatten.

Dr. Leo Baeck wird am 27. Januar 1943 in das Konzentrationslager Theresienstadt deportiert. Er erhält die Nummer 187984 und muss anfangs mit einem Müllwagen durch das Lager ziehen und Abfälle einsammeln.

Wilfrid Israel ist 1939 nach London ausgewandert. Auf seiner letzten Mission besucht er Juden, die illegal in Portugal und Spanien leben, gibt Palästina-Zertifikate an Alte und Gebrechliche und versucht herauszufinden, wie er tausend Kinder aus Frankreich nach Spanien bringt. Den offensten und ausführlichsten seiner letzten Briefe schreibt er an Max Warburg, auch er bedenkt das Kriegsende: „Im westlichen Teil von Europa wird es kaum viele Juden geben, um die man sich kümmern muß. Die Katastrophe selbst löst das Problem, das zweifellos vor einem Jahr noch von großer Bedeutung war." Die Masse der Juden werde in den USA und der Sowjetunion bleiben, wo die Assimilation sich verstärken und Mischehen zunehmen würden: „Die jüdische Tradition wird jedoch ohne Zweifel in irgendeiner Form lebendig bleiben und eine neue Ausdrucksweise finden. Es wäre gefährlicher Pessimismus zu glauben, daß das jüdische Erbe in einer Generation zum Verschwinden gebracht werden kann." Am 1. Juni 1943 fliegt er von Lissabon nach Bristol. Über dem Golf von Biscaya schießen deutsche Jagdflugzeuge die Maschine ab. Sie stürzt brennend ins Meer. Staatsrat Leo Lippmann, der die Finanzverwaltung Hamburgs bis 1933 leitete, und seine Frau töten sich, um der Deportation zu entgehen, in der Nacht vom 10. auf den 11. Juli 1943.

Max Warburg wird 1944 Bürger der USA. Er ist jetzt 77 Jahre alt. Immer noch fasziniert er die Menschen, ist warmherzig und liebenswürdig, ernst und von unbeugsamer Willenskraft. Alice empfindet Friedas und Ninas Fürsorge manchmal als unerträglich bevormundende Barmherzigkeit.

Eric M. Warburg kommt im Frühsommer 1945 als amerikanischer Oberst nach Hamburg. Die Bank steht noch, als einziges Gebäude in der Ferdinandstraße. Später im Jahr fragt Rudolf Brinckmann, ob sie wieder als M.M.Warburg & Co. firmieren solle. „Die Gegenwart ist noch so unklar", antwortet Max Warburg ihm, „und es ist eine solche Weltkonfusion, deren Klärung ich nirgends sehe, daß die Voraussetzung für eine Namensänderung noch nicht gegeben ist. Abgesehen hiervon müßte es auch als eine Unehrlichkeit erscheinen, wenn dort eine Firma unseren Namen trüge, an der wir weder mit Bezug auf die Partner noch auf das Kapital beteiligt sind." Vielleicht könne man eines Tages an den Namen anhängen „vormals M.M. Warburg & Co., gegründet 1798". „Ich sehe Möglichkeiten, aber wir haben noch viel Schweres vor uns. Letzten Endes glaube ich an eine Klärung ..."

Eric weiß, dass es seinem Vater beständig durch den Kopf geht, die Hamburger Firma wieder entstehen zu lassen, und zwar unter dem Namen Warburg. Doch Max Warburgs Lebenskraft nimmt ab. Im Februar 1946 hat er einen Herzanfall. Er ist ein kranker, übergewichtiger, trauriger Mann. Sein Gedächtnis und seine Konzentrationsfähigkeit trüben sich, verschwinden. Am 26. Dezember 1946 stirbt er, fast achtzig Jahre alt.

Über tausend Trauergäste füllen die Synagoge an der Park Avenue. Sie danken Max Warburg ein letztes Mal mit ihrem Kommen. Er wird neben seinem Bruder Paul auf dem Friedhof von Sleepy Hollow beigesetzt. Die *New York Times* schreibt: „America was honored to have him as a citizen during the last two years of his life. There was no American among our millions, born here or naturalized, more deeply loyal to our highest ideals and traditions."

In Hamburg hat am 13. Oktober 1946 die erste freie Bürgerschaftswahl seit 1932 stattgefunden, und am 22. November ist die Bürgerschaft im Großen Festsaal des Rathauses zusammengetreten, um die gewählten Senatoren zu vereidigen. Max Brauer, der neue Erste Bürgermeister, sagte in seiner Rede: „Hitlers Sieg würde die Vernichtung der Humanität und jeder echten Gesittung bedeutet haben." Und er fügte hinzu: „Wir rücken immer wieder voller Abscheu ab von den grauenvollen Verbrechen, die der Nationalsozialismus an den Juden und an Millionen Andersdenkender begangen hat. Das war schlimmer als ein Rückfall in finsterstes Mittelalter. Gerade Hamburg ist auf dem Gebiet der Wohltätigkeit, der Künste und Wissenschaft, des Handels und der Wirtschaft erfüllt von Zeugnissen großer Leistungen, die jüdische Mitbürger in Jahrhunderten in unserer Stadt vollbracht haben. Die Namen von Max Warburg, Albert Ballin, Heinrich Hertz, Mendelssohn Bartholdy und Ernst Cassirer werden niemals der Vergessenheit anheim fallen. Sie sind die Mitträger des Ruhmes unserer Stadt."

Etwa die Hälfte aller politischen Flüchtlinge kehrte nach Deutschland zurück, aber nur drei bis fünf Prozent der jüdischen Vertriebenen kamen wieder.

Alice Warburg lehnte es ab, Deutschland jemals wieder zu betreten. Sie starb am 7. Dezember 1960 im Alter von 87 Jahren. Fritz Warburg arbeitete am Wiederaufbau des Israelitischen Krankenhauses in Hamburg mit, wohnte aber in Stockholm. Als er einen Schlaganfall hatte, zog seine Frau Anna Beata mit ihm zu den Töchtern Eva und Charlotte nach Israel, wo er am 13. Oktober 1964 starb.

Eric Warburg wollte die Bank zurückhaben und führte um sie einen langen Kampf gegen große Widerstände. 1956 wurde er wieder Teilhaber, trat in die Geschäftsleitung ein und wohnte auf dem Kösterberg – Kurt Sieveking war in diesen Jahren Erster Bürgermeister. 1960 zog auch Eric Warburgs Ehefrau Dorothea, mit der er sich 1946 verheiratet hatte, mit den Kindern Marie, Max und Erica von New York nach Hamburg.

Nach langem Streit hieß die Bank schließlich M. M. Warburg – Brinckmann, Wirtz & Co.
Von den 490 Privatbanken in jüdischem Besitz, die es 1933 in Deutschland gab, gingen nach Kriegsende nur zwei an ihre früheren Eigentümer zurück: Sal. Oppenheim jr. & Cie. und M. M. Warburg & Co. Waldemar und Friedrich Carl von Oppenheim waren „Vierteljuden" und durften bis 1944 in der Familienbank arbeiten, dann wurden auch sie verhaftet, konnten jedoch im April 1945 sofort in die Bank zurückkehren. Eric Warburg musste über vierzig Jahre kämpfen – erst seit 1991 trägt die Bank wieder ihren alten Namen. Er starb 1990, neunzigjährig. Heute ist sein Sohn Max Warburg persönlich haftender Gesellschafter in der Ferdinandstraße.

Notizen für Historiker

Dieses ist die erste Biografie von Max Warburg. Aufgrund des begrenzten möglichen Umfangs eines Beitrags innerhalb dieser Biografien-Reihe konnte ich zahlreiche Aspekte nur streifen. Eine kleine, sehr informative Skizze von Dorothea Hauser und Christoph Kreutzmüller, 2008, widmet sich besonders Max Warburg als Bankier. Die Geschichte der Bank erzählen Eduard Rosenbaum/Ari Sherman 1976, Eckart Kleßmann 1998, Keith Ulrich 1998 und Ingo Köhler 2005.

Die umfangreiche und verbreitete Familiengeschichte *Die Warburgs* von Ron Chernow, englisch 1993, deutsch 1994, beschäftigt sich mit den zahlreichen Zweigen der Familie, besonders auch in den USA. Chernows Darstellung der Persönlichkeit Max Warburgs möchte ich sehr ernst widersprechen.

Chernow hält Max Warburg für blind gegenüber der tödlichen Bedrohung der Juden durch die Nationalsozialisten, nennt ihn „töricht", geistig verwirrt, psychisch gestört, einen Mann, der „der Wirklichkeit auswich". Dagegen ist Warburg für mich das herausragende Beispiel eines Hamburger Kaufmanns, der sich für sein Land und das Gemeinwohl persönlich verantwortlich fühlt – Warburg hat den wachsenden Erfolg der Nazis sehr genau beobachtet und gemeinsam mit anderen schon früh die Auswanderung von Juden vorbereitet. Chernow spricht von Warburgs schillernder Reise durch das Dritte Reich, konstruiert, dass er nicht gewusst habe, was er wollte, bleiben oder auswandern, und wirft ihm vor, Leute widersprüchlich beraten zu haben und selbst in Deutschland geblieben zu sein. Dabei geht Chernow zu leicht darüber hinweg, dass Reichsvertretung und Hilfsverein mit Max Warburg an der Spitze nach dem 28. Februar 1933 das Ziel hatten, dass die Jüngeren auswandern und die Älteren bleiben. Er übergeht, dass es den Hilfsorganisationen nicht gelang, genügend Länder zu finden, die bereit waren, die Verfolgten und Verarmten aufzunehmen, vor allem keine über 45-jährigen, übergeht ihren Devisenmangel und den großen Plan des Bankiers, mit Geld Menschen zu retten, für die es auch in Palästina keinen Platz gab. Max Warburg wollte in Deutschland bleiben, solange es irgend ging, weil er es für die Pflicht eines reichen Bankiers hielt, Armen und Schwachen zu helfen.

Max Warburg war nicht töricht, und er war auch kein „Kaiserjude", zu dem er in mehreren Veröffentlichungen gemacht wird, als seien Kaiserjuden ein historischer Begriff so wie Hofjuden: Kaiserjuden hat es niemals gegeben. Chaim Weizmann hat sie 1949 erfunden als Schimpfwort und Synonym für Stiefellecker. Er war immer noch wütend auf James Simon und Paul Nathan vom Hilfsverein, weil sie 1913 ein Technikum in Haifa eingerichtet hatten, dessen Unterrichtssprache statt Hebräisch Deutsch war, und schrieb: Simon und Nathan waren der gewöhnliche Typ der „Kaiserjuden" wie Albert Ballin und Max Warburg, deutscher als die Deutschen, „obsequious, superpatriotic, eagerly anticipating the wishes and plans of the masters of Germany". In den 1930er Jahren brauchte Weizmann deutsche Juden und ihr Geld in Palästina, um das Wüstenland entwickeln zu können, damit die vielen Flüchtlinge dort nicht verhungerten, und er hat Warburg bekämpft, der ihnen alle Länder öffnen wollte, um sie überhaupt aus Deutschland herauszubekommen. Das Wort Kaiserjude steht in einem schrecklichen Spannungsfeld, und man sollte es weder verfälschen noch verniedlichen.

Max Warburg hat seinen großen Plan zur Auswanderung und die Möglichkeiten der Finanzierung den wichtigen Persönlichkeiten nur mündlich vorgetragen oder vortragen lassen. Aber seine Gesprächspartner haben sie in Notizen und Briefen niedergeschrieben, und sie finden sich in Denkschriften der Reichs-

vertretung. Ich habe mich an die Forschungen von Naomi Shepherd und Fritz Kieffer gehalten, die sie aufgespürt und bewertet haben.
Den Vermögenstransfer durch Exportwaren habe ich nach einem Bericht von Werner Feilchenfeld, bis 1933 Syndikus der Berliner Handelskammer, geschildert, der leitend daran beteiligt war. Aber wann genau Warburg sich in die Vorbereitungen dazu einschaltete, ist bis heute unklar: Die auffallend schnelle Reaktion des Reichswirtschaftsministeriums und der Reichsbank sowie der ihm aus Palästina gut bekannte Personenkreis legen nahe, dass er diese Möglichkeit schon sehr früh gefördert, wenn nicht sogar selbst mitprojektiert hat.
Max Warburg, der Enkel des Max Warburg, dessen Lebensgeschichte ich hier erzählt habe, baut mit Dorothea Hauser in Hamburg-Blankenese das Warburg-Archiv auf. Zahlreiche Akten, die in der historischen Literatur als verloren gelten, sind in den letzten Jahren wieder aufgetaucht. Auch große Bestände melden sich sozusagen selbst, weil Sperrfristen abgelaufen sind – Herr Warburg und Frau Hauser haben mir erstaunliche Geschichten erzählt. Banken aus London rufen an, aus New York, haben Briefe in ihren Tresoren, die nun freigegeben sind. Eine Spedition im kleinen Ort Bönningstedt in Schleswig-Holstein hat in der Warburg-Bank angerufen: Bei ihr stünden hundert Kisten in einer offenen Lagerhalle, seit Jahrzehnten, die Lagerzeit sei nun abgelaufen, und was mit den Kisten werden solle. In den Kisten fand Dorothea Hauser lose Blätter, schwer mit Pestiziden verseucht, ihre Hände bluteten beim Blättern: Paltreu-Akten, Altreu-Akten, alles gemischt, alles, was als verloren galt. Niemand weiß, wer die Kisten eingelagert, wer für sie bezahlt hat und wann.
Die Paltreu- und Altreu-Akten sind nicht komplett, letztere sind aber die einzigen, die es gibt – von denen man bislang weiß. Im Warburg-Archiv gibt es auch einige Akten des Bankhauses A.E. Wassermann, das 25 Prozent der Transferverfahren nach dem Haavara-Abkommen durchführte. Über die Tätigkeit der Wassermann-Bank ist kaum etwas bekannt.
Eine erste Auswertung der Warburg-Akten hat eine Fülle von Namen und Kleinstdaten und Miniatur-Biografien erbracht, aber viele Fragen sind noch unbeantwortet. Die Diskussion

über nun anstehende mögliche Forschungsprojekte, zum Beispiel eine Datenbank auf der Basis eines Bestandes, beginnt erst. Ich stand, wie wohl jede Sachbuchautorin, jeder Sachbuchautor, vor dem Problem des Apparats in einem für ein breiteres Publikum gedachten Buch: Eine durchweg belegte Biografie würde das Buch zur Unhandlichkeit aufblähen und zu teuer werden lassen. Daher habe ich einen Kompromiss gewählt. Zitatnachweise und Bibliografie werden jeden Geübten schnell die Quellen finden lassen, die ich benutzt habe, und die Darstellungen, deren Autoren ich verpflichtet bin. Dem Ungeübten dagegen werden sie einen kleinen, nicht allzu verwirrenden Einblick in die Arbeitsweise einer Biografin geben.

Ich danke Max Warburg und Dorothea Hauser für ihre Großzügigkeit und ihre Offenheit und für ihre Geduld in den Diskussionen, um die ich sie gebeten habe. Professor Dr. Franklin Kopitzsch danke ich dafür, dass ich den Aufriss des Buches bei der traditionellen guten Tasse Kaffee in Bremen mit ihm durchsprechen konnte. Professor Dr. Michael Göring und Christine Neuhaus von der ZEIT-Stiftung Ebelin und Gerd Bucerius danke ich für ihre Ermunterung. Dr. Ernst-Peter Wieckenberg danke ich für sein einfühlsames Lektorat und wiederum Professor Dr. Kopitzsch für kenntnisreiche Anmerkungen zum Text. Annette Krüger hat unermüdlich auf die manchmal schwierige Vereinheitlichung der Schreibweisen und Daten von Firmen und Institutionen geachtet und ist eine Meisterin des Konjunktivs. Erika Thies verdanke ich Literaturhinweise. Mein Mann Dr. Per Hoffmann hat mir an vielen Kreuzwegen zugehört, bei intellektuellen Entdeckertouren und emotionalen Talwanderungen.

AW = Alice Warburg
AZ = Aufzeichnungen
EW = Eric Warburg
MW = Max Warburg
SWA = Stiftung Warburg Archiv
Typoskript = unveröffentlichte Langfassung der Aufzeichnungen von Max Warburg
W = Warburg

Anmerkungen

S. 12 „mächtigste Jude in …“ Shepherd, S. 129.
„Sonderbestand“ Die Zahlen: Hilfsverein: Die jüdische Emigration aus Deutschland, S. 185 (nach Exponat Nr. 400) sowie Kieffer, S. 34; Paltreu: Feilchenfeld/Michaelis/Pinner, S. 77f.; Altreu: Die jüdische Emigration aus Deutschland, S. 187 (nach Exponat Nr. 403); Warburg-Bank: Sonderbestand im SWA, überschlägige Zählung von Dorothea Hauser am 8.2.2008.

S. 14 „Der Anblick …“ Chernow, S. 38.

S. 16 „Wir sind nicht …“ Gabriel Riesser: Vertheidigung der bürgerlichen Gleichstellung der Juden, Altona 1831, nach Hans Julius Schoeps: Zionismus oder der Kampf um die nationale Wiedergeburt. In: Schoeps (Hg.): Zionismus. Vierunddreißig Aufsätze. München 1973, S. 27.
„Hamburger System“ nach Lorenz, Die jüdische Gemeinde Hamburg, hier S. 79.

S. 18 „Geht mal nachsehen …“ Chernow, S. 50.

S. 19 „Vorschule“ Michels, S. 23.

S. 20 „Mein lieber Max …“ Brief vom 24.6.1876, Gombrich, S. 37f.

S. 23 „an vieles nicht …“ SWA Bestand MW. Notizen über verschiedene Personen und Themen. Familie und Tradition.

S. 24 „ihre“, „treuer Armer“ Warburg Spinelli, S. 43f.
„der Menschheit nützen …“ Chernow, S. 60.
„mit Jungs“ Hauschild-Thiessen, Hedwig Gobert, S. 32.

S. 25 „meinem 16. bis zu meinem 18. Lebensjahr …“ MW, AZ, S. 9f.
„Archaeologie“ Michels, S. 25.
„Der gute Max …“ Chernow, S. 60.

S. 26 „Mein lieber Max …“ Chernow, S. 38.
„Antisemitismus“ Nipperdey, Thomas und Reinhard Rürup in: O. Brun-

ner, W. Conze, R. Koselleck (Hgg.): Geschichtliche Grundbegriffe. Historisches Lexikon zur politisch-sozialen Sprache in Deutschland. Bd. 1, Stuttgart 1972, S. 129–153.

S. 28 „jeden Juden zuerst ...“ und alles weitere: Brief vom 25.11.1889, alles nach Schoell-Glass, hier S. 254f.

„Du hast Recht ...“ Brief vom 29.11.1889, Schoell-Glass, S. 254f.

S. 29 „Der Antisemitismus ist ...“ Stolberg-Wernigerode, S. 98.

„dass mein Sohn ...“ Brief vom 11.11.1890, Rosenbaum, S. 136.

„Ich habe das Land ...“ und alles weitere MW, AZ, S. 12f.

S. 32 „Frühstücksthaler“ Kleßmann, S. 37. Bei meiner Zusammenfassung der Geschichte der Bank orientiere ich mich an Rosenbaum/Sherman und Kleßmann.

S. 34 „Dein Name muss ...“ SWA Bestand MW. Notizen über verschiedene Personen und Themen. Menschen, die ich traf.

„Credit“ G. Hoffmann, Elbchaussee, S. 30.

S. 35 „Bankiers“ Kleßmann, S. 19.

S. 36 „labor et constantia“ etc. Rosenbaum, S. 134.

S. 37 „Als Deutsche ...“ Brief vom 9.6.1895, nach Barth, hier S. 148f.

„mit diesen beiden ...“ Rosenbaum/Sherman, S. 99f.

S. 40 „Kösterberg gekauft“ EW, Zeiten, S. 16.

S. 41 „Ganz feine Leute ...“ Crasemann S. 199.

„Ein kleiner Herr ...“ Gombrich, S. 20, Anm. 1.

„seine liebe Tochter“ Chernow, S. 100.

S. 42 „Für immer ...“ SWA Bestand AW. MW an AW, 30.12.1899, dort auch die im Folgenden zitierten Briefchen und Gelegenheitsgedichte sowie die Menükarte.

S. 44 „immer sollst Du ...“ EW, Zeiten, S. 11.

S. 45 „Nachdem der Frauenheld ...“ Chernow, S. 104.

S. 46 „Sagen Sie nie ...“ nach Oppens, S. 124.

S. 47 „nach Berlin“ Krohn, S. 86.

S. 50 „mehr Künstler als Rechner“ nach Broeze, S. 148.

„Laß Schiffe ...“ EW, Zeiten, S. 40.

„Die Russen gehen ...“ MW, AZ, S. 30.

S. 51 „Ma chère Alice“ SWA Bestand AW. MW an AW, 25.6.1904.

„Parasiten meines Reiches“ Röhl, S. 273.

S. 54 „im Kinde ...“ Schiefler, S. 188.

„Sag mal ...“ EW, Zeiten, S. 28.

S. 55 „Weißt du ...“ EW, Zeiten, S. 25.

„Bildung schadet nichts“ EW, Zeiten, S. 34.

S. 56 „Nicht günstig ...“ Brief vom Januar 1913, Frank-Michael Wiegand: Die Notabeln. Untersuchungen zur Geschichte des Wahlrechts und der gewählten Bürgerschaft in Hamburg 1859–1919. Hamburg 1987, S. 206, Anm. 560.

S. 57 „sofern wir uns ...“ MW, Finanzielle Kriegsbereitschaft.

„wir bekommen überhaupt …“ SWA Bestand AW. MW an AW, Oktober 1908.

S. 58 „Liebste Madame …“ SWA Bestand AW. Albert Ballin an AW, 18.4.1910.

S. 59 „Sammlungspolitik …“ Fischer, Illusionen, S. 56.

S. 60 „dreihundert Männer …“ Neue Freie Presse 23.12.1909, nach Hartmut Pogge von Strandmann (Hg.): Walther Rathenau. Tagebuch 1907–1922. Düsseldorf 1967, S. 23.

S. 62 „Hier in Hamburg …“ Brief vom 28.2.1913, Herzig/Rhode, Katalog, S. CXXXVII.

S. 63 „daß wir diese …“ Regendanz an Marx & Co., 23.6.1911, nach Oncken, hier Anm. zu S. 154.

S. 64 „um nach aussen …“ Brief vom 11.9.1911, Kroboth, S. 55.

„Werbung des Wohlwollens …“ Vagts, S. 330.

„Big Linker“ nach Münzel sowie Reitmayer, Bankiers, und Berghahn/Unger/Ziegler.

S. 67 „Die Gesellschaft …“ alles nach Barth, S. 417ff., hier S. 418.

S. 68 „Es fragt sich …“ nach Barth, hier S. 424.

S. 69 „Wir müssen in Nyassa …“ Brief vom 27.6.1914, Barth, S. 429.

„Ich bitte Sie also …“ Brief vom 24.11.1913, Krieger, S. 160, Anm. 31.

S. 71 „Mein Bübchen …“ EW, Zeiten, S. 44.

S. 72 „Nun, gegen eine …“ Warburg Spinelli, S. 52.

„Die Gaben …“ SWA Bestand MW. Notizen über verschiedene Personen und Themen. Private und öffentliche Wohlfahrt, S. 27.

„Konfirmation“ Albert Ballin an EW, 2.5.1913, EW, Zeiten, S. 38.

S. 73 „Ich habe mir …“ MW, AZ, S. 50.

S. 75 „Uns treibt nicht …“ Fischer, Griff, S. 110.

„Albert Ballin, Max …“ Fürst Bülow in seinen Memoiren, S. 201, nach Rosenbaum, S. 142, Anm. 214.

S. 76 „Kriegsmetall-AG“ etc. alles nach Zechlin, hier S. 523.

S. 78 „als wäre ich von …“ MW, AZ, S. 7.

„steht wie ein Fels …“ Rosenbaum/Sherman, S. 113.

„goodbye“ Warburg Spinelli, S. 54.

„Durch die grausame …“ SWA Bestand AW. AW an Paul W, 8.9.1914.

S. 79 „Max ist heute …“ SWA Bestand AW. AW an Nina W, 20.9.1914.

„Letzte Woche …“ SWA Bestand AW. AW an Nina W, 18.11.1914.

„plötzlich zusammenbricht“ BA R/1501/119 238, Reichsamt des Innern, Akten betr. Anträge zu den Friedensverhandlungen Vol. 1, Reichskanzler Bethmann-Hollweg an den Staatssekretär des Innern Dr. Delbrück, Großes Hauptquartier, 22.10.1914.

„Sehr verehrte, liebe …“ BA R/1501/119 238, Aktentitel wie oben, Bl. 244–265: MW an Unterstaatssekretär Richter im RAI, Hamburg, 26.11.1914.

S. 80 „so viel Geld …“ BA R/1501/119 238, Aktentitel wie oben, Blatt 267f.: Max von Schinckel an Unterstaatssekretär Dr. Richter, 31.3.1915.

„Max wird immer …“ SWA Bestand AW. AW an Paul W, 29.1.1915.

S. 81 „Es ist wohl …“ SWA Bestand MW. Typoskript, nach Rosenbaum/Sherman, S. 147.

„Die langweilige …“ SWA Bestand AW. AW an Frieda W, 4.7.1915.

S. 82 „Wir sind wieder …“ SWA Bestand AW. AW an Paul W, 19.7.1915.

„daß man in …“ Wiborg, Ballin, S. 111.

S. 83 „Sollte Deutschland …“ MW, AZ, S. 46.

„schlappen“ und „internationalen vaterlandslosen …“ nach Zechlin, S. 520f.

S. 84 „Judenzählung“ nach Angress, Das deutsche Militär, hier S. 83.

„Ich nehme alle …“ MW an Aby W, 23.10.1916, nach Schoell-Glass, hier S. 136.

„Ich akzeptiere nicht …“ Warburg Spinelli, S. 46.

„… wenn man zu diesen …“ Schoell-Glass, S. 138.

„Es hat heute …“ Rathenau an MW, 28.11.1916 in: Jaser u. a., S. 1584.

S. 85 „Eine Bevorzugung …“ Zechlin, S. 527.

„Es scheint … national …“ Berding, S. 95.

S. 86 „Amerika bedeutet …“ nach Fischer, Griff, hier S. 400.

„Aberglauben und …“ Hauschild-Thiessen, Hamburg im Kriegsjahr 1917, S. 211.

„Eroberungssucht“ Rosenbaum/Sherman, S. 148.

„War das Jahr …“ Jahresbericht 1917, Rosenbaum/Sherman, S. 150.

S. 88 „Trotz seiner sehr …“ SWA Bestand MW. Notizen über verschiedene Personen und Themen. Menschen, die ich traf: Friedrich Ebert.

„Technik des …“ MW, AZ, S. 64.

S. 89 „Wenn die Militärs …“ Max von Baden, Erinnerungen, S. 344.

S. 91 „Ebert“ und „Herr Ebert, ich …“ Max von Baden, Erinnerungen, S. 630–643.

S. 92 „Kraftvoll war in ihm …“ Mosse, Drei Juden, S. 439.

S. 93 „Sie scheinen sich …“ MW, AZ, S. 67f.

„Kaiser Wilhelmgedächtnisknoten“ Vagts, S. 297.

S. 94 „100 Milliarden in Gold“ MW, AZ, S. 79.

„der komme auch …“ Wolff, Tagebücher II. Teil, 20.12.1918, S. 670.

S. 96 „Schlüssel des ganzen …“ Kolb, S. 25.

„Hier rechnen sie uns …“ SWA Bestand MW. Typoskript, Annex, MW an AW, 11.4.1919.

S. 97 „Primat …“ nach Scheidemann, S. 431.

S. 99 „Es ist das schamloseste …“ SWA Bestand MW. Typoskript, Annex, MW an AW, 8.5.1919.

S. 100 „Nous ferons faillite …“ Documents diplomatiques français, S. 1068.

„Schmachfriedens“ MW, AZ, S. 87.

S. 102 „Weise ist man …“ Brief vom 22.12.1919, Rosenbaum/Sherman, S. 156.

S. 103 „manisch-depressiven Mischzustand“ nach Michels, S. 87.

S. 104 „in der Mitte“ MW, AZ, S. 92.

„alten Garde“ Mühlhausen, S. 477, Anm. 64, Brief MW vom 6.12.1920.
„aus einer fremdländischen …“ Feldman, Warburg/Stinnes, S. 321.
„Es gibt eben …“ Feldman, Warburg/Stinnes, S. 322.

S. 105 „Erfüllungspolitik“ nach Kolb, S. 45ff.
„Die Banken würden …“ Akten der Reichskanzlei, Weimarer Republik, Bd. IV, Besprechung mit Vertretern der Banken und der Industrie am 14.9.1921, S. 266.

S. 106 „Im Deutschen Reiche …“ MW, Zur Gründung des Überseeklubs.

S. 107 „Es mag sehr …“ Brief vom 24.6.1922, Rosenbaum/Sherman, S. 162 und Schölzel, S. 372f.

S. 108 „Deutsches Volksgericht“ Werner Jochmann: Die Ausbreitung des Antisemitismus. In: Mosse/Paucker, Deutsches Judentum 1916–1923, S. 464.

S. 109 „Die auf mich …“ Krohn, S. 142f.
„alles zu tun …“ Briefwechsel nach Feldman, Warburg/Stinnes, S. 324f.
„Brigade Ehrhardt“ alles vornehmlich nach Sabrow, S. 151ff.

S. 110 „Versöhnungsaufruf“ Büttner, Tageszeitung, S. 222, Anm. 5.

S. 111f. „rechnet mit …“ Stinnes an Ludendorff 1.11.1922.
„Judenfrage“ und weiterer Briefwechsel Warburg-Stinnes bis „Ich glaube nur …“ Feldman, Warburg/Stinnes, S. 326–329.

S. 112 „Ich beschränke …“ Original: „I restrict my activity …“, Daily Express am 12.2.1923, nach Ferguson, S. 366.

S. 113 „Verrechnungsanweisungen“ alles nach Rosenbaum/Sherman, S. 163–165.
„Goldenen Zwanziger Jahre“ Haffner, S. 141.

S. 114 „Rentenmark“ Kleßmann, S. 67.
„Ein tiefer Denker …“ Kleßmann, S. 68.
„Bringt die Juden um!“ MW, AZ, S. 120.

S. 115 „Was sage ich …?“ EW, Zeiten, S. 105.

S. 116 „Flair“ EW, Zeiten, S. 104.
„Max, der grosse …“ SWA Bestand Fritz W. Aufzeichnungen.
„verkracht“ und „Mein Vater …“ Hans Fürstenberg, S. 169.
„Liliputkonten“ und „Nullschreibereien“ Pohl, S. 126.
Zur Mechanisierung s. Ulrich, S. 85f.

S. 119 „beiden wichtigsten …“ Feldman, Bank, S. 205. S. dazu auch Hauser/Kreutzmüller.
„heute der eigentliche …“ Artikel vom 11.11.1928, Lorenz, Juden in Hamburg, Bd. 2, S. 1088.
„Wir waren schließlich …“ Rosenbaum/Sherman, S. 179. – Rosenbaum, M.M.Warburg & Co., listet die 87 Firmen auf, in deren Aufsichtsräten die Bank vertreten war: S. 148f.

S. 120 „mein Bruder und wir“ Aby W, Tagebuch, Brief vom 14.4.1927, S. 81.
„Was tun wir …“ Aby W an MW, 30.6.1900, Michels, S. 61.

S. 121 „mit einer Zweigstelle …“ Martin Warnke, Vorwort in Michels, S. 11.
„unserer ganzen Familie …“ MW, AZ, S. 6.

„Mnemosyne“ Michels, S. 103.
„Atlas zur Ausdruckskunde“ Heise, S. 25.
S. 122 „mir von neuem …“ Aby W, Tagebuch, Brief vom 14.4.1927, S. 81.
„Wäre Aby in …“ Feder, Freitag, 22.4.1927, S. 121.
„mit königlicher …“ Lachmann, S. 40.
„Leonce und Lena“ Warburg Spinelli, S. 41.
S. 123 „Meine liebe, mir …“ SWA Bestand AW. MW an AW, 2.12.1928.
„daß sie dem geistigen …“ Aby W, Tagebuch, 5.6.1927, S. 99.
„Der heimliche Kaiser“ und das Weitere nach Schoell-Glass, S. 180ff.
S. 125 „Viele kamen zu …“ Feder, Montag, 28.3.27, S. 114.
S. 126 „Weil Herr Weizmann …“ Chernow, S. 370.
„Es ist der Kampf …“ MW, AZ, S. 138.
S. 127 „Wir alle sind …“ MW an Felix W, 29.8.1929, Chernow, S. 376.
„Er war dankbar …“ MW, Rede Gedächtnis-Feier in Füssel, S. 28.
S. 128 „Gegen den Bürgerkrieg …“ und „Der neue Schlachtruf“ nach Büttner, Tageszeitung, S. 221–233.
S. 130 „Erhaltung des …“ Adolf Hitler, Mein Kampf. München 1935, S. 432.
S. 131 „Hierdurch gebe ich …“ EW, Zeiten, S. 110.
S. 132 „Was nützt uns Geld …“ Paul W an James W, 16.6.1931, nach Chernow, hier S. 404.
S. 133 „… wir sehen leider …“ Lippmann, S. 495.
S. 134 „Werbestelle“ Büttner, Staatskrise, S. 343, zu Hamburgs Lage: S. 213.
„I am convinced …“ James W, S. 98.
S. 135 „die Tagesarbeit …“ MW an Coudenhove-Kalergi, 20.3.1932. SWA Bestand MW. Pan-Europa Bewegung, Korrespondenz mit und über den Grafen C-K Dezember 1931–Oktober 1932.
„Die Welt wird …“ Brief vom 9.4.1932, Chernow, S. 450.
S. 137 „den ganzen …“ MW, AZ, S. 144.
„Ich weiß wirklich …“ Carl Melchior an Hans Meyer, 25.8.1932, MW, AZ, S. 145.
„Die Fahne hoch …“ Warburg Spinelli, S. 96.
„nur Propaganda“ Warburg Spinelli, S. 96.
S. 138 „Juden Warburg“ Chernow, S. 448.
„sich selbst aus …“ MW an Heinrich von Gleichen, 28. Mai 1931 nach Daniel Jonah Goldhagen: Hitlers willige Vollstrecker. Ganz gewöhnliche Deutsche und der Holocaust. Berlin 1996, S. 112.
„den Wunsch haben …“ Lorenz, Juden in Hamburg, Bd. 2, S. 834ff.
S. 139 „Sie trifft …“ Rede Max Warburgs „gegen die Schande des Antisemitismus“ am 23.1.1933, Lorenz, Juden in Hamburg, Bd. 2, S. 1072f.
„In zwei Monaten …“ nach Karl Dietrich Erdmann: Deutschland unter der Herrschaft des Nationalsozialismus 1933–1939. Gebhardt, Handbuch der deutschen Geschichte, Bd. 20, 1987, S. 80.
S. 140 „Ich habe siebzehn …“ MW, AZ, S. 71.
„zum Alleinherrscher …“ MW, AZ, S. 146.

„und doch immerhin …“ Köhler, S. 65. Max Warburg unterschrieb als einer von acht Generalräten die Ernennungsurkunde am 16.3.1933, Hindenburg und Hitler unterschrieben am 17. März.

S. 141 „Es ist ein Jammer …“ Brief vom 19.3.1933, Chernow, S. 454.
Aufsichtsratsmandate: Zahlen und Beurteilung der Bank nach Köhler, S. 329, vgl. auch S. 141. – Kleßmann gibt 108 für 1932 an: S. 92.

S. 142 „jüdische Nivea-Creme“ und „reinarische …“ alles nach Bajohr, hier S. 37.
„die des Kampfes …“ EW im Vorwort zu MW, AZ, S. VIII.

S. 144 „Boycott German Goods!“ Kieffer, S. 19.

S. 146 „mit Hitler persönlich“ nach Barkai, Max Warburg im Jahre 1933, S. 391ff., dazu Bajohr, S. 161f. und Hayes, S. 275, Anm. 18.
„daß keine Veranlassung …“ Goldmann, S. 118.
Zahlen Wirtschaftselite nach Münzel, S. 228ff.
„entfernt“ Akten der Reichskanzlei, Regierung Hitler, Januar–August 1933, Protokoll vom 26.5.1933, S. 496.

S. 147 „Meine sehr geehrten …“ Wiborg, Unser Feld, S. 269; EW, Zeiten, S. 116; MW, AZ, S. 149f.

S. 150 „Kapitalisten-Zertifikat“ alles nach Feilchenfeld/Michaelis/Pinner.

S. 152 „Es fiel kein hartes …“ Helfferich, S. 26.

S. 153 „In Essen wollten …“ SWA Bestand AW. MW an AW, 21.8.1933 aus Paris.

S. 155 „Ich habe einen Kampf …“ SWA Bestand MW. Typoskript. Einige Konklusionen, S. 23.

S. 157 „Man sah ihm an …“ Dodd, Tagebuch 9.8.1934, S. 167.

S. 159 „Der Weg zum …“ Rosenbaum/Sherman, S. 205.
„Wir Juden in …“ Goldmann, S. 122f.

S. 160 „jüdischen“ Zahl bei Köhler, S. 113.
„So ungebildet …“ Bajohr, S. 164.

S. 161 „Massenflucht …“, „Aufschrei“ Kieffer, S. 100.

S. 162 „es war ein unausgesetztes …“ Ulrich, S. 339.
„Frühzug allein …“ SWA Bestand AW. Taschenkalender 8.10.1935.

S. 163 „einen meiner gewagtesten Pläne“ SWA Bestand MW. Notizen über verschiedene Personen und Themen. Menschen, die ich traf, S. 21.
„die Eröffnung von …“ nach Kieffer, S. 484 und S. 95.

S. 164 „Neue Bestimmungen …“ SWA Bestand AW, Taschenkalender 15.11.1935.
„Ehrenarier“ Daily Worker vom 11.12.1935, Chernow, S. 520.

S. 165 „Die Zeiten der Warburgs …“ Weizmann an Marks am 15.12.1935, Shepherd, S. 176.
„der Aufschwung …“ Weizmann an Marks am 17.12.1935 Shepherd, S. 176.
„Erst gestern …“ Ben Gurion an Marks, 31.12.1935, Shepherd, S. 167.
„Weltjudentum soll …“ New York Times vom 6.1.1936, nach Shepherd, S. 167.

S. 166 „Weltfonds für das ...“ nach Kieffer, S. 97.

S. 168 „Lord Burstead ...“ SWA Bestand MW. Notizen über verschiedene Personen und Themen. Menschen, die ich traf: Montagu Norman.
„Vom Standpunkt der ...“ Akten der Reichskanzlei, Regierung Hitler, Bd. 3, 1936, Staatssekretärbesprechung im Reichsinnenministerium vom 29.9.1936, S. 525ff.

S. 169 Ablehnung: Einzelheiten bei Kieffer, S. 120ff.
Die Arbeit des Hilfsvereins schildere ich nach dem Ausstellungskatalog: Die jüdische Emigration aus Deutschland.

S. 175 „Freund hingebender Treue“ EW, 100 Jahre, S. 13.
„Blumenfülle“ SWA Bestand AW. Taschenkalender 5.6.1937.

S. 176 „Mich hielt nur ...“ MW, AZ, S. 151.

S. 177 „Eine große Völkergemeinschaft ...“ Warburg Spinelli, S. 95.

S. 178 „viele Tausende ...“ Matthäus, S. 33.
„rotierenden“ EW, Zeiten, S. 127.

S. 179 „Aus eigener Kraft ...“ Shepherd, S. 29.
„Die Geschäftstage ...“ MW, AZ, S. 153.

S. 180 „Juden betreten diese ...“ Warburg Spinelli, S. 426.
„Sehen Sie ...“ EW, Vorwort zu MW, AZ, S. IX.

S. 181 „Verbot f. Nichtarier ...“ SWA Bestand AW. Taschenkalender 19.12.1936.

S. 182 „Vater war auf ...“ SWA Bestand AW. AW an EW, 24.10.1937.
„Ich möchte die Juden ...“ Kulturbund nach Müller-Wesemann, Theater, hier S. 152, und Lorenz, Juden in Hamburg, Bd. 1, S. 436.

S. 183 „Lernen“ Müller-Wesemann, Theater, S. 160.
„Wir sind verantwortlich ...“ Müller-Wesemann, Hartungstraße, S. 323ff.

S. 184 „insofern befriedigend“ MW an Walter Dauch, 10.8.1937, Kieffer, S. 168. Ein Durchschlag der Denkschrift, die Warburg mit Schreiben v. 28.8.1937 an Stuckart schickte, liegt im SWA.

S. 186 „Möge Ihre Hoffnung ...“ Die jüdische Emigration aus Deutschland, Exponat Nr. 400.

S. 187 „the very, very last ...“ Kieffer, S. 467.
„Es tut mir leid ...“ MW, AZ, S. 154.
„Arisierung“ Köhler, S. 544.
„Arisierungsschlacht“ Chernow, S. 556f. und Ulrich, S. 339f.

S. 188 „nichtarische Firma“ erzählt nach Bajohr, S. 259f.

S. 189 „Der good-will ...“ SWA Bestand MW. Typoskript. Einige Konklusionen, S. 22.
„Wir wünschen Ihrer ...“ MW, AZ, S.156.

S. 190 „Er sagte voraus ...“ Kulka/Jäckel, S. 258.

S. 191 „Ich war die einzige ...“ Chernow, S. 568.

S. 193 „Judenschweine“ Bajohr, S. 270.

S. 195 „Es ging zu wie ...“ Chernow, S. 573.

S. 196 Notiz von Ernst von Weizsäcker am 4.1.1939 in: Die jüdische Emigration aus Deutschland, Exponat Nr. 452.
S. 197 „Einigung“ Kieffer, S. 15. – Schachts Verhandlungen nach Kieffer, S. 486ff.
S. 199 „Aus fast allen Ländern …“ Kulka/Jäckel, S. 397.
S. 200 „Dieser Plan hat nichts …“ Kieffer, S. 467.
S. 202 „Hier bin ich nur …“ EW, Vorwort MW, AZ, S. X.
S. 204 „Memorandum“ Ferguson, S. 475.
S. 205 „Sie koennen ihm …“ SWA wie oben, MW an Solmitz, 6.7.1940.
S. 206 „Evakuierung“ Müller-Wesemann, Theater S. 196.
Im Haus Hartungstr. 9/11 finden ab Oktober 1943 Theateraufführungen der „Thalia-Kammerspiele“ statt: Müller-Wesemann, Hartungstraße, S. 329.
S. 207 „Die Niederlage …“ SWA Bestand MW. Typoskript. Einige Konklusionen. 3. Politik.
S. 208 „Ich habe keine Reue …“ SWA Bestand MW. Typoskript. Die Jahre 1936–38.
„Die Aufgabe der Juden …“ Chernow, S. 622.
„Die Welt wird besser …“ SWA Bestand MW. Notizen über verschiedene Personen und Themen. Krieg, Kolonien.
„Im westlichen Teil …“ Shepherd, S. 353.
S. 209 „Die Gegenwart …“ Brief vom 30.11.1945, Kleßmann, S. 117f.
„America was honored …“ EW, Vorwort MW, AZ, S. XII.
S. 210 „Hitlers Sieg …“ Kopitzsch, Erinnern, S. 7.
S. 211 „Vierteljuden“ nach Köhler, S. 508ff. und S. 518f.
S. 212 „töricht“ Chernow, deutsche Ausgabe S. 532, englische Ausgabe S. 441, S. 459; geistig verwirrt: Chernow, englische Ausgabe S. 432, S. 518; psychisch gestört: Chernow, englische Ausgabe S. 433, S. 441f.; „der Wirklichkeit auswich“ Chernow, deutsche Ausgabe S. 564.
S. 213 „Kaiserjuden“ Weizmann, S. 143. – Kaiserjuden sind eine fruchtbare Spezies in der historischen Literatur, sie vermehren sich in letzter Zeit rasant. Ausgangspunkt ihrer Verbreitung ist möglicherweise der oft zitierte, aber wenig inhaltsreiche Aufsatz von Hans Tramer: Die Hamburger Kaiserjuden. In: Bulletin des Leo Baeck Instituts III, 1960, S. 177–189. Werner Mosse schreibt: „Fürstenberg und Max Warburg zählten zur Spitzenkategorie der ‚Kaiserjuden‘.“ (Mosse/Paucker, Juden im Wilhelminischen Deutschland, S. 75). Gerhard Schulz dagegen (Aufstieg des Nationalsozialismus. Krise und Revolution in Deutschland. Frankfurt/M. 1975, S. 129) weist darauf hin, dass niemand jüdische Wirtschaftsführer so genannt habe, und Morten Reitmayer (Bankiers, S. 268) nennt den Begriff irreführend.
S. 238 „Diktat von Versailles“ MW, Zur Gründung des Überseeklubs, S. 7.

Archivalien und Literatur

1. Archivalien

Stiftung Warburg Archiv

Bestand Max M. Warburg

Typoskript der Memoiren
Notizen über verschiedene Personen und Themen
Erinnerungen. Akte 70
Korrespondenz mit und über den Grafen Coudenhove-Kalergi Mai 1924–April 1925 (= Briefe und Unterlagen bis Oktober 1932)
Pan-Europa Bewegung. Korrespondenz mit und über den Grafen Coudenhove-Kalergi Dezember 1931–Oktober 1932: Memorandum an die Deutsche Regierung über die Revision des Versailler Friedensvertrags von Coudenhove-Kalergi
Max Warburg: Förderung der Auswanderung minderbemittelter Juden. Denkschrift für den Staatssekretär im Reichsministerium des Innern Wilhelm Stuckart (1937)
Reise nach London 1939 und New York 1939 und 1940

Bestand Alice Warburg geb. Magnus (Frau Max M. Warburg. 1873–1960)

Briefe und andere Papiere
Fünf-Jahres-Taschenkalender 1935–1939

Bestand Fritz Warburg

Aufzeichnungen/Diktate (im März 1965 von seiner ehemaligen Sekretärin Alice Stier abgeschrieben, was er ihr zwischen 1958 und 1964 in Israel diktierte)

Weitere:

Robert Solmitz: Das Sekretariat Warburg: eine Oase für die Juden in Hamburg, Oktober 1938 bis Juni 1941 (Niederschrift nach 1945)

Mappen Transfer-Projekte (nach Ländern geordnet)

Diverse Auswanderungsprojekte A–N. 1935–1936–1937

Diverse Auswanderungsprojekte O–Z. 1935–1936–1937

Bundesarchiv Berlin

BA R/1501/119 238
Reichsamt des Innern, Akten betr. Anträge zu den Friedensverhandlungen, Vol. 1

2. Gedruckte Quellen, Tagebücher, Memoiren

Adler, Cyrus: Jacob H. Schiff. His Life and Letters. 2 Bde. New York 1928. Republished 1968.

Akten der Reichskanzlei: Weimarer Republik. Hg. für die Historische Kommission bei der Bayerischen Akademie der Wissenschaften von Karl Dietrich Erdmann, für das Bundesarchiv von ... Boppard am Rhein 1968–1990.

Akten der Reichskanzlei: Regierung Hitler 1933–1945. Hg. für die Historische Kommission bei der Bayerischen Akademie der Wissenschaften von Konrad Repgen. Bd. 1–5 (1933–1938), Boppard am Rhein 1983, München 1999–2008.

Baden, Prinz Max von: Erinnerungen und Dokumente. Berlin 1927.

Brecht, Arnold: Aus nächster Nähe. Lebenserinnerungen 1884–1927. Stuttgart 1966.

Brüning, Heinrich: Memoiren 1918–1934. Stuttgart 1970.

Die jüdische Emigration aus Deutschland 1933–1941. Die Geschichte einer Austreibung. Eine Ausstellung der Deutschen Bibliothek, Frankfurt am Main, unter Mitwirkung des Leo Baeck Instituts, New York. Frankfurt/M. 1985 (7.10.1986–4.1.1987 im Haus der Geschichte der Bundesrepublik Deutschland in Bonn).

Documents diplomatiques français sur l'Allemagne 1920. Bd. 2: 1. Juli–31. Dezember. Hg. von Stefan Martens. Bonn 1993.

Dodd, William E. jr. und Martha Dodd: Diplomat auf heißem Boden. Tagebuch des USA-Botschafters William E. Dodd in Berlin 1933–1938. Berlin 1962.

Feder, Ernst: Heute sprach ich mit ... Tagebücher eines Berliner Publizisten 1926–1932. Hg. von Cécile Löwenthal-Hensel und Arnold Paucker. Stuttgart 1971.

Frankenfeld, Alfred: Max Warburg. Ein Porträt persönlicher Erinnerung. In: Neues Hamburg 11, 1956, S. 27–28, 33, 99.

Fürstenberg, Hans: Erinnerungen. Mein Weg als Bankier und Carl Fürstenbergs Altersjahre. Wiesbaden (1965).

Goldmann, Nahum: Mein Leben. München 1981.

Hauschild-Thiessen, Renate (Hg.): Hedwig Gobert geb. Hudtwalcker (1872–1956). Jugendjahre einer höheren Tochter. In: Hamburgische Geschichts- und Heimatblätter 11, 1982/87, 3, S. 25–45.

Helfferich, Emil: Ein Leben. Bd. IV. Jever 1964 (Privatdruck).

Jaser, Alexander, Clemens Picht und Ernst Schulin (Hgg.): Walther Rathenau. Briefe. Teilbd. 2: 1914–1922. Düsseldorf 2006.

Kulka, Otto Dov und Eberhard Jäckel (Hgg.): Die Juden in den geheimen NS-Stimmungsberichten 1933–45. Schriften des Bundesarchivs Bd. 62. Düsseldorf 2004.

Lachmann, Olga: Eine Kindheit vor 1914. Erinnerungen von Olga Lachmann geb. Warburg (1898–1965). Mitgeteilt von Maria Möring. In: Hamburgische Geschichts- und Heimatblätter 9, 1971/76, 2, S. 25–56.

Lippmann, Leo: Mein Leben und meine amtliche Tätigkeit. Erinnerungen und ein Beitrag zur Finanzgeschichte Hamburgs. Aus dem Nachlaß hg. von Werner Jochmann. Hamburg 1964.

Melchior, Carl: Ein Buch des Gedenkens und der Freundschaft. Tübingen 1967.

Schacht, Hjalmar: 76 Jahre meines Lebens. Bad Wörishofen 1953.

Schiefler, Gustav: Eine Hamburgische Kulturgeschichte 1890–1920. Beobachtungen eines Zeitgenossen. Bearbeitet von Gerhard Ahrens, Hans Wilhelm Eckardt und Renate Hauschild-Thiessen. Hamburg 1985.

Vierhundert Jahre Juden in Hamburg. Eine Ausstellung des Museums für Hamburgische Geschichte vom 8.11.1991 bis 29.3.1992. Hamburg 1991.

Vorgeschichte des Waffenstillstandes. Amtliche Urkunden, hg. i. A. des Reichsministeriums von der Reichskanzlei. Berlin 1919.

Warburg, Aby: Tagebuch der Kulturwissenschaftlichen Bibliothek Warburg mit Einträgen von Gertrud Bing und Fritz Saxl. Hg. von Karen Michels und Charlotte Schoell-Glass. Berlin 2001.

Warburg, Eric: Über Max Warburg. In: Max M. Warburg. Gedenkfeier seines 100-jährigen Geburtstages am 5. Juni 1967 im Hause Brinckmann, Wirtz & Co., Hamburg. (Hamburg) 1967, S. 7–23.

Warburg, Eric: Zeiten und Gezeiten. Erinnerungen. Hamburg 1982 (Privatdruck).

Warburg, James P.: The Long Road Home. Autobiography of a Maverick. New York 1964.

Warburg, Max M.: Finanzielle Kriegsbereitschaft und Börsengesetz. Vortrag auf dem 3. Allgemeinen Deutschen Bankiertag am 5. September 1907. Hamburg 1907.

Warburg, Max M.: Finanzielle Kriegslehren. 1. August 1915.

Warburg, Max M.: Die Judenfrage im Rahmen der deutschen Gesamtpolitik. (Privatdruck 1916). In: Angress, Das deutsche Militär und die Juden im Ersten Weltkrieg, S. 106–109.

Warburg, Max M.: Die notwendigen Vorbedingungen für die Gesundung der deutschen Währung. Vortrag, gehalten auf dem V. Allgemeinen deutschen Bankiertag am 26. Oktober 1920.

Warburg, Max M.: Zur Gründung des Überseeklubs am 27. Juni 1922. Hamburg o. J.

Warburg, Max M.: Der Kredit im Geschäfts- und Staats-Leben. Referat gehalten auf dem Deutschen Industrie- und Handelstag in Hamburg am 22. Juni 1927.

Warburg, Max M.: Rede, gehalten bei der Gedächtnis-Feier für Professor Warburg am 5. Dezember 1929. In: Füssel, S. 23–28.

Warburg, Max M.: Aus meinen Aufzeichnungen. New York 1952 (Privatdruck).

Warburg Spinelli, Ingrid: Die Dringlichkeit des Mitleids und die Einsamkeit, nein zu sagen. Erinnerungen 1910–1989. Hamburg 1990.

Weizmann, Chaim: Trial and Error. The Autobiography. New York 1949.

Wolff, Theodor: Tagebücher 1914–1919. II. Teil. Boppard 1984.

Worte zur Beisetzung von Professor Dr. Aby M. Warburg (Aby M. Warburg zum Gedächtnis). Privatdruck Hamburg 1929.

3. Darstellungen (Auswahl)

Angress, Werner T.: Das deutsche Militär und die Juden im Ersten Weltkrieg. In: Militärgeschichtliche Mitteilungen 19, 1976, 1, S. 77–146.

Angress, Werner T.: Kurt Hahn und Max M. Warburg als Berater des Prinzen Max von Baden vor und während seiner Amtszeit als Reichskanzler. In: Michael Grüttner, Rüdiger Hachtmann und Heinz-Gerhard Haupt (Hgg.): Geschichte und Emanzipation. Festschrift für Reinhard Rürup. Frankfurt/M. 1999, S. 233–257.

Augustine, Dolores L.: Die soziale Stellung der jüdischen Wirtschaftselite im Wilhelminischen Berlin. In: Mosse/Pohl, S. 225–246.

Bajohr, Frank und Joachim Szodrzynski (Hgg.): Hamburg in der NS-Zeit. Ergebnisse neuerer Forschungen. Hamburg 1995.

Bajohr, Frank: „Arisierung“ in Hamburg. Die Verdrängung der jüdischen Unternehmer 1933–1945. Hamburg 1997.

Barkai, Avraham: Max Warburg im Jahre 1933. Mißglückte Versuche zur Milderung der Judenverfolgung. In: Freimark/Jankowski/Lorenz 1991, S. 390–405.

Barkai, Avraham: Das deutsche Interesse am Ha'avara-Transfer 1933–1939. In: Ders., Hoffnung und Untergang. Studien zur deutsch-jüdischen Geschichte des 19. und 20. Jahrhunderts. Hamburg 1998, S. 167–195.

Barkai, Avraham: „Wehr Dich!“ Der Centralverein deutscher Staatsbürger jüdischen Glaubens (C.V.) 1893–1938. München 2002.

Barth, Boris: Die deutsche Hochfinanz und die Imperialismen. Banken und Außenpolitik vor 1914. Stuttgart 1995.

Bauer, Yehuda: Freikauf von Juden? Verhandlungen zwischen dem nationalsozialistischen Deutschland und jüdischen Repräsentanten 1933 bis 1945. 2. Aufl., Frankfurt/M. 1996.

Benz, Wolfgang (Hg.): Die Kindertransporte 1938/39: Rettung und Integration. Frankfurt/M. 2003.

Berding, Helmut: Der Aufstieg des Antisemitismus im Ersten Weltkrieg. In: Wolfgang Benz/Werner Bergmann: Vorurteil und Völkermord. Entwicklungslinien des Antisemitismus. Freiburg/Br. 1997, S. 286–303.

Berghahn, Volker R., Stefan Unger und Dieter Ziegler (Hgg.): Die deutsche Wirtschaftselite im 20. Jahrhundert. Kontinuität und Mentalität. Essen 2003.

Berth, Christiane: Die Kindertransporte nach Großbritannien 1938/39: Exilerfahrungen im Spiegel lebensgeschichtlicher Interviews. München, Hamburg 2005.

Brämer, Andreas, Stefanie Schüler-Springorum und Michael Studemund-Halévy (Hgg.): Aus den Quellen. Beiträge zur deutsch-jüdischen Geschichte. Festschrift für Ina Lorenz zum 65. Geburtstag. München, Hamburg 2005.

Breitfeld, Oliver: Deutschlands erste Obergärtnerin: Else Hoffa und Warburgs Römischer Garten über der Elbe. In: Bundesweites Netzwerk „Frauen in der Geschichte der Gartenkultur". 7. Tagung vom 15.9.–16.9.2006 in Hamburg. www.gartenlinksammlung.de

Brenner, Wolfgang: Walther Rathenau. Deutscher und Jude. München 2005.

Broeze, Frank: Albert Ballin, The Hamburg-America Line and Hamburg. Structure and Strategy in the German Shipping Industry (1886–1914). In: Deutsches Schiffahrtsarchiv 15, 1992, S. 135–158.

Büttner, Ursula: Hamburg in der Staats- und Wirtschaftskrise 1928–1931. Hamburg 1982.

Büttner, Ursula und Werner Jochmann: Hamburg auf dem Weg ins Dritte Reich: Entwicklungsjahre 1931–1933. 2. Aufl., Hamburg 1983.

Büttner, Ursula: „Gegen den Bürgerkrieg – für die Verfassung". Ein Plan Max Warburgs zur Sammlung der verfassungstreuen Mitte um eine Tageszeitung. In: Brämer u. a. 2005, S. 221–233.

Chernow, Ron: The Warburgs. The Twentieth-Century Odyssey of a Remarkable Jewish Family. New York 1993. Deutsche Ausgabe: Die Warburgs. Odyssee einer Familie. Berlin 1994.

Crasemann, Emmi: Die Verkehrsverhältnisse in Hamburg um 1900. In: Hamburgische Geschichts- und Heimatblätter 13, 1992/1997, 8, S. 198–205.

Doß, Kurt: Das deutsche Auswärtige Amt im Übergang vom Kaiserreich zur Weimarer Republik. Die Schülersche Reform. Düsseldorf 1977.

Enzyklopädie des Holocaust: die Verfolgung und Ermordung der europäischen Juden. Erarb. durch Yad Vashem. Haupthg. Israel Gutman. Hg. von Eberhard Jäckel u. a. Berlin 1993.

Feilchenfeld, Werner, Dolf Michaelis und Ludwig Pinner: Haavara-Transfer nach Palästina und Einwanderung deutscher Juden 1933–1939. Tübingen 1972.

Feldman, Gerald D.: Die Deutsche Bank vom Ersten Weltkrieg bis zur Weltwirtschaftskrise 1914–1933. In: Lothar Gall u. a.: Die Deutsche Bank 1870–1995. München 1995, S. 138–314.

Feldman, Gerald D.: Max Warburg, Hugo Stinnes und das Problem des Antisemitismus in der frühen Weimarer Republik. In: Michael Grüttner, Rüdiger Hachtmann, Heinz-Gerhard Haupt (Hgg.): Geschichte und Emanzipation. Festschrift für Reinhard Rürup. Frankfurt 1999, S. 315–332.

Ferguson, Niall: Paper and iron. Hamburg business and German politics in the era of inflation, 1897–1927. Cambridge 2002.

Fiebig-von Hase, Ragnhild: Der Anfang vom Ende des Krieges: Deutschland, die USA und die Hintergründe des amerikanischen Kriegseintritts am 6. April 1917. In: Michalka, S. 125–158.

Fischer, Fritz: Krieg der Illusionen. Die deutsche Politik vor 1911–1914. 2. Aufl., Düsseldorf 1969.

Fischer, Fritz: Griff nach der Weltmacht. Die Kriegszielpolitik des kaiserlichen Deutschland 1914/18. 4. Aufl. der vollständigen Ausgabe, Düsseldorf 1971.

Försterling, Manfred: Die Hamburgische Bank von 1923 Aktiengesellschaft. o. O. o. J.

Forsbach, Ralf: Alfred von Kiderlen-Wächter (1852–1912). Ein Diplomatenleben im Kaiserreich. Göttingen 1997.

Freimark, Peter: Juden auf dem Johanneum zu Hamburg. In: 450 Jahre Gelehrtenschule des Johanneums zu Hamburg. Hamburg 1979, S. 123–129, 224–226.

Freimark, Peter, Alice Jankowski und Ina S. Lorenz (Hgg.): Juden in Deutschland: Emanzipation, Integration, Verfolgung und Vernichtung. Hamburg 1991.

Friedländer, Saul: Das Dritte Reich und die Juden. 1. Bd.: Die Jahre der Verfolgung 1933–1938. München 1998.

Füssel, Stephan (Hg.): Mnemosyne. Beiträge zum 50. Todestag von Aby M. Warburg. Göttingen 1979.

Göpfert, Rebekka: Die jüdischen Kindertransporte von Deutschland nach England 1938/39: Geschichte und Erinnerung. Frankfurt/M. 1999.

Gombrich, Ernst: Aby Warburg. Eine intellektuelle Biographie. Hamburg 1992.

Grolle, Joist und Ina Lorenz: Der Ausschluss der jüdischen Mitglieder. In: Zeitschrift des Vereins für Hamburgische Geschichte 13, 2007, S. 1–145.

Haffner, Sebastian: Im Schatten der Geschichte. 2. Aufl., Stuttgart 1985.

Hauschild-Thiessen, Renate: Hamburg im Kriegsjahr 1917. In: Hamburgische Geschichts- und Heimatblätter 9, 1971/76, 12, S. 285–308.

Hauschild-Thiessen, Renate: Agnes Wolffson (1849–1936). In: Hamburgische Geschichts- und Heimatblätter 10, 1977/81, 9, S. 201–218.

Hauser, Dorothea und Christoph Kreutzmüller: Max Warburg (1867–1946). In: Hans Pohl (Hg.): Deutsche Bankiers des 20. Jahrhunderts. Stuttgart 2008, S. 419–432.

Hayes, Peter: Big Business and „Aryanization“ in Germany 1933–1939. In: Jahrbuch für Antisemitismusforschung 3, 1994, S. 254–281.

Heimat und Exil: Emigration der deutschen Juden nach 1933. Begleitbuch zur Ausstellung Heimat und Exil im Jüdischen Museum Berlin vom 29.9.2006 bis 9.4.2007. Frankfurt/M. 2006.

Heise, Carl Georg: Persönliche Erinnerungen an Aby Warburg. Hg. u. komm. von Björn Biester und Hans-Michael Schäfer. Wiesbaden 2005.

Herzig, Arno in Zusammenarbeit mit Saskia Rohde (Hg.): Die Juden in Hamburg 1590 bis 1990. Wissenschaftliche Beiträge der Universität Hamburg zur Ausstellung „Vierhundert Jahre Juden in Hamburg". Hamburg 1991.

Hoffmann, Gabriele: Das Haus an der Elbchaussee. Die Geschichte einer Reederfamilie. 7. Aufl., München 2007.

Jochmann, Werner und Hans-Dieter Loose (Hgg.): Hamburg. Geschichte einer Stadt und ihrer Bewohner. Bd. II: Vom Kaiserreich bis zur Gegenwart. Hg. von Werner Jochmann. Hamburg 1986.

Johe, Werner: Hitler in Hamburg. Hamburg 1996.

Kasischke, Daniela: Die antisemitische Bewegung in Hamburg während des Kaiserreichs 1873–1918. In: Herzig/Rohde, S. 474–485.

Keynes, John Maynard: Freund und Feind. Zwei Erinnerungen. Mit einer Einleitung von Dorothea Hauser. Berlin 2004.

Kieffer, Fritz: Judenverfolgung in Deutschland – eine innere Angelegenheit? Internationale Reaktionen auf die Flüchtlingsproblematik 1933–1939. Stuttgart 2002.

Kleßmann, Eckart: M. M. Warburg & CO. Die Geschichte eines Bankhauses. Hamburg 1998.

Köhler, Ingo: Die „Arisierung" der Privatbanken im Dritten Reich. Verdrängung, Ausschaltung und die Frage der Wiedergutmachung. München 2005.

Kolb, Eberhard: Die Weimarer Republik. München, Wien 1984.

Kopitzsch, Franklin: Organisationsformen der Aufklärung in Schleswig-Holstein. In: Hartmut Lehmann und Dieter Lohmeier (Hgg.): Aufklärung und Pietismus im dänischen Gesamtstaat 1770–1820. Neumünster 1983.

Kopitzsch, Franklin: Altona – ein Zentrum der Aufklärung am Rande des dänischen Gesamtstaats. In: Klaus Bohnen und Sven-Aage Jörgensen (Hgg.): Der dänische Gesamtstaat. Kopenhagen – Kiel – Altona. Tübingen 1992.

Kopitzsch, Franklin und Dirk Brietzke (Hgg.): Hamburgische Biografie. Personenlexikon. 4 Bde. Hamburg 2001–2003, Göttingen 2006–2008.

Kopitzsch, Franklin und Daniel Tilgner (Hgg.): Hamburg-Lexikon. 3. aktualisierte Aufl., Hamburg 2005.

Kopitzsch, Franklin: Erinnern für Gegenwart und Zukunft: Von den Anfängen der Demokratie in Hamburg. Eine Rede aus Anlass des 60. Jahrestages der ersten freien Bürgerschaftswahl nach Gewaltherrschaft und Zweitem Weltkrieg am 13. Oktober 1946. www.hamburgische-buergerschaft.de

Kopper, Christopher: Bankiers unterm Hakenkreuz. München 2005.

Kopper, Christopher: Hjalmar Schacht. Aufstieg und Fall von Hitlers mächtigstem Bankier. München 2006.

Krieger, Folkert: Deutsch-dänische Beziehungen 1901–1914. Bonn 1974.

Kroboth, Rudolf: Die Finanzpolitik des Deutschen Reiches während der Reichskanzlerschaft Bethmann Hollwegs und die Geld- und Kapitalmarktverhältnisse (1909–1913/14). Frankfurt/M. 1986.

Krohn, Helga: Die Juden in Hamburg. Die politische, soziale und kulturelle Entwicklung einer jüdischen Großstadtgemeinde nach der Emanzipation 1848–1918. Hamburg 1974.

Krüger, Peter: Deutsche Außenpolitik zwischen Revisionismus und Friedenssicherung. 2. Aufl., München 1993.

Liedtke, Rainer: Zur mäzenatischen Praxis und zum kulturellen Selbstverständnis der jüdischen Wirtschaftselite in Deutschland. Die Hamburger Warburgs im ersten Drittel des 20. Jahrhunderts. In: Berghahn/Unger/Ziegler, S. 187–203.

Lorenz, Ina S.: Die Juden in Hamburg zur Zeit der Weimarer Republik. 2 Bde. Hamburg 1987.

Lorenz, Ina S.: Zehn Jahre Kampf um das Hamburger System (1864–1873). In: Peter Freimark und Arno Herzig: Die Hamburger Juden in der Emanzipationsphase (1780–1870). Hamburg 1989, S. 41–82.

Lorenz, Ina S.: Die jüdische Gemeinde Hamburg 1860–1943. Kaiserreich – Weimarer Republik – NS-Staat. In: Herzig/Rohde, S. 77–100.

Maierhof, Gudrun: Selbstbehauptung im Chaos. Frauen in der jüdischen Selbsthilfe 1933–1943. Frankfurt/M., New York 2002.

Margaliot, Abraham: Emigration – Planung und Wirklichkeit. In: Paucker, S. 303–316.

Matthäus, Jürgen: Abwehr, Ausharren, Flucht. Der Centralverein deutscher Staatsbürger jüdischen Glaubens und die Emigration bis zur „Reichskristallnacht". In: Exilforschung. Ein internationales Jahrbuch. Bd. 19, 2001: Jüdische Emigration zwischen Assimilation und Verfolgung, Akkulturation und jüdischer Identität. Hg. i. A. der Gesellschaft für Exilforschung von Claus-Dieter Krohn u. a., S. 18–40.

Meyer, Beate: „A conto Zukunft" – Hilfe und Rettung für untergetauchte Hamburger Juden. In: Zeitschrift des Vereins für Hamburgische Geschichte 88, 2002, S. 212–234.

Michalka, Wolfgang (Hg.): Der Erste Weltkrieg. Wirkung, Wahrnehmung, Analyse. Hg. i. A. des Militärgeschichtlichen Forschungsamtes. München 1994.

Michels, Karen: Aby Warburg. Im Bannkreis der Ideen. München 2007.

Mommsen, Wolfgang: Die Regierung Bethmann Hollweg und die öffentliche Meinung 1914–1917. In: Vierteljahrshefte für Zeitgeschichte 17, 1969, 2, S. 117–159.

Mosse, Werner E. (Hg.) unter Mitwirkung von Arnold Paucker: Deutsches Judentum in Krieg und Revolution 1916–1923. Ein Sammelband. Tübingen 1971.

Mosse, Werner E. unter Mitwirkung von Arnold Paucker: Juden im Wilhelminischen Deutschland. 1890–1914. Tübingen 1976.

Mosse, Werner E.: Drei Juden in der Wirtschaft Hamburgs: Heine – Ballin – Warburg. In: Herzig/Rohde, S. 431–446.

Mosse, Werner E. und Hans Pohl (Hgg.): Jüdische Unternehmer in Deutschland im 19. und 20. Jahrhundert. Stuttgart 1992.

Mühlhausen, Walter: Friedrich Ebert. 1871–1925. Reichspräsident der Weimarer Republik. Bonn 2006.

Müller-Wesemann, Barbara: „Mit der Freude zieht der Schmerz treulich durch die Zeiten“. Die jüdische Kulturgeschichte des Hauses Hartungstraße 9–11. In: Herzig/Rohde, S. 323–332.

Müller-Wesemann, Barbara: Theater als geistiger Widerstand: der Jüdische Kulturbund in Hamburg 1934–1941. Stuttgart 1997.

Münzel, Martin: Zerstörte Kontinuität. Die jüdischen Mitglieder der deutschen Wirtschaftelite zwischen Weimarer Republik und früher Bundesrepublik. In: Berghahn/UngerZiegler, S. 219–240.

Oncken, Emily: Panthersprung nach Agadir. Die deutsche Politik während der Zweiten Marokkokrise 1911. Düsseldorf 1981.

Oppens, Edith: Hamburg zu Kaisers Zeiten. Hamburg 1976.

Paucker, Arnold (Hg.): Die Juden im nationalsozialistischen Deutschland. 1933–1943. Tübingen 1986

Pohl, Manfred: Hamburger Bankengeschichte. Mainz 1986.

Pulzer, Peter: Die jüdische Beteiligung an der Politik. In: Mosse/Paucker: Juden im Wilhelminischen Deutschland, S. 143–239.

Reitmayer, Morten: Bankiers im Kaiserreich. Sozialprofil und Habitus der deutschen Hochfinanz. Göttingen 1999.

Reitmayer, Morten: Abgrenzung und Ausgrenzung: Jüdische Großbankiers und der Antisemitismus im deutschen Kaiserreich. In: Andreas Gotzmann, Rainer Liedtke und Till van Rahden (Hgg.): Juden, Bürger, Deutsche. Zur Geschichte von Vielfalt und Differenz. Tübingen 2001, S. 147–170.

Röhl, John C. G.: Kaiser Wilhelm II. und der deutsche Antisemitismus. In: Wolfgang Benz und Werner Bergmann (Hgg.): Vorurteil und Völkermord. Entwicklungslinien des Antisemitismus. Freiburg/Br. 1997, S. 252–285.

Rohde, Saskia: Synagogen im Hamburger Raum 1680–1943. In: Herzig/Rohde, S. 143–175.

Rosenbaum, Eduard: M. M. Warburg & Co. Merchant Bankers of Hamburg. A survey of the first 140 years. In: Publications of the Leo Baeck Institute, Year Book, 1962, S. 121–149.

Rosenbaum E(duard) und A(ri) J. Sherman: Das Bankhaus M.M. Warburg & Co. 1798–1938. Hamburg 1976.

Sabrow, Martin: Der Rathenaumord. Rekonstruktion einer Verschwörung gegen die Weimarer Republik. München 1994.

Scheidemann, Christiane: Ulrich Graf Brockdorff-Rantzau (1869–1928). Eine politische Biographie. Frankfurt/M. 1998.

Schoell-Glass, Charlotte: Aby Warburg und der Antisemitismus. Kulturwissenschaft als Geistespolitik. Frankfurt/M. 1998.

Schölzel, Christian: Walther Rathenau. Eine Biographie. Paderborn 2005.

Shepherd, Naomi: Die Suche nach Wilfrid Israel. Berlin 1985.

Sherman, A. J.: A Jewish Bank during the Schacht Era: M.M.Warburg & Co., 1933–1938. In: Arnold Paucker u. a. (Hgg.): Die Juden im nationalsozialistischen Deutschland. 1933–1943. Tübingen 1986, S. 167–172.

Stolberg-Wernigerode, Otto Graf zu: Die unentschiedene Generation. Deutschlands konservative Führungsschichten am Vorabend des Ersten Weltkrieges. München, Wien 1968.

Tiggemann, Daniela: Familiensolidarität, Leistung und Luxus. Familien der Hamburger jüdischen Oberschicht im 19. Jahrhundert. In: Herzig/Rohde, S. 419–430.

Treue, Wilhelm: Zur Frage der wirtschaftlichen Motive im deutschen Antisemitismus. In: Mosse/Paucker, Judentum 1916–1923, S. 387–408.

Treue, Wilhelm: Jüdisches Mäzenatentum für die Wissenschaft in Deutschland. In: Mosse/Pohl, S. 284–308.

Ulrich, Keith: Aufstieg und Fall der Privatbankiers. Die wirtschaftliche Bedeutung von 1918 bis 1938. Frankfurt/M. 1998.

Vagts, Alfred: M.M.Warburg & Co. Ein Bankhaus in der deutschen Weltpolitik 1905–1933. In: Vierteljahrschrift für Sozial- und Wirtschaftsgeschichte 45, 1958, S. 289–388.

Wedi-Pascha, Beatrix: Die deutsche Mittelafrika-Politik 1871–1914. Pfaffenweiler 1992.

Wiborg, Susanne und Klaus Wiborg: 1847–1997. Unser Feld ist die Welt. 150 Jahre Hapag-Lloyd. Hamburg 1997.

Wiborg, Susanne: Albert Ballin. 2. Aufl., Hamburg 2001.

Zechlin, Egmont unter Mitarbeit von Hans Joachim Bieber: Die deutsche Politik und die Juden im Ersten Weltkrieg. Göttingen 1969.

Zeidler, Manfred: Die deutsche Kriegsfinanzierung 1914 bis 1918 und ihre Folgen. In: Michalka, S. 415–433.

Zeittafel

1867	Geburt Max M. Warburgs am 5. Juni in Hamburg. Der Vater ist Teilhaber der Bank M. M. Warburg & Co., gegründet 1798. Die Bank kauft das Haus in der Ferdinandstraße 75.
1868	Geburt des Bruders Paul. Der älteste Bruder Aby ist 1866 geboren worden.
1871	Geburt des Bruders Felix.
1873	Geburt der Schwester Olga.
1879	Geburt der Zwillinge Louise und Fritz.
1886	Abitur am Realgymnasium des Johanneums. Lehre im Bankhaus J. Dreyfus & Co. in Frankfurt, danach Volontariat bei Wertheim & Gompertz in Amsterdam.
1888	Militärdienst im III. Bayrischen Chevaux-Légers-Regiment in München.
1890	Sekretär in der Banque Impériale Ottomane in Paris.
1891	Volontär bei N. M. Rothschild & Sons in London.
1892	Prokurist in der Warburg-Bank.
1893	Teilhaber. Der Bruder Paul wird Prokurist.

1895	Der Vater zieht sich allmählich von der Geschäftsführung zurück. Felix Warburg heiratet Frieda Schiff, deren Vater die Bank Kuhn, Loeb & Co. in New York leitet. Paul Warburg heiratet Nina Loeb. Die Familienverbindungen zum zweitwichtigsten Emissionshaus an der Wall Street leiten den schnellen Aufstieg der Warburg-Bank ein.
1897–1903	Handelsrichter in Hamburg.
1899	Heirat mit Alice Magnus aus Altona.
1900	Geburt des Sohnes Erich. 1901 folgen Lola, 1904 Renate, 1908 Anita und 1912 Gisela. Erstes Gespräch Abys mit Max über eine Kulturwissenschaftliche Bibliothek Warburg.
1902–1933	Mitglied der Handelskammer. Mitglied des Vorstands der Hamburger Wertpapierbörse.
1903	Albert Ballin lässt Max M. Warburg Kaiser Wilhelm II. durch Bürgermeister Johann Heinrich Burchard vorstellen.
1903–1919	Mitglied der Hamburgischen Bürgerschaft.
1903–1934	Mitglied des Vorstands des Centralverbandes des Deutschen Bank- und Bankiergewerbes in Berlin.
1905	Das Deutsche Reich nimmt die Warburg-Bank in das Reichsanleihekonsortium auf.
1906	Die Bank tritt dem Konsortium bei, das die Hamburg-Amerikanische Packetfahrt-Actien-Gesellschaft (Hapag) finanziert.
1907	Mit Aby an der Gründung der Hamburgischen Wissenschaftlichen Stiftung beteiligt, beide Brüder streben die Gründung einer Universität in Hamburg an. Die Universität wird 1919 gegründet.
1908	Max M. Warburg betreibt mit Senator Werner von Melle die Gründung des Hamburgischen Kolonialinstituts – sie erfolgt im Oktober 1908 – mit mehreren Lehrstühlen als Vorläufer einer Universitätsgründung. Warburg gehört dem Kaufmännischen Beirat an. Zentrale Forschungsstelle des Kolonialinstituts wird das Hamburgische Welt-Wirtschafts-Archiv, das 1919 bei der Gründung der Universität ausgegliedert wird und bis 2007 besteht – es schloss sich mit anderen Instituten zusammen.

Max M. Warburg gehört dem Beirat bis 1933 an.
Vorstandsmitglied der Deutschen Kolonialgesellschaft.
Mitglied des Börsenausschusses im Reichsamt des Innern.

1909 Mitunterzeichner des Gründungsaufrufs für den Hansabund für Gewerbe, Handel und Industrie in Berlin. Warburg gehört erst dem Gesamtausschuss, später dem Direktorium des Hansabundes in Hamburg an.

1910 Tod des Vaters. Max M. Warburg übernimmt dessen Tätigkeiten in den Vorständen der Talmud-Tora-Schule sowie des Israelitischen Krankenhauses und wird Direktor des Knaben-Waisenhauses.

1910–1938 gehört er dem Vorstand der jüdischen Gemeinde in Hamburg an.

1913 Initiator der Hamburger Gesellschaft für Wohltätigkeit, heute Hamburgische Brücke – Gesellschaft für private Sozialarbeit e.V., die ihn auf ihrer Homepage zitiert: „‚Wir Hamburger lassen keinen von uns über Bord gehen', Max Warburg 1913."

1914 Pläne, Aby Warburgs Bibliothek in ein Forschungsinstitut umzuwandeln.
Der amerikanische Präsident Woodrow Wilson beruft Paul Warburg zum Vizegouverneur des Federal Reserve Board in Washington, der amerikanischen Zentralbank, deren Gründung Paul betrieben hat. Er gibt seine Teilhaberschaft in der Warburg-Bank auf, Felix tritt als Teilhaber ein.
Im Herbst 1914 ist Max M. Warburg Gründungsmitglied der Hamburgischen Kriegshilfe, die Angehörige von Soldaten vor der öffentlichen Armenpflege bewahren will. Spätestens 1916 Eintritt in das Kuratorium der Sozialen Frauenschule.

1915 Eintritt in die Deutsche Gesellschaft 1914 in Berlin.

1916 Energischer Kampf gegen die Judenzählung und den Antisemitismus im Heer.

1918 Berater des Reichskanzlers Prinz Max von Baden.

1919 Auf Wunsch des deutschen Reichsaußenministers Ulrich von Brockdorff-Rantzau erhält Max M. Warburg großen Einfluss bei der Auswahl von Sachverständigen für die Friedensverhandlungen in Versailles. Carl Melchior, zunächst Syndikus und seit 1917 Teilhaber der Warburg-Bank, ist eines von sechs Mitgliedern der

Friedensdelegation. Max M. Warburg geht als Finanzsachverständiger der deutschen Friedensdelegation nach Versailles. Er ist dagegen, den Friedensvertrag der Alliierten zu unterschreiben, und spricht später von dem „Diktat von Versailles".

1919–1925 Mitglied des Zentralausschusses der Reichsbank.

1920 gründen M. M. Warburg & Co. gemeinsam mit acht weiteren Privatbankhäusern in Hamburg, Köln und Berlin die Deutsche Warentreuhand AG, seit 1973 BDO.

1921 Gründung der International Acceptance Bank in New York mit seinem Bruder Paul – dieser ist federführend – und zahlreichen Geschäftsfreunden aus der Vorkriegszeit. Die Warburg-Bank wendet sich besonders der Finanzierung amerikanischer Rohstoffexporte nach Deutschland zu. 1928 fusioniert die IAB mit der Bank of Manhattan Company.
Die Forschungsstelle für die Kriegsursachen, die Warburg 1920 gegründet hat – sie ist das erste Friedensforschungsinstitut in Deutschland –, wird in Archiv der Friedensverträge umbenannt. Daraus wird 1923 das Institut für Auswärtige Politik, heute das Institut für Internationale Angelegenheiten der Universität Hamburg.
Ehrendoktor der Rechts- und Staatswissenschaften der Universität Hamburg.

1922 Morddrohungen gegen Max M. Warburg nach dem Rathenau-Mord durch die rechtsextremistische Organisation Consul, die aus dem Freikorps Brigade Ehrhardt hervorgegangen ist.
Er kann auf Wunsch der Polizei seine vorbereitete Rede zur Eröffnung des Übersee-Clubs nicht selbst halten, dessen Gründung er entscheidend gefördert hat.

1924–1926 Prozess gegen Theodor Fritsch, Herausgeber der antisemitischen Zeitschrift *Hammer*. Nach mehreren Berufungsverfahren wird Fritsch im September 1926 zu vier Monaten Gefängnis verurteilt. Fritsch muss erklären, er könne den Vorwurf, Warburg habe die russische Revolution, insbesondere die Reise Leo Trotzkis nach Russland, begünstigt, nicht aufrechterhalten. Doch die Hetze der Berufsantisemiten gegen Warburg und seine Brüder geht weiter, die Gerichte verschließen sich ihren Klagen.
Max M. Warburg leitet die Hamburger Ortsgruppe des Vereins zur Abwehr des Antisemitismus.

1924–1933 Mitglied des Generalrats der Reichsbank.

1925 beginnt er, sich für eine gesetzlich vorgeschriebene Betriebsrevision und Buchprüfung in Privatwirtschaft und Staatsbetrieben einzusetzen und den neuen Beruf des öffentlichen bestellten Wirtschaftsprüfers zu fordern. 1932 wird die Deutsche Warentreuhand AG als Wirtschaftsprüfungsgesellschaft anerkannt.

1927 Mitglied des Hauptvorstands des Centralvereins deutscher Staatsbürger jüdischen Glaubens.

1928 ab Januar: Vorsitzender des Hilfsvereins der deutschen Juden.
M. M. Warburg & Co. sind die führende Privatbank in Hamburg. Die Teilhaber vertreten sie in 87 Aufsichtsräten.

1929 Reise nach Palästina auf Vorschlag von Chaim Weizmann.
Die Brüder Warburg teilen die Finanzierung der Kulturwissenschaftlichen Bibliothek Warburg zu je einem Fünftel unter sich auf. Im Oktober stirbt Aby M. Warburg.

1930/31 Bankenkrise. Die Bank M. M. Warburg & Co. wird durch Max M. Warburgs amerikanische Brüder gerettet.

1931 Max M. Warburg und Anton Hübbe, der Direktor der Dresdner Bank in Hamburg, finanzieren eine überparteiliche Werbestelle für die Erhaltung der Großen Koalition im Reich. Die Werbestelle bringt die Broschüre *Haltet das Tor offen* heraus, die als erfolgreichste Agitationsschrift gegen die Nationalsozialisten gilt.
Mitglied des Arbeitsausschusses der Franz-Rosenzweig-Gedächtnis-Stiftung.

1932 Austritt aus der Deutschen Volkspartei.

1933 Am 23. Januar Rede Max M. Warburgs gegen die Schande des Antisemitismus auf der Generalversammlung des Hilfsvereins in Berlin.
Entlassung Warburgs aus Institutionen, Vorständen und Aufsichtsräten – aus der Handelskammer Hamburg, die ihm 1927 ihre höchste Auszeichnung, eine goldene Medaille, verliehen hatte, aus dem Hamburger Wirtschaftsdienst, den er gegründet hat, aus der Hochschulbehörde. Es gibt nur eine einzige Solidaritätserklärung: vom Kieler Institut für Seeverkehr und Weltwirtschaft. Bei seiner Entlassung aus dem Vorstand der Hamburg-Amerika Linie hält Warburg eine Abschiedsrede auf sich selbst.

Mit Carl Melchior Entwurf von Auswanderungsprojekten und Modellen ihrer Finanzierung durch Warenexporte. Hauptproblem: Deutschland hat seit der Bankenkrise kaum noch Devisen, mögliche Einwanderungsländer verlangen aber Vorzeigegelder in Landeswährung.
Warburg versucht, seine Kontakte zu einflussreichen Vertretern der Wirtschaft für die Verfolgten zu nutzen: Treffen mit Carl Bosch – Aufsichtsratsvorsitzender der I.G. Farben –, Gustav Krupp von Bohlen und Halbach, Carl Friedrich von Siemens und Angehörigen des sogenannten Freundeskreises Reichsführer SS.
Im August Mitbegründer der Paltreu, der Palästina Treuhand-Stelle zur Beratung deutscher Juden GmbH: Das sogenannte Haavara-Abkommen ermöglicht Vermögenstransfer und Emigration nach Palästina.
Im September Gründung der Reichsvertretung der deutschen Juden und des Zentralausschusses für Hilfe und Aufbau.
Warburgs Einfluss bei der Neuorganisation der jüdischen Verbände ist maßgebend.
Im Dezember Auslagerung der Kulturwissenschaftlichen Bibliothek Warburg nach London.

1934 Mitglied im Beirat der Reichsvertretung der deutschen Juden und Vorsitzender des Haushaltsausschusses.
Gespräche mit Vizekanzler Franz von Papen.
Besprechungen mit Reichsbankpräsident Hjalmar Schacht, der seit 1934 auch Reichswirtschaftsminister und Generalbevollmächtigter für die Kriegswirtschaft ist. Allein zwischen Januar 1935 und September 1935 spricht Warburg ihn zehnmal.
In den folgenden Jahren regelmäßig Reisen nach London und New York, wo er jüdische Verbände und Hilfsorganisationen um Unterstützung bittet.
Mitgründer und Förderer der Jüdischen Gesellschaft für Kunst und Wissenschaft, wie der Jüdische Kulturbund in Hamburg heißt.
Zahl der jüdischen Bankkunden wächst: Die Bank hilft beim Zwangsverkauf von Unternehmen, den die Nationalsozialisten von Juden verlangen, der sogenannten Arisierung.

1935 Nürnberger Gesetze. Juden verlieren ihre staatsbürgerlichen Rechte in Deutschland.
Max M. Warburg verfasst einen Protest, der in allen Synagogen verlesen werden soll, wird aber verraten und muss vorübergehend nach London fliehen.

1936 Stellvertretender Vorsitzender der Reichsvertretung.

1937 Gespräch mit Reichsinnenminister Wilhelm Frick.
Gründung der Allgemeinen Treuhandstelle für die jüdische Auswanderung, Altreu: für Vermögenstransfer und Emigration auch in andere Länder als Palästina. Gründung eines Fonds aus jüdischem Vermögen, um Mittellosen mit Vorzeigegeld die Auswanderung zu ermöglichen.
Gespräch mit Dr. Wilhelm Stuckart, SS-Standartenführer und Staatssekretär im Reichsinnenministerium.
Die Kaiser-Wilhelm-Gesellschaft – heute Max-Planck-Gesellschaft – schließt Max Warburg nach 25-jähriger Mitgliedschaft aus.
Das Konsortium Jüdische Gemeinschaftshaus GmbH unter Führung von Max M. Warburg wird gegründet für Kauf und Umbau des Hauses Hartungstraße 9/11. Am 9. Januar 1938 hält Warburg die Rede bei der feierlichen Einweihung.

1938 Ausschluss von M. M.Warburg & Co. aus dem Reichsanleihekonsortium. Warburg und seine Teilhaber müssen die Bank sogenannten Ariern verkaufen und werden dabei faktisch enteignet.
Ende August Reise mit seiner Frau über London nach New York.
Nach den Pogromen am 9. November, bei denen Fritz Warburg in Hamburg verhaftet wird, warnt der Syndikus der Bank Kurt Sieveking Max M. Warburg telegrafisch vor einer Rückkehr nach Deutschland, er müsse mit seiner Verhaftung rechnen.
Ende November 1938 initiiert Warburgs Tochter Lola Hahn-Warburg im britischen Innenministerium in London die Erlaubnis, Kinder verfolgter deutscher Juden einreisen zu lassen. Am 2. Dezember kommt der erste Kindertransport in Harwich an.
Max M. Warburg kämpft von New York aus weiter für die Rettung der Juden.

1941 Heinrich Himmler, Reichsführer SS, verbietet im Oktober die Auswanderung von Juden. Seit Beginn des Zweiten Weltkriegs obliegt ihm als ‚Reichskommissar für die Festigung des deutschen Volkstums' auch die Umsiedlungs- und Verfolgungspolitik gemäß der NS-Rassenideologie. Seit dem deutschen Überfall auf die Sowjetunion im Sommer 1941 ist er für die polizeiliche Sicherung der besetzten Gebiete zuständig – und somit einer der Hauptverantwortlichen für die sogenannte Endlösung der Judenfrage.

1946 Am 26. Dezember stirbt Max M. Warburg in New York.

Stammbaum

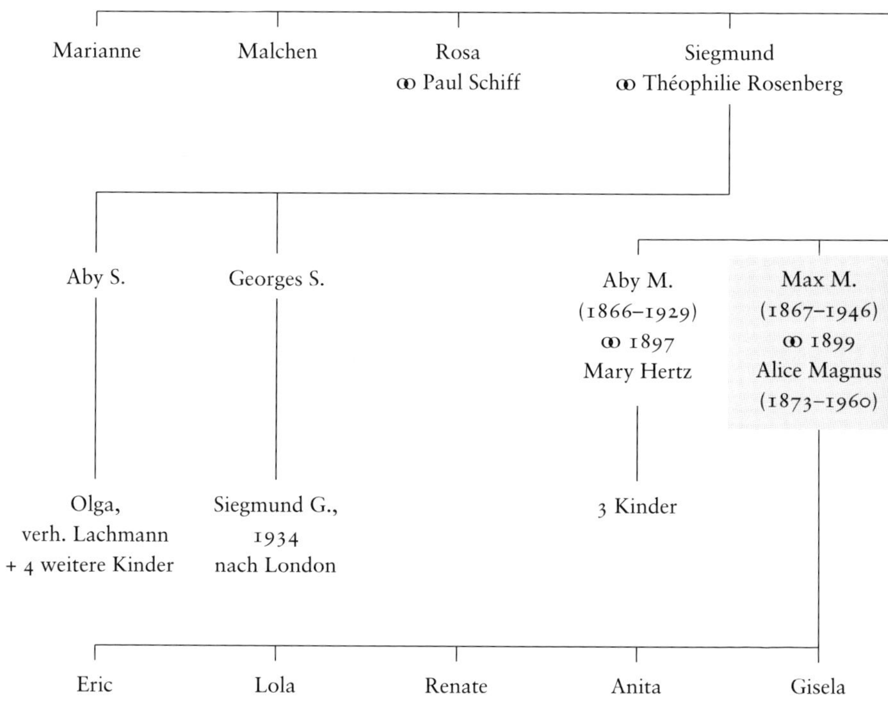
Marianne
Malchen
Rosa
⚭ Paul Schiff
Siegmund
⚭ Théophilie Rosenberg
Aby S.
Georges S.
Aby M.
(1866–1929)
⚭ 1897
Mary Hertz
Max M.
(1867–1946)
⚭ 1899
Alice Magnus
(1873–1960)
Olga,
verh. Lachmann
+ 4 weitere Kinder
Siegmund G.,
1934
nach London
3 Kinder
Eric
Lola
Renate
Anita
Gisela

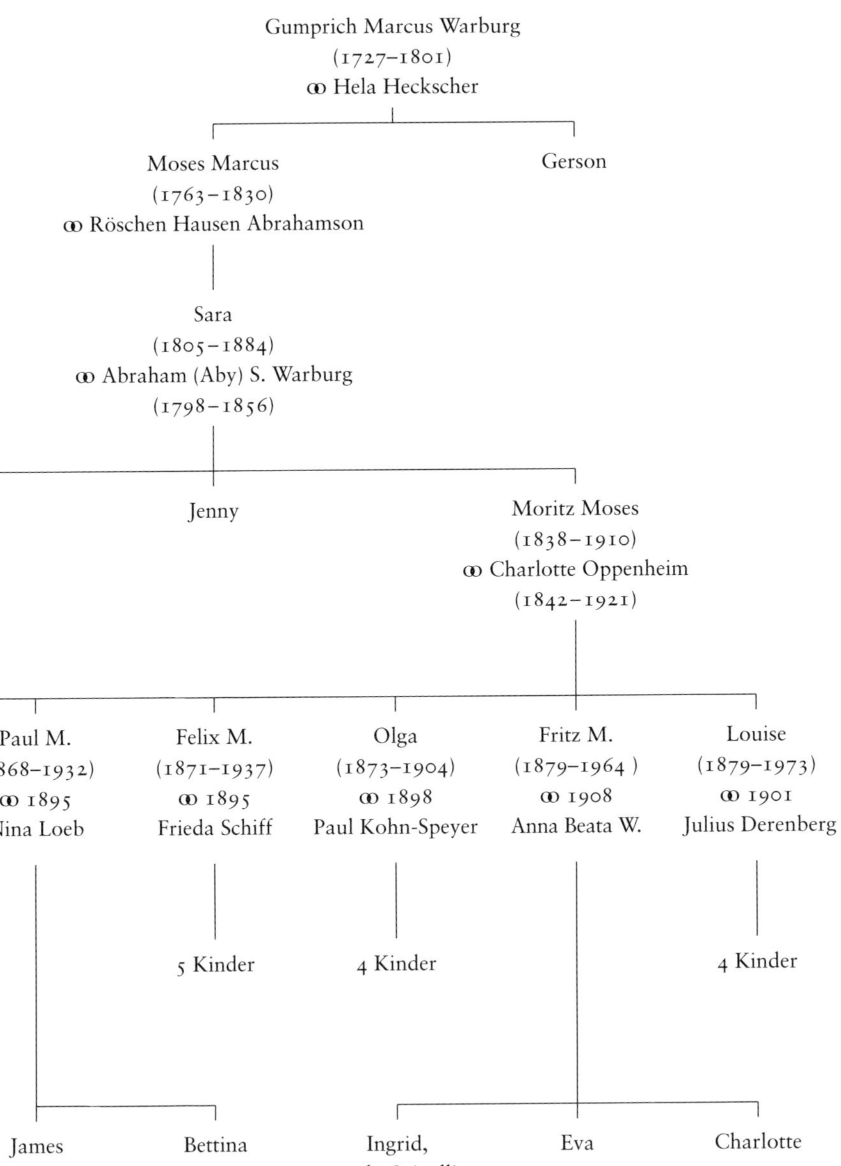
Gumprich Marcus Warburg
(1727–1801)
∞ Hela Heckscher
Moses Marcus
(1763–1830)
∞ Röschen Hausen Abrahamson
Gerson
Sara
(1805–1884)
∞ Abraham (Aby) S. Warburg
(1798–1856)
Jenny
Moritz Moses
(1838–1910)
∞ Charlotte Oppenheim
(1842–1921)
Paul M.
(1868–1932)
∞ 1895
Nina Loeb
Felix M.
(1871–1937)
∞ 1895
Frieda Schiff
Olga
(1873–1904)
∞ 1898
Paul Kohn-Speyer
Fritz M.
(1879–1964)
∞ 1908
Anna Beata W.
Louise
(1879–1973)
∞ 1901
Julius Derenberg
5 Kinder
4 Kinder
4 Kinder
James
Bettina
Ingrid,
verh. Spinelli
Eva
Charlotte

Nachwort

Geschichte wird von Menschen gemacht. Die Geschichte meiner Vaterstadt haben Menschen aller Schichten gemacht. Sie kamen aus der Fischerei, aus Handwerk und Gewerbe, aus Handel und Schifffahrt. Einige wohnten großartig an der Elbchaussee oder an der Alster, andere wohnten in Ottensen, in Barmbek, Eimsbüttel oder Hammerbrook. Manche kamen vom platten Lande, andere aus der Arbeiterbewegung. Im Laufe der Generationen haben sich immer wieder einige der Hamburger Bürger ein großes Verdienst um Hamburg erworben. Die jetzigen Generationen an jene Leistungen zu erinnern, auch an die Fehlschläge, erscheint mir wünschenswert, um den heute lebenden Nachfahren ihre mitbürgerliche Verantwortung ins Bewusstsein zu heben.

Nicht ganz zu Unrecht hat Alfred Lichtwark Hamburg einmal als geschichtsvergessen gescholten. Auch heutzutage ist unser Geschichtsbewusstsein nur dürftig, es reicht zumeist nicht weiter zurück als bis zur Nazi-Zeit, zum Krieg und zur Bombenkatastrophe. Zwar ist gewiss auch für morgen vieles und Wichtiges aus jenen Jahrzehnten zu lernen – aber wie steht es mit den Lehren und den Konsequenzen aus dem vorangegangenen Fehlschlag des ersten deutschen Demokratie-Versuches? Haben damals die Hamburger Politiker, die Abgeordneten und Senatoren der Weimarer Zeit, ihre Aufgaben gegenüber dem demokratisch verfassten Deutschen Reich gut genug erfüllt? Wer eigent-

lich hat damals in Hamburg regiert? Warum kam die dringend nötige Vereinigung mit Altona, Harburg und Wandsbek nicht zustande? Wie gut haben damals die „Bürgerlichen" und die Sozialdemokraten im Rathaus zusammengearbeitet? Worin bestand die Leistung von Carl Petersen und Otto Stolten, wer ist heute bereit, aus ihrer gemeinsamen Leistung zu lernen – und aus deren Ende? Wer weiß überhaupt etwas darüber?
Eine Generation zuvor haben zwei hamburgische Geschäftsleute und ein Arbeiterführer herausgeragt: der Reeder Albert Ballin, der Bankier Max Warburg und der Drechslermeister August Bebel. Wer aber weiß noch, dass auch sehr viele Hamburger in den letzten beiden Jahrzehnten vor dem Ersten Weltkrieg der Großmannssucht des Wilhelminismus verfallen sind – bleibt daraus etwas zu lernen? Wer weiß noch, dass Bebel, der fast ein Vierteljahrhundert Hamburg im Reichstag vertreten hat, im 19. Jahrhundert insgesamt fünf Jahre im Gefängnis war – bleibt aus Bebels Leben etwas zu lernen?
In der mehr als ein Jahrtausend überspannenden hamburgischen Geschichte war die Stadt nie Residenz von Herzögen, Fürstbischöfen, Kurfürsten oder Königen. Keine Potentaten haben der Stadt große Prachtstraßen und Paläste gebaut, weder Staatsopern noch große Gemäldegalerien, kein Fürst hat eine Universität oder eine Kathedrale errichtet. Vielmehr ist Hamburg trotz der Abwesenheit von Potentaten eine bedeutende Stadt geworden – nämlich wegen der opferwilligen Tatkraft vieler seiner Bürger. Hier gibt es über eintausend gemeinnützige Stiftungen. Hinter manchen stehen große Namen wie Laeisz, Siemers, Sieveking, Warburg, Toepfer, Körber, Otto, Greve oder Bucerius. Andere Stifter sind bescheiden im Hintergrund geblieben, und wieder andere Gründungen sind mühsam aus Arbeitergroschen finanziert worden.
Aber immer wieder, das sollten die heutigen Hamburger wissen, stoßen wir auf einzelne Personen, die einen dringenden Bedarf ihrer Stadt erkannt und sodann als Bürger die Initiative ergriffen haben. Das gilt gleichermaßen für die Kunst, für die Musik, für das Theater, für die Schulen und für die Wissenschaften. Dabei sind viele der selbstbewussten Hamburger gar keine waschechten Hanseaten, sondern sie stammen ursprünglich aus anderen Landschaften. Die liberale, offene, ja weltoffene

Atmosphäre der Stadt hat manche bedeutende Menschen von außerhalb angezogen – und die Stadt hat sie sodann vereinnahmt. Das gilt für Herbert Weichmann, für Ida Ehre und Marion Dönhoff, für Rolf Liebermann oder Rudolf Augstein. Zwar sind Händel, Lessing oder Brahms später wieder gegangen, manche Genies sind nun einmal nicht sesshaft; jedoch haben sie die Stadt ebenso beeinflusst wie manche dänische, holländische, türkische oder spanische Kaufleute, wie die Hugenotten aus Frankreich oder die sephardischen Juden von der Iberischen Halbinsel, die hiergeblieben sind. Sie alle haben beigetragen zu der hamburgischen Lebensphilosophie des „Leben und leben lassen".

Auch in Zukunft wird aber diese Stadt sich nicht einfach ihrem Wohlstand hingeben dürfen. Denn in selbstgenügsamer Behaglichkeit könnte sie zum Spießbürgertum herabsinken. Vielmehr braucht Hamburg auch morgen und übermorgen immer wieder Personen mit Perspektive, mit Urteilskraft und mit Energie. Dafür bietet die hamburgische Geschichte hervorragende Beispiele. Um diese Vorbilder ins Bewusstsein der Heutigen zu heben, gibt die ZEIT-Stiftung Ebelin und Gerd Bucerius eine Buchreihe *Hamburger Köpfe* heraus. Wir stellen darin knappe Biografien vor, welche die dargestellten Personen in ihrer Zeit, in ihrem historischen Zusammenhang zeigen sollen. Dabei werden einige Personen fehlen, weil über sie bereits gute, in wissenschaftlich-kritischer Distanz geschriebene Biografien vorliegen.

Bei aller Vitalität der Gegenwart müssen wir uns des menschlichen Versagens und der Katastrophen in der Vergangenheit bewusst bleiben. Wenn die Hamburger damals rechtzeitig die Gefährdungen erkannt und wenn sie vorbeugend gehandelt hätten, so hätten weder in der Mitte des 19. Jahrhunderts der Hamburger Brand noch am Ende des gleichen Saeculums die Cholera-Epidemie zu solch umfassender Zerstörung sich ausgeweitet. Ein Gleiches gilt für die Flutkatastrophe in der Mitte des 20. Jahrhunderts.

In vielen Hamburger Familien sind schlimme Wunden aus der Nazi-Zeit und aus dem Kriege nicht vergessen. Es ist auch notwendig, dass Narben zurückbleiben. Denn aus den Schäden der Vergangenheit müssen wir klüger werden für die Zukunft. Wie mein Freund Eric Warburg es gesagt hat: „Wir Deutschen haben dafür zu sorgen, dass wir niemals wieder so tief fallen, aber auch dafür, dass wir nicht allzu hoch steigen.“ Er war ein in Hamburg geborener Jude, der aus deutschem Patriotismus nach Hamburg zurückgekehrt ist.

Helmut Schmidt
Mitglied des Kuratoriums der
ZEIT-Stiftung Ebelin und Gerd Bucerius

Bildnachweis

bpk, Berlin: S. 77, 129 (Lämmel), 139 (Joseph Schorer), 172 + 173 o. (Abraham Pisarek), 173 u. (Herbert Sonnenfeld), 195.
Privatbesitz Max Warburg, Hamburg: S. 10, 15, 19, 38/39, 48, 49, 56, 61, 66, 71, 95, 98, 125, 143, 181, 203 (alle Fotos außer S. 10: Michael Zapf, Hamburg).
Privatbesitz Marie Warburg, Hamburg: S. 27 (Foto: Michael Zapf, Hamburg), 33, 43.
ullstein bild, Berlin: S. 74.

Titel Porträt: Max M. Warburg (Privatbesitz Max Warburg, Hamburg).
Titel Hintergrund/Vor- und Nachsatz: Das Gebäude der Bank M.M. Warburg & CO in der Ferdinandstraße 75 in Hamburg (Foto: Michael Zapf, Hamburg).

Bibliografische Information der Deutschen Bibliothek
Die Deutsche Bibliothek verzeichnet diese Publikation in der Deutschen Nationalbibliografie; detaillierte bibliografische Daten sind im Internet über <http://dnb.ddb.de> abrufbar.

ISBN 978-3-8319-0326-9

2. Auflage 2010

Fachbeirat:
Franklin Kopitzsch, Hamburg
Hans-Dieter Loose, Hamburg
Theo Sommer, Hamburg
Ernst-Peter Wieckenberg, München

Text und Bildlegenden:
Gabriele Hoffmann, Bremen
Redaktion:
Annette Krüger, Hamburg
Gestaltung:
Büro Brückner + Partner, Bremen
Lithografie: Griebel-Repro, Hamburg
Druck: Tutte Druckerei GmbH, Salzweg bei Passau
Bindung: S. R. Büge GmbH, Celle
www.ellert-richter.de

S
U
75
GPS